EL GRAN ACERCAMIENTO

Nueva Luz y Vida para la Humanidad

BENJAMIN CREME

Copyright © 2001 Benjamin Creme, Londres

Título del original inglés: The Great Approach

Publicado por primera vez en Junio 2001 en Estados Unidos por Share International Foundation

Primera Edición en castellano, enero 2002

Segunda Edición en castellano, 2020

Traducido de la primera edición en inglés (junio 2001) por el equipo de edición de Share Ediciones

Copyright © Share Ediciones

Apartado 149, 08190 Sant Cugat Vallés, Barcelona, España

Todos los derechos reservados

ISBN papel: 978-84-89147-63-8

ISBN mobi: 978-84-89147-34-8

ISBN epub: 978-84-89147-33-1

La pintura reproducida en la portada es de un cuadro de Benjamin Creme, titulado **Oráculo** *(1964-1984). "El Oráculo es el profeta o adivino, alguien que conoce lo que otros no saben y que por ello es consultado sobre sucesos futuros." (de* **El Arte Esotérico de Benjamin Creme***)*

Este libro está dedicado a mi
venerado Maestro.
Su infinita sabiduría y
conocimiento son su inspiración

Índice

Prólogo 9

Primera Parte
La vida futura para la humanidad

El Instructor del Mundo para la Nueva Era 13
Preguntas y Respuestas
La Venida de Maitreya 35
Maitreya en Londres 41
Maitreya el Quinto Buddha 43
Entrevista de Maitreya en Televisión 45
El Reconocimiento de Maitreya 49
'Ensayo' para el Día de la Declaración 55
Milagros 59
Encuentros con Maitreya y los Maestros 61
Apariciones de Maitreya a grupos religiosos 65
Preparándose para el Emerger de Maitreya 67
Benjamin Creme como un portavoz 70
Transformación y Nuevos Enfoques 74
Comercialización 77
La Energía de la Destrucción 81
Caída de la Bolsa 83
Compartir 89
Políticos 92
Conflictos étnicos 94
Sistemas legales 97
EEUU en un dilema 98
Identidades nacionales 100
China 102
Crimen y violencia 105
Niños y violencia 106
Medio Ambiente y Contaminación 109

El medio ambiente del planeta y los Hermanos
  del Espacio 114
Nave espacial ovni 117
Seres en otros planetas 118

Segunda Parte
El Gran Acercamiento

El Gran Acercamiento 121

Preguntas y Respuestas
La forma de trabajo de los Maestros 147
Maestros individuales 150
El Maestro Jesús 155
Avatares 158
El Jesús histórico 161
María, la Madre de Jesús 164
Exteriorización de los Ashrams de los Maestros 166
Control de las Fuerzas de la Destrucción 168
Cómo comunicarse con el público 173
El efecto en los grupos de la Reaparición 178

Tercera Parte
La llegada de una nueva luz

Que haya Luz (por el Maestro de Benjamin Creme) 185
Naturaleza de la Luz 187

Preguntas y Respuestas
Diferentes niveles de Luz 206
Luz interna y externa 209
Luz Astral 213
La raza atlante – el uso indebido de la energía astral 215
Comportamiento educativo 218
Tecnología de la Luz 223
Ingeniería genética 223
Ciencia y Religión 227
El alma y la encarnación 229

La Ley de Causa y Efecto – Karma 235
Salud y Curación 237
Sobre la salud de las mujeres 243
Energía de curación 244
Felicidad 246
Conciencia despierta del Ser 246

Apéndice

Lista de apariciones de Maitreya 251
La Gran Invocación 259
La Oración para la Nueva Era 260
Otras publicaciones sobre el tema 261
Sobre el Autor 269
Índice alfabético 271

Prólogo

El Gran Acercamiento: Nueva Luz y Vida para la Humanidad trata sobre la venida al mundo de los Maestros de Sabiduría, con Su líder Maitreya, el Cristo, como el Instructor del Mundo; y sobre las implicaciones para la humanidad, como también para los Maestros mismos, de este gran acontecimiento.

El libro está dividido en tres partes independientes pero relacionadas. Incluye artículos de mi Maestro, mis propias charlas editadas, y una gran variedad de preguntas y respuestas surgidas de estas charlas.

La primera parte, 'Vida Futura para la Humanidad', proporciona una perspectiva general del trasfondo e historia de los Maestros y Su regreso al mundo cotidiano. En particular, se centra en los sucesos que conducen al emerger gradual de Maitreya y al Día de Su Declaración. Ésta será una extraordinaria experiencia de 'Pentecostés' para la humanidad, y el comienzo de la transformación gradual de todas nuestras estructuras e instituciones. La primera parte continúa con una serie de preguntas y respuestas que muestran las maneras de reconocer a Maitreya antes de que Su verdadera identidad sea revelada; Sus apariciones a fundamentalistas en todo el mundo, y la creación de manantiales curativos. Esta sección también trata de las fuerzas del mercado y la comercialización, y a través de la influencia de Maitreya, de la creación de un orden económico justo. El medio ambiente y la contaminación se resaltan como principales prioridades y se revelan las diversas actividades de los 'extraterrestres' en mitigar esta crisis. También abarca Su preocupación por los problemas de la humanidad, como las divisiones del mundo, principalmente la grave situación de millones de personas en los países en desarrollo, y presenta Sus propuestas para solucionar estos problemas.

La segunda parte, 'El Gran Acercamiento', que presta su título a todo el libro en su conjunto, trata del suceso más extraordinario, la exteriorización del trabajo de la Jerarquía Espiritual en los planos físicos por primera vez en 98.000 años en Su papel como instructores. Éste es un suceso cumbre para los mismos Maestros, como también para la humanidad: Ellos regresan a la actividad en el plano físico, sólo que ahora en formación grupal, para volver a representar Su *propia* expresión de vida en preparación para el Camino de la Evolución Superior. Esto forma parte del plan a largo plazo de la unión de los Maestros y la humanidad, y la evolución de la Jerarquía misma como un centro en este planeta. En Su relación con la humanidad, los Maestros, con Maitreya como Su guía, han proporcionado un anteproyecto para el futuro de un mundo brillante y transformado liberado de la necesidad y la guerra.

Los Caminos de la Evolución Superior están tan más allá de la conciencia de la humanidad que no podemos concebir lo que les puede aguardar a los Maestros. Por esta razón, he escogido, de forma inusual, pero esperando que no sea irreverente, tratar esta sección del libro desde un ángulo humorístico, resaltando cuán alejado de nuestro conocimiento yace ese futuro.

Los tópicos que surgen del artículo sobre el Gran Acercamiento incluyen forma en que los Maestros trabajan en realidad, tanto individualmente como en grupo, y más sobre el trabajo de preparación y sus implicaciones para aquellos involucrados.

La tercera parte comienza con mi comentario sobre un artículo de mi Maestro, 'Que haya Luz', que fue publicado previamente en la revista *Share International* (Diciembre 1983). Trata sobre la Luz desde un punto de vista esotérico, incluyendo la Luz del Conocimiento, el Principio Crístico, la Electricidad Cósmica y la nueva Ciencia de la Luz, que transformará nuestro futuro. Una extraordinaria visión de conciencia despierta y descubrimiento se abra ante nosotros.

Yo describo nuestro largo viaje evolutivo, y cómo cada encarnación añade un atisbo de luz a la materia de nuestros vehículos –físico, emocional y mental. Se tratan los diferentes aspectos de la luz, y el Principio Crístico introducido como el primer Maestro, a través del alma. La Luz del Conocimiento es liberada en el mundo por los Maestros, llevándonos a la experiencia iniciática. Este proceso esotérico es mostrado como *el* método por el cual expandimos nuestra conciencia para trabajar inteligentemente con el Plan de evolución, y finalmente convertirnos en un Maestro.

La civilización atlante es mostrada no como un mito sino una realidad de la evolución humana. La gran guerra entre las fuerzas de la Luz (los Maestros de la Jerarquía Espiritual) y de la Oscuridad (los Señores de la Materialidad) la condujo a un final prematuro. Esto interrumpió el Plan evolutivo, y condujo a los Maestros de ese tiempo a retirarse a las montañas y desiertos del mundo, dejando aparentemente que la humanidad se las arreglará por sí sola. Ahora, después de 98.000 años, Ellos comienzan Su retorno.

Un aspecto importante del trabajo de la reaparición que este libro no cubre es la Meditación de Transmisión. Esta parte crucial del trabajo fue introducida por mi Maestro en marzo de 1974, cuando se formó el primer grupo de Meditación de Transmisión en Londres. La Meditación de Transmisión se detalla ampliamente en *Transmisión: Una Meditación para la Nueva Era* como también en *La Misión de Maitreya, Tomo I, II y III* (Share Ediciones).

Reconocimiento: Me gustaría expresar mi gratitud a todas las personas en Londres y San Francisco cuyo tiempo y esfuerzo han contribuido a este libro. Su devoción a las labores de transcripción, introducción de textos y corrección, llevadas a cabo con entusiasmo y eficacia, han hecho posible su publicación. En particular, me gustaría expresar mi gratitud, una vez más, a Michiko Ishikawa por su trabajo invaluable de organizar el copioso material de una forma legible.

Nota del Editor: La mayoría de los artículos y preguntas y respuestas que aparecen en este libro fueron publicados originalmente en la revista mensual, *Share International*, durante el periodo de marzo 1997 hasta febrero 2001. Algunos proceden de las conferencias públicas de Benjamin Creme. La fecha de su primera publicación o de la conferencia se indica al final de cada pregunta.

Primera Parte
La vida futura para la humanidad

El Instructor del Mundo para la Nueva Era

El siguiente artículo es una versión editada de una charla impartida por Benjamin Creme el 18 de julio de 2000 en el Auditorio Masónico en San Francisco, EEUU

Esta información es sobre la total transformación de todos los aspectos de nuestras vidas: político, económico, religioso, social, científico, educativo y personal. Si lo que digo es verdad, las actuales formas de pensar, vivir, relacionar y expresar nuestros seres internos serán alteradas radicalmente en el futuro. Si este es tu primer contacto con esta información, podrías encontrar difícil aceptarlo o creerlo, especialmente si lo abordas desde un trasfondo religioso ortodoxo o filosófico. Si lo encontráis imposible de creer, por favor estad seguros de que no me ofenderé lo más mínimo ni estaré decepcionado.

Por supuesto, yo creo que lo que digo es verdad. De otra forma no utilizaría mi tiempo recorriendo el mundo haciéndolo saber. Hay muchas otras cosas que podría estar haciendo. Por mi parte, estoy totalmente convencido de que se tratan de acontecimientos verídicos de nuestro tiempo; que, incluso mientras escribo, estos sucesos se están desarrollando. Cuando se revelen aún más, creo que demostrarán para vuestra total satisfacción que es la verdadera condición de nuestro tiempo actual en la historia.

Mi convicción es el resultado de mi estudio, a lo largo de muchos años, de las Enseñanzas de la Sabiduría Eterna. Este cuerpo de enseñanzas fue dado al mundo por los Maestros de Sabiduría, en particular, esa fase de ellas que fue revelada al mundo por el Maestro Tibetano, Djwhal Khul, a través de una discípula inglesa, Alice A.Bailey, entre 1919 y 1949. Esto conforma el trasfondo filosófico desde el cual hablo, un cuerpo de enseñanzas que siguió de forma secuencial a aquellas dadas por Madame Helena Petrovna Blavatsky, fundadora de la Sociedad Teosófica, entre 1875 y 1889.

Las enseñanzas teosóficas fueron la fase preparatoria de las Enseñanzas de la Sabiduría Eterna, dada para nuestro tiempo, y las enseñanzas de Alice Bailey fueron la fase intermedia. El Maestro Tibetano, a través de Alice Bailey, predijo una fase posterior, reveladora, que Él dijo emergería a escala mundial a través de la radio, y presumiblemente ahora por televisión, en algún momento después de 1975. Esta fase de las enseñanzas conlleva revelaciones procedentes de los Maestros, y sobre todo del Maestro de todos los Maestros, el Señor Maitreya, que personifica el Principio Crístico, y es, por tanto, el Cristo en nuestro planeta.

Probablemente más importante, mi convicción está basada en mis propias experiencias y contactos personales. Pero habiendo dicho esto, me gustaría resaltar que lo que digo os lo presento sólo para vuestra consideración, no como un dogma. Si os parece que es correcto, lógico, si os suena a verdad, si los sucesos del mundo exterior tienden a señalar en la misma dirección, entonces naturalmente aceptadlo, pero de lo contrario no lo hagáis. Yo estaré perfectamente satisfecho si la gente aborda esta información con una mente abierta. Eso es todo lo que pido. Al mismo tiempo, yo sé que esto es casi imposible.

Todos imaginamos que tenemos una mente abierta. En mi no reducida experiencia, he descubierto que una mente verdaderamente abierta es uno de los atributos humanos más raros de encontrar. A toda nueva idea, no importa cuán elevada, cuán noble, cuán verdadera, nosotros le llevamos nuestro condicionamiento traído desde la misma cuna. Mientras escuchamos al conferenciante, relacionamos lo que el conferenciante está diciendo con lo que ya creemos –y por tanto pensamos saber– sobre el tema. Cuando ambas cosas coinciden, aceptamos lo que el conferenciante está diciendo porque él está de acuerdo con nosotros. Cuando ambas no coinciden, tendemos a rechazar lo que escuchamos. Yo creo que ésta es una de la principales razones de que le haya llevado tanto tiempo a la humanidad evolucionar hasta el punto en que estamos actualmente. Algunas personas calculan que se trata de unos pocos millones de años como mucho pero los Maestros de nuestra Jerarquía Espiritual, que tienen que saber la edad de la humanidad, lo colocan en 18 ½ millones de años.

Dieciocho millones y medio de años es un espacio de tiempo muy largo. Ninguno de nosotros lo recuerda, pero nuestra historia no escrita está allí. Un día la historia de la humanidad hasta esos tiempos será escrita y conocida, e incluso emitida por televisión.

A lo largo de las eras, si hubiéramos tenido una actitud más abierta hacia el conocimiento, el cambio de conciencia, el cambio de percepción de las posibilidades de la vida y la naturaleza de la realidad en la cual vivimos, personas como Galileo o Copérnico hubieran tenido en conjunto vidas más fáciles. No se hubieran visto forzados, como en el caso de Galileo, a retractarse de su análisis fundamental, inteligente y brillante de la naturaleza de nuestro sistema solar, demostrando que el mundo no era plano, que de hecho se movía alrededor del sol como lo hacen todos los planetas. Para nosotros parece tan obvio, tan natural porque nos lo enseñaron en el colegio, y porque como niños somos mucho más abiertos de mente. Si lo que digo se enseñara a los niños del mundo (no es que yo lo aconseje especialmente), ellos probablemente lo aceptarían con más facilidad y disposición que sus mayores.

Por tanto, no os estoy pidiendo que creáis lo que escribo. Con hacerlo saber, mi trabajo se lleva a cabo, y realmente no me importa si lo creéis o no. Si lo creéis, entonces ¡alerta! Si verdaderamente lo crees, y deseas, por tanto, hacer algo al respecto, porque llegarás a considerarlo como la cosa más importante que puedes estar haciendo en este mundo, serás impulsado a la acción de una manera que nunca pensaste que fuera posible. Te demandará el máximo de tiempo, energía y compromiso, pero te dejará intensa, profunda, espiritualmente satisfecho porque habrás ayudado a preparar el camino para el Gran Instructor que, para mi conocimiento real, está en el mundo. De esta manera estarás preparando al mundo para su pleno y abierto emerger, entrando en nuestras vidas de la manera más profunda posible. Cuanto menos, si esta información os proporciona una esperanza renovada para el futuro, para el futuro de vuestros hijos y los hijos de vuestros hijos, estaré satisfecho.

Entrando en una Nueva Era

Es un tiempo muy difícil para la humanidad. Una gran mayoría de personas, principalmente en las zonas menos desarrolladas, el así denominado Tercer Mundo, tiene una existencia realmente muy dolorosa. Nosotros en el Occidente desarrollado tenemos nuestros problemas, por supuesto. Los problemas son reales, pero normalmente rápidamente solventable. Los principales problemas del mundo, aquellos que aquejan a todos, son perfectamente solventables, según los Maestros. Tenemos la solución a nuestro alcance si lo supiéramos y aplicáramos.

La mayoría de las personas saben que estamos entrando en una nueva era, un nuevo ciclo cósmico, la Era de Acuario. Esto no es una predicción imaginaria astrológica inventada por los grupos Nueva Era. Es un hecho astronómico innegable que puedes verificar si visitas cualquier observatorio. Es el resultado del movimiento de nuestro sistema solar en el espacio en relación con las constelaciones del zodíaco. Este viaje tarda unos 25.000-26.000 años en completarse. Aproximadamente cada 2.150 años, por tanto, nuestro sol entra en un alineamiento, una relación energética, con cada una de las constelaciones por turnos. Cuando nuestro sol está en ese alineamiento, decimos que estamos en la Era de esa constelación en particular.

Durante los últimos 2.000 años y un poco más, esa relación ha sido con la constelación de Piscis. Hemos estado en la Era de Piscis, que fue inaugurada por Jesús en Palestina hace 2.000 años. Todos los discípulos cercanos de Jesús conocían que el verdadero propósito de Su misión era inaugurar la Era de Piscis, poner en movimiento las ideas y energías que, cuando la humanidad respondiera a ellas, crearían la civilización que ahora está llegando a su fin. Estamos viviendo en el final de la civilización de Piscis, en el muy difícil periodo de transición entre la Era de Piscis y la Era de Acuario. La primera iconografía cristiana tenía al pez como símbolo. Esto domina toda la historia del evangelio. Era conocimiento común entre los primeros cristianos que la Era de Piscis estaba siendo inaugurada, y ellos estaban al comienzo, por así decirlo. El símbolo del pez es el antiguo símbolo de Piscis.

La Era de Piscis ha llegado a su fin, y la nueva era ha comenzado. Las energías de Piscis comenzaron a retraerse en 1625 y las energías de Acuario comenzaron a llegar y afectar a nuestro planeta en 1675. Durante los últimos 300 años y poco más hemos estado en la Era de Acuario, respondiendo cada día progresivamente más a estas energías entrantes, que tienen un efecto muy diferente sobre la humanidad que las de Piscis.

Al responder a ellas, las energías de Piscis han creado el mundo que vemos, con todas sus divisiones, el mundo que ahora se está apagando rápidamente mientras estas energías retroceden, y el sol se aleja de la esfera de influencia de Piscis, y mientras las instituciones, por tanto, se desmoronan. Se han cristalizado, privadas de energía, y así se desploman ante nuestros ojos.

Esto es muy doloroso para muchas personas porque las deja inseguras. Todo lo que ellos apreciaron durante sus vidas (en plural) se está desvaneciendo. Sienten que el mundo está boca abajo, que no tienen un sitio real en él, que las certezas políticas y económicas en las cuales confiaron desde la infancia ya no tienen sentido. Las instituciones apenas son discernibles como aquellas en las cuales creyeron durante tanto tiempo.

Estas personas conforman las fuerzas conservadoras y reaccionarias del mundo. Se aferran a lo viejo, resistiendo al cambio con toda su fuerza, no porque sean malvadas sino porque aman el pasado. Los miembros jóvenes de la sociedad están respondiendo inevitablemente más a las nuevas energías acuarianas que diariamente suben en potencia. La energía de Piscis y la energía de Acuario están ahora equilibradas, y ese es nuestro problema. Si una o la otra dominaran, la vida sería más sencilla. A causa del equilibrio de tensión, plantean a la humanidad grandes decisiones. ¿Nos mantenemos en nuestras formas viejas egoístas e individualistas del pasado, con toda la búsqueda de uno mismo y la codicia que representa? ¿O buscamos nuevas formas de vivir y relacionarnos que expresen mejor la cualidad de la energía entrante de Acuario que es la síntesis? Esto es más fácil para la gente joven, y mucho más difícil para aquellos que son más viejos, y que, si te encuentras en una posición favorable en la vida social, les agrada lo que la vida les ha otorgado hasta ahora y temen perderlo. Así que se resisten al cambio.

El mundo está dividido, por tanto, en dos grupos, los grupos conservadores y reaccionarios que se mantienen, luchando hasta el final contra el cambio, y los grupos progresistas más nuevos y jóvenes que responden más a la cualidad y energía de Acuario. Esa confrontación puede verse en las esferas política, económica, religiosa y social en cada país del mundo.

Deja a la humanidad con grandes decisiones que tomar porque el mundo se encuentra en una situación peligrosa. Políticamente, existen enormes tensiones que podrían devastar el mundo, estallar en una guerra nuclear y destruir toda vida en el planeta que ahora podríamos hacer varias veces. Económicamente, existen estructuras que son tan injustas y negativas en sus efectos sobre la mayoría de personas que deberíamos librarnos de ellas inmediatamente. Religiosamente, existe oposición y confrontación que contradicen el hecho de que todas las religiones provienen de la misma fuente espiritual: los Maestros de Sabiduría y los Señores de la Compasión, la Jerarquía Espiritual de nuestro planeta.

Hermanos Mayores de la humanidad

Este grupo de hombres perfeccionados han estado detrás de la escena de la vida desde el inicio de los tiempos y han guiado, protegido y estimulado beneficiosamente a la humanidad en su largo viaje evolutivo desde los primitivos hombres y mujeres animales hasta el tiempo presente. Algunas veces trabajaron más abiertamente, pero durante los últimos 98.000 años, con muy pocas excepciones, Ellos han vivido en las remotas zonas montañosas y desérticas del mundo, como los Himalayas, los Andes, las Montañas Rocosas, las Cascadas, los Cárpatos, los Urales, el Atlas, y Gobi y otros desiertos.

Desde estas zonas montañosas y desérticas, trabajando principalmente a través de Sus discípulos, hombres y mujeres del mundo, Ellos han supervisado beneficiosamente nuestra evolución. Con el amor y servicio total e incondicional que sólo Ellos pueden demostrar, han conducido a la humanidad a estar preparada para una nueva revelación, una revelación sobre la naturaleza de la realidad en la cual vivimos, que llamamos Dios, y la resonancia de eso en nosotros, para que así conozcamos más sobre la realidad de la divinidad y nuestra propia naturaleza divina. Una enorme revelación está a punto de darse a la humanidad por el Único que puede hacerlo.

Al comienzo de cada nueva era, desde el inicio de los tiempos, un Instructor ha venido al mundo para inaugurar la era, poner en movimiento las ideas que elevarían y galvanizarían a la humanidad, llevándola adelante en su evolución, y creando las condiciones en las cuales pudiera hacerse. Conocemos algunos de estos instructores como Hércules, Hermes, Rama, Mitra, Vyasa, Confucio, Zoroastro, Krishna, Shankaracharya, el Buddha, el Cristo y Mahoma. Estos son todos nombres de grandes Instructores que han venido a traer el mensaje de los Maestros, los Hermanos Mayores de la humanidad. Los Maestros son Aquellos que han ido más allá que nosotros en evolución, que, como hombres y mujeres normales y corrientes, han completado el viaje evolutivo y no necesitan encarnarse más en el planeta Tierra, para Quienes esta Tierra es simplemente un campo de servicio.

Los Maestros toman la responsabilidad y el papel de servir a la humanidad. Son nuestros guías e instructores, los inspiradores de aquellos que están preparados para esa inspiración. Son los protectores de la humanidad, el escudo, como Maitreya lo denomina, y desde el inicio de los tiempos nunca han dejado a la humanidad sin orientación. Nunca en toda nuestra historia hemos estado sin ayuda desde detrás de la escena o bastante abiertamente. Toda nuestra evolución, durante estos millones de años, ha tenido lugar paso a paso, sin infringir nuestro libre albedrío (así que ha tendido a ser lenta), con la ayuda de un grupo tal de hombres perfeccionados, y, por supuesto, Sus predecesores.

Desde hace más de 500 años, los Maestros, viviendo en esos retiros remotos montañosos y desérticos, han sabido que tarde o temprano se les requeriría regresar al mundo cotidiano. Esto tiene relación con Su propia evolución, denominada el Camino de la Evolución Superior, del cual podemos saber poco o nada. El suyo no es apogeo de todo perfeccionamiento. Los Maestros ven extenderse hacia delante de Ellos panoramas del Ser y conocimiento que nosotros no podemos ni imaginar. Para Ellos es una perfección relativa, pero desde nuestro punto de vista son perfectos. No hay nada que este planeta puede darles excepto un campo de servicio. Un gran número de los Maestros asume ese servicio, y deberíamos estar más que agradecidos que lo hagan.

El sendero evolutivo, la humanidad tendrá que comprender, es uno científico. No sucede sin orden ni concierto. Está abierto para todos, y todos estamos evolucionando a ritmos algo diferentes. Esa es la razón por la cual algunos se convierten en Maestros antes que otros. Nuestras pocas últimas encarnaciones están marcadas por ciertas grandes expansiones de conciencia, cinco en total. Estas constituyen las cinco principales iniciaciones planetarias. Cada una confiere al iniciado una visión más profunda del plan de evolución, dentro de la mente del gran Ser cósmico, el Logos Planetario, que enalma este planeta. Este planeta en sí mismo es una entidad encarnada, viviente y que respira. No se encarna exactamente de la misma forma en que lo hacemos nosotros, pero lo hace en relación al Plan de nuestro Logos Solar. Nuestro Logos Planetario relaciona la evolución de este planeta con el Plan para el sistema solar en su conjunto. Todo procede según el plan.

Ya que existe un Plan, hay custodios del Plan. Los Maestros de Sabiduría y los Señores de la Compasión conforman la Jerarquía Espiritual, nuestra Jerarquía esotérica, que ahora está comenzando a regresar al mundo exterior. Hasta hace relativamente poco, se pensaba que eso sería probablemente dentro de 1.200 a 1.300 años desde ahora. Pero tan rápida ha sido la reciente evolución humana, y en particular tan dramático y cambiante ha sido para el Plan la experiencia de las dos guerras mundiales del siglo xx, que la humanidad ha realizado un gran salto adelante y está preparada para una nueva revelación. También ha permitido a los Maestros –no todos Ellos sino un gran número– a regresar al mundo cotidiano.

El primer grupo de Maestros, la vanguardia, vino en 1975 –uno a Nueva York, uno a Londres, uno a Ginebra, uno a Darjeeling y uno a Tokio. Le siguieron uno a Moscú y otro a Roma. El que está en Roma es probablemente el más conocido de todos los Maestros, el Maestro Jesús. El discípulo Jesús, como lo era en Palestina, fue adumbrado[1] por Maitreya, el Maestro de todos los Maestros. Maitreya encarna lo que llamamos el Principio Crístico, la energía del amor. Él es el Señor del Amor, como Su hermano el Buddha era el Señor de la Sabiduría. Seiscientos años antes de Jesús, el Buddha adumbró y trabajó a través de Su discípulo el Prín-

---

1 Adumbramiento, en sentido espiritual, es el método por el cual una conciencia mayor trabaja a través de una que tiene un nivel de desarrollo algo menor, trayendo esta conciencia hasta la humanidad.

cipe Gautama, y el Príncipe Gautama se convirtió en Gautama Buddha. El Buddha mostró la Sabiduría de Dios en su perfección en un hombre por primera vez. Seiscientos años después, Maitreya, el Señor del Amor, adumbró a Su discípulo, Jesús[2], que todavía no era un Maestro pero estaba muy cerca de serlo, y mostró el Amor de Dios en su perfección en un hombre por primera vez. Al hacerlo, Él inauguró la Era de Piscis, que ahora llega a su fin.

Las energías de Piscis

Las energías de Piscis han dado a la humanidad dos grandes cualidades. Una es la individualidad. En los 2.000 años desde el tiempo de Jesús, la humanidad ha salido del rebaño, se ha convertido en individualidades poderosas por su propio peso. Esto es un tremendo paso adelante en la evolución. Sin individualidad, que es la mismísima naturaleza del alma (somos almas en encarnación), la particularidad de cada individuo no puede expresarse.

La otra es el idealismo, o devoción a un ideal. No obstante, ha sido un tipo de devoción muy abstracto. No es devoción ni idealismo lo requerido para la precipitación actual del ideal en el plano físico. Si las personas son idealistas y pueden imaginar algo, tienden a creer que eso es todo lo que se necesita hacer, que el ideal entonces se manifiesta en el mundo. Por supuesto, no es así.

Por ejemplo, la fraternidad del hombre ha sido un ideal durante cientos de años pero no existe la fraternidad del hombre en el mundo actualmente. Fue planteada como un ideal en la Revolución Francesa: igualdad, fraternidad y libertad. ¿Pero dónde está la verdadera igualdad? ¿Dónde está la fraternidad, la verdadera libertad? No existen excepto como ideas poderosas en la mente de la humanidad.

Éste tiene que ser el momento cuando estos ideales sean fijados en el mundo, en realidad sujetados y anclados en el plano físico a través de los cambios políticos, económicos y sociales que los hará realizarse. De otra manera no habrá futuro para la raza; nos destruiremos. En este mismo momento, corremos precipitadamente hacia el borde de un precipicio que significaría el fin de toda vida en este planeta. Yo personalmente creo que esto no sucederá. Pero a menos que cambiemos de dirección, destruiríamos, a través de la Ley de Causa y Efecto, toda vida, humana e infrahumana, en la Tierra. Dentro de muy poco Maitreya nos presentará

---

2   Para más información sobre el Jesús bíblico y Su relación con Maitreya, ver *La Misión de Maitreya, Tomo I* y la revista *Share Internacional*.

una elección. Ya nos afrontamos a ella, pero la inmensa mayoría de las personas ni lo considera algo para tomar en serio.

El anuncio

En junio de 1945, al final de la Segunda Guerra Mundial, Maitreya, que ostenta el puesto de Instructor del Mundo en la Jerarquía de Maestros, realizó un anuncio extraordinario. Él dijo que si la humanidad, por su propio libre albedrío, realizaba los primeros pasos para cambiar, poner su casa en orden, entonces Él vendría, no adumbrando a un discípulo como había hecho en Palestina, sino Él mismo, y a la mayor brevedad posible. Él dijo que no vendría solo sino a la cabeza de un gran grupo de Sus discípulos, los Maestros de Sabiduría.

(Desde el punto de vista de los Maestros, las dos guerras mundiales fueron en realidad una guerra que comenzó en 1914, se sumergió en 1918, volvió a resurgir en 1939 y acabó con la derrota de las fuerzas de Eje a manos de los Aliados, detrás de los cuales estaba la Jerarquía espiritual de Maestros e iniciados.)

Fue hace 98.000 años, a finales de la era atlante, que los Maestros trabajaron abiertamente en el mundo. Con el fin de la guerra que devastó la civilización atlante y parte del continente del cual América del Norte y del Sur son vestigios, los Maestros se retrayeron a las montañas y desiertos donde han permanecido desde entonces. Unos pocos ha sido más abiertos, pero muy pocos. Ellos están comenzando a ocupar Sus puestos en el mundo de formas que nos permitirá conocerles y reconocerles como los Maestros, los Instructores, los Guías de la raza. Este es el suceso más extraordinario que uno podría contemplar y está sucediendo ahora.

Maitreya dijo, en junio de 1945, que Él vendría cuando se hubiera restablecido una medida de paz, cuando el principio de compartir comenzara a gobernar los asuntos económicos, y cuando los grupos religiosos y políticos hubieran limpiado su casa, puesto sus asuntos en orden. Tan pronto como nuestras mentes se estuvieran moviendo en esas direcciones, Él dijo que vendría sin falta en el tiempo más breve posible. Se confiaba que sería en unos cinco años. Se esperaba en 1945 que el dolor y el sufrimiento, las espantosas condiciones de la guerra, nos hubieran escarmentado y conducido a un cambio de rumbo. Pero no todas las naciones sufrieron, y tampoco de igual forma, y las grandes potencias pronto volvieron a las viejas formas codiciosas, egoístas, competitivas, nacionalistas de Piscis, las formas del pasado.

Las energías de Piscis han dividido a la humanidad porque hemos puesto énfasis en exceso a la individualidad que la experiencia pisceana nos ha proporcionado. Nuestro idealismo ha sido muy estrecho y dirigido a uno mismo, así que nos hemos convertido en fanáticos creyentes de nuestro propio ideal –sea democracia, fascismo o comunismo. Todos creen que su ideal es dado por Dios como un regalo por encima de todos los demás. Además, los individuos nacionalistas creen que su país es el mejor de todos los países posibles, un regalo de Dios al mundo. Estas creencias crean las divisiones y separaciones, los antagonismos innecesarios, los anteojos que las personas adoptan para evitar que sus ojos vean los valores y cualidades de otras personas. Debemos vivir y relacionarnos con otras personas, y podemos hacerlo a través de la cooperación o a través de la competencia.

Crisis espiritual

Hasta ahora, la inmensa mayoría de la humanidad ha decidido que la competencia es el único camino hacia delante. Esa creencia nos está conduciendo a una posición completamente insostenible. Actualmente la mayor expresión de esa tensión se encuentra en los campos político y económico. La humanidad está atravesando una gran crisis espiritual que se enfoca a través de estas áreas de actividad y debe resolverse allí. Si no se soluciona, destruiremos toda vida en el planeta. Esta es la cosa más importante que la humanidad podría reconocer. Es un problema espiritual enfocado a través de las estructuras políticas y económicas.

El camino hacia delante para la humanidad es la realización de quiénes y qué somos. Pocos saben quiénes son. Nadie sabe por qué estamos aquí, a dónde nos dirigimos, de dónde hemos venido, cuál es la meta y propósito de la vida. ¿Así que cómo podemos vivir correctamente? ¿Cómo podemos relacionarnos entre nosotros correctamente si ni conocemos quiénes somos? Ha sido el papel de las religiones enseñar a la humanidad que su naturaleza es espiritual, divina. Pero las iglesias han tenido muy poco éxito enseñando a la humanidad. Ellas les han fallado a la humanidad.

El propósito de las iglesias era enseñar y curar. En mi opinión, han enseñado mal y prácticamente no han curado. En lugar de curar y enseñar, nos han dado un conjunto de normas, dogmas y doctrinas creadas por el hombre que ellos han denominado la palabra de Dios, palabras que Dios, estoy seguro, estaría muy infeliz de aceptar como Suyas. Estos dogmas y doctrinas son los que mantienen a la humanidad separada, a las personas religiosas separadas, y separan a las personas religiosas de las personas políticas o económicas o científicas. No debería haber ninguna separación. No existe separación en la vida.

La vida te da problemas y situaciones políticas y económicas. También te proporciona problemas y dilemas espirituales. Vivimos en un mundo espiritual, la naturaleza de la vida es espiritual. No puede ser de otra manera porque cada uno de nosotros es la chispa divina de Dios, el Ser, que se refleja a sí mismo como el alma humana. El alma humana individualizada se refleja a sí misma a un nivel de vibración inferior como la personalidad humana, que en cualquier vida específica es un hombre o una mujer. Así que todos los hombres han sido mujeres y todas las mujeres han sido hombres. De esta manera, el progreso humano desde el hombre o mujer animal primitivo ha sido impulsado hacia delante hasta este momento para la revelación de nuestra verdadera naturaleza. Pocos en cualquier momento conocen estas verdades, y realmente pocos ahora cuestionan la realidad de las estructuras políticas y económicas que nos vemos forzados a utilizar.

A la humanidad se le ha dado una elección ridícula: puedes ser libre o tener justicia. Si vives en Norteamérica o Europa, generalmente optas por la libertad. Los norteamericanos en particular aman la idea de la libertad pero existe poca justicia en Norteamérica y no mucha más en Europa. Si vivías en el bloque soviético (que ya no existe como un bloque pero la conciencia aún permanece allí), optabas por la justicia pero no tenías libertad. Esta elección es totalmente absurda. Tanto la libertad como la justicia son divinas, y la divinidad es indivisible. No puedes tener libertad sin justicia, o justicia sin libertad.

No puedes dar a la humanidad una elección y decir: "Si me votáis, os daré libertad, olvidaos de la justicia," o: "Si votáis por nosotros, os daremos justicia, olvidaos de la libertad". Ambas son esenciales porque ambas son parte de la naturaleza humana, y por tanto divinas. Provienen del alma. Si el alma se manifiesta a través de un individuo, esa persona querrá tanto libertad como justicia para todos. Son esencialmente lo mismo. No pueden separarse porque el espíritu no es separable. La divinidad es un todo y necesita la totalidad de su expresión. Trata de la unidad, y la unidad resulta sólo de la fusión de la justicia y la libertad.

Cuando Maitreya se de a conocer y enuncie el concepto de la unidad, descubriréis que la idea de cualquiera que desea libertad sin justicia o justicia sin libertad es ridícula. No puede llevarse a cabo. No obstante es lo que las estructuras políticas ofrecen hoy día en Occidente y en el bloque soviético, que se ha derrumbado y está buscando una medida de libertad para cubrir la medida de justicia que ya tiene. A causa de la orientación de fuerzas del mercado que se ha visto forzado a adoptar, esa justicia y libertad tardarán en llegar.

Maitreya denomina las fuerzas del mercado, fuerzas del mal porque llevan la desigualdad inherente en ellas. No obstante la economía de fuerzas de mercado satura al mundo entero, incluso el hasta hace poco bloque soviético. Beneficia a unos pocos a expensas de la mayoría. Esa es la razón por la que son perniciosas. Su mecanismo es la comercialización, y Maitreya dice que la comercialización es más peligrosa para la humanidad que una bomba atómica porque es insidiosa. Incluso no la vemos actuar. Sin embargo los tentáculos de la comercialización ahora penetran toda nuestra existencia.

En EEUU, si no tienes seguro médico y eres pobre, no puedes conseguirte una nueva dentadura. No puedes ser operado si lo precisas. Éste es el sistema médico más injusto en la historia de EEUU. Si no eres lo suficientemente rico para hacerte un seguro o pagar las facturas, debes sufrir. Debes cojear. No puedes que te hagan un trasplante de corazón o te coloque un marcapasos o cualquier otro cuidado médico. La asistencia médica es un servicio que todas las naciones deben proporcionar a su pueblo. Es una parte esencial de la vida humana como la comida, el cobijo y la educación.

Estos son los fundamentos, los servicios que todas las personas en todas las naciones precisan. No obstante en la actualidad no existe ningún país en el mundo, ni incluso en EEUU, probablemente el país más rico del mundo, en el cual todo esto se consideran derechos universales. Deben ser derechos universales pero si miras al mundo como es, como Maitreya lo ve, puedes ver dos mundos.

Dos mundos

Uno contempla cómo el mundo desarrollado, las naciones del G8 y unas pocas más, usurpan y derrochan tres cuartas partes de los alimentos mundiales y el 83 por ciento de todos los demás recursos, así que el mundo en desarrollo tiene que arreglárselas con el resto. Ellos representan más de dos tercios de la población mundial, pero deben contentarse con un cuarto de los alimentos mundiales y el 17 por ciento de los otros recursos. Como resultado de ello, mueren por millones.

Un quinto de la población mundial, alrededor de 1.200 millones de personas en el mundo en desarrollo, viven oficialmente en la pobreza absoluta. Esto significa que viven con menos de 1 dólar diario. Llevan vidas miserables y yermas, privados de todo lo que nosotros damos por hecho. Más de 30 millones de ellos están en realidad muriéndose de hambre en un mundo en el cual no hay escasez de alimentos, un mundo con un enorme excedente per cápita. Esa es la realidad para la gente en el mundo en desarrollo.

Somos tan complacientes que incluso no nos lo tomamos en serio. Pensamos que es normal. Pensamos que podemos continuar así: "Yo estoy bien y lo demás no me importa". Nuestras bolsas están subiendo. Nada que preocuparnos. Estamos ahorrando, y tendremos lo que queramos, más de lo que queramos, y cada vez más de lo que pensamos que el mundo debe darnos. ¿Qué hay de las personas en el mundo en desarrollo? La mayoría de la humanidad vive en el mundo en desarrollo, y ellos no tienen casi nada.

Tenemos todo lo que existe y más, y no lo compartimos con aquellos que no tienen nada. La codicia, el egoísmo y la complacencia causan que millones de personas padezcan hambre en el mundo. Si hay una sequía, inevitablemente, mueren millones. Si hubiera una sequía en EEUU o Europa nadie moriría. Importaríamos suficiente alimento para todos porque podemos pagarlo. No hay una escasez de alimento. Hay comida pudriéndose en los almacenes del mundo desarrollado, comida por las ratas.

Esta es la realidad en el mundo en desarrollo. Muchos no tienen qué comer, ni vivienda, ni trabajo, ni forma de ganar dinero. Podrían tener que caminar 15 kilómetros para recoger leña para hacer fuego y cocinar fibras. Tienen que caminar 15 kilómetros por agua salobre que envenena a sus niños. No saben de dónde saldrá la próxima comida. Quizás tuvieron una comida la semana pasada. Nosotros nos preguntamos qué tendremos para cenar esta noche. Pensamos en ello a la hora de la comida. Ellos piensan: "¿Será posible que en una o dos semanas llegue ayuda y mis hijos puedan comer algo?"

Esa es la realidad diaria para millones de personas, y nosotros cerramos nuestros ojos a ello. Maitreya dice: "¿Cómo podéis ver a estas personas morir ante vuestros ojos y haceros llamar hombres?" [Mensaje 11[3]] Él dice: "Los problemas de la humanidad son reales pero tienen solución. La solución está en vuestras manos. Tomad la necesidad de vuestro hermano como la medida de vuestra acción y solucionad los problemas del mundo. No hay otro camino." [Mensaje 52] Tenemos una solución que es tan fácil. Maitreya dice que debemos vernos como uno, hermanos y hermanas de una humanidad bajo un Dios. Por tanto, los alimentos, ma-

---

3   Publicados en *Mensajes de Maitreya el Cristo*, Share Ediciones.

terias primas, energía y ciencia del mundo pertenecen a todos, y deben redistribuirse más equitativamente alrededor del mundo.

Pensamos que damos ayuda al mundo en desarrollo. Damos ayuda con un compromiso adjunto –los intereses sobre la ayuda. Más dinero fluye desde el mundo en desarrollo al mundo desarrollado en concepto de pago de créditos, más los intereses, que el que fluye del mundo desarrollado al mundo en desarrollo en créditos reales. No es ayuda. Es usura. Hemos puesto al mundo en desarrollo 'con la espalda contra la pared', y no hay nada que ellos puedan hacer al respecto. Dominamos las estructuras económicas del mundo. La globalización es una realidad pero una terrible para ellos. Les forzamos, para recibir ayuda, a reestructurar su economía para suministrarnos materia prima barata como café y té que compramos a granel al menor precio posible, mientras que ellos no pueden vivir porque su tierra está cultivando té y café para exportarlo al mundo desarrollado. Ésta es la realidad para la cual la personas son ciegas porque las cadenas de medios de comunicación no ponen énfasis en ello. Debemos verlo, o de otra forma destruiremos toda vida en el planeta. Estamos realmente apremiados y no tenemos mucho tiempo para tomar una decisión.

La venida de Maitreya, el Instructor del Mundo

Para asegurar que realizamos los pasos y cambio correctos, Maitreya y Su grupo han venido al mundo en realidad antes de lo programado. Ellos pensaron que podría ser dentro de 1.200 años, pero la emergencia es tan grande que han venido ahora. Maitreya esperaba que sería en unos cinco años desde 1945, pero no fue hasta julio de 1977 que Él fue capaz de descender de Su montaña. Él dijo entonces, vengo tanto si están preparados como si no. "Si fallase todo intento, emergeré en un mundo dispuesto pero no preparado". [Mensaje 61] Los cambios han tenido lugar justo en la medida para venir dentro de la ley. Él descendió de su retiro en la montaña, a unos 5.300 metros de altura en los Himalayas, y descendió a las llanuras de Pakistán. Maitreya pasó allí varios días para aclimatarse, y el 19 de julio de 1977 entró en Londres, Inglaterra. Él reside en la comunidad asiática de ese país, que denomina Su 'punto focal' en el mundo moderno.

Desde allí Él dirige Sus energías a todas partes del mundo de una manera altamente científica como sólo Él es capaz de hacer. Él está esperando una oportunidad para presentarse y declararse abiertamente al mundo como el Instructor del Mundo –no como el Cristo, no como Maitreya Buddha, no como el Imán Mahdi que es como lo esperan los musulmanes, no como Krishna como lo esperan los hindúes o el Mesías como le esperan los judíos. Todos estos son nombres del mismo individuo, el jefe o líder de nuestra Jerarquía Espiritual, que, era tras era, ha presentado a la humanidad esta unión con el reino espiritual.

La Jerarquía es el reino de las almas o el reino espiritual, en términos cristianos el reino de Dios. Estos hombres no son Dioses, pero son hombres semejantes a Dios. Cada uno tiene todo el potencial de la divinidad dentro suyo. Los Maestros no son diferentes de nosotros. La única diferencia entre los Maestros y nosotros es que Ellos han *demostrado* la divinidad a un nivel que sorprende e inspira, mientras que nosotros estamos muy por debajo en la escalera de la evolución esperando el momento en que podamos hacer lo mismo. No sucede esperando –sólo realmente haciéndolo. Todos nosotros, tanto si lo sabemos como si no, estamos comprometidos en un sedero evolutivo que finalmente convertirá a todos en Maestros. Es inevitable. Es parte de nuestro destino como seres humanos.

El siguiente paso destinado para la humanidad es la creación de correctas relaciones humanas. Eso significa la demostración de nuestra capacidad de vivir en paz. Si no podemos vivir en paz, no podemos vivir para nada porque una guerra ahora a gran escala destruiría toda vida. Así que el primer paso en dirección de las correctas relaciones humanas es la creación de condiciones de paz. Maitreya dice que esto es sencillo pero que sólo hay una forma en la cual podemos alcanzar la paz: es la creación de justicia en el mundo. Sin justicia nunca habrá paz y sin paz no habrá mundo. ¿Cómo entonces podemos conseguir justicia? Compartiendo los recursos. Hay más que suficientes recursos para todas las personas del mundo. Cuando compartimos, dice Maitreya, realizamos el primer paso hacia nuestra divinidad. Compartir, Él dice, es divino, la libertad es divina, la justicia es divina. Todos son aspectos divinos. "Para manifestar su divinidad, el hombre debe abrazar estos tres." [Mensaje 81]

Compartir, justicia y libertad

Compartir, justicia y libertad son los manantiales de nuestra vida. Debemos demostrarlos en el mundo, no sólo como ideales en el plano astral de lo que nos podamos sentir bien. Debemos manifestarlos. Vemos en todas partes, si nos preocupamos en mirar, el dolor y la angustia de incontables millones de personas que no tienen nada que comer, nada que dar a sus hijos. ¿Os podéis imaginar si no tuvierais dinero para comprar alimentos para vuestros hijos, y los veis consumiéndose, muriéndose de hambre ante vuestros ojos? Es un pensamiento horroroso, pero esa es la experiencia diaria de millones de personas.

Cada día 24.000 niños mueren de hambre, y hacemos poco o nada para remediarlo. Ponemos nuestras manos en los bolsillos, damos unas pocas libras o dólares a Oxfam cuando hay una necesidad específica. Hay una necesidad específica todo el tiempo. Éste es un problema diario, no algo que pueda solucionarse una y otra vez con unos pocos dólares de ayuda. Precisa la completa transformación de nuestras estructuras políticas y económicas. Es una cuestión de voluntad política llevarlo a cabo. La mayoría de la gente sería menos complaciente si comprendieran las circunstancias, si realmente vieran lo que está sucediendo y cómo se relaciona con ellos. Ellos darían, porque en la mayoría de personas el Principio Crístico está comenzando a trabajar dentro de ellos. Están llenos de deseos de bien, pero no saben cómo manifestarlos o no ven la urgencia de la necesidad.

Comparado con el mundo en desarrollo, casi todos en el mundo desarrollado vive no sólo en la afluencia y la abundancia, sino en lo que yo denomino 'el país de los locos'. Pensamos que podemos seguir así para siempre. No podemos. ¿Realmente imaginamos que las personas del mundo en desarrollo soportará esta situación para siempre? ¿Pensáis que no saben lo que realmente está sucediendo, lo que otras personas poseen, cómo viven, el despilfarro? Ellos están comenzando a exigir sus derechos.

Las personas del mundo están comenzando a hacer saber sus necesidades y están tirando abajo el Muro de Berlín, y los Muros de Berlín de todas las naciones en desarrollo, demandando su derecho a comer, a trabajar, a criar a sus hijos en paz y en circunstancias decentes. Estas demandas crecerán. Maitreya emergerá y estimulará y potenciará estas demandas de las personas hasta que ningún gobierno de la Tierra pueda oponerse a estas demandas de libertad, justicia y correctas relaciones. Si el próximo paso destinado es de correctas relaciones humanas, se debe hacer que tenga lugar. Sólo puede hacerse que ocurra cuando las personas lo hagan. No es una idea que automáticamente tiene lugar.

Maitreya dice: "Nada ocurre por sí mismo. El hombre debe actuar y realizar su voluntad". [Mensaje 31] El individuo vago e idealista piensa que si tenemos el ideal, éste ya está allí. No lo está. Hay poca libertad, igualdad y fraternidad en el mundo. Son sólo ideales, y hasta que no hagamos que esos ideales sean factuales a nivel político y económico, nos hemos fallado a nosotros mismos y a nuestros hermanos y hermanas. Le hemos fallado a nuestro tiempo. Y el momento para este cambio ha llegado.

El Emerger

Maitreya está emergiendo sin dilación. Tan pronto como la caída de las bolsas que Él ha predicho durante muchos años realmente comience a captar el interés, Maitreya emergerá abiertamente. Él comenzará a enseñar pero no como Maitreya, o el Instructor del Mundo, no como el Cristo o el Imán Mahdi o el Mesías, qué el podría reivindicar que es porque en realidad es cómo le vemos. Él desea sólo ser llamado el Instructor, porque Él dice: "Si soy el Cristo de los cristianos, ¿que pasará con los judíos, los hindúes, los musulmanes y los budistas? Si soy Maitreya Buddha para los budistas, ¿qué pasará con los cristianos, los judíos y los demás?"

Estos son términos creados por el hombre y confunden, ciegan y causan desacuerdo. Él dice: "No corráis tras de Mí. No intentéis reclamarme y ponerme en vuestro bolsillo; sino me perderéis". Él no viene para grupos religiosos individuales. De hecho, Él no es un instructor religioso *per se*. Es un instructor espiritual, un educador en el sentido más amplio de la palabra. Él ha venido para educar a la humanidad sobre su propia naturaleza, para mostrarnos que somos divinos, que en cada persona está la chispa divina que nos conecta con todo el cosmos. Ésta es la realidad interna. Él viene a inspirar a la humanidad para que revele esa realidad y que se conviertan como los Maestros, no sólo potencialmente sino realmente divinos.

Los Maestros han ido por delante y son una garantía para nosotros. Fueron hombres y mujeres que lucharon y perseveraron en Su camino para expresar esa divinidad y lo consiguieron. Son hombres sin falta, y saben que el mismo potencial reside en nosotros. Su regreso significa el comienzo de la creación de una civilización verdaderamente espiritual, el restablecimiento de la naturaleza y cualidad de las civilizaciones de Atlántida hace muchos miles de años.

Las civilizaciones atlantes duraron 12 millones de años. Algunas tuvieron una ciencia mucho más avanzada que cualquiera que tengamos actualmente. Podían hacer cosas que no podemos incluso comenzar a hacer. En el futuro cercano razonable volveremos a considerar estos poderes seriamente y comenzaremos a demostrar algunos potenciales humanos plenamente razonables, como la capacidad de establecer contacto telepático a voluntad a cualquier distancia. La telepatía es un rasgo humano natural que los Maestros utilizan todo el tiempo. La mayoría de personas ha perdido la capacidad. Los Maestros no hablan. Sencillamente piensan unos a otros. Eso se convertirá en la norma, así que será imposible decir una mentira. ¿Os podéis imaginar lo difícil que eso resultará para nosotros?

¿Cómo podemos desarrollar estas cualidades divinas? Maitreya dice que ya somos divinos. Somos un Ser inmortal, como Él lo denomina. El Ser se equipara con Dios, la Chispa Divina, la Mónada en terminología teosófica. Nuestra dificultad es que nos identificamos con todo y cualquier cosa excepto con el Ser. Ni tan siquiera sabemos quiénes somos, ¿así que cómo podemos llegar a vivir juntos apropiadamente? Así que vivimos de acuerdo con ciertos preceptos antiguos de competencia, codicia y egoísmo como norma. Pero no son normales. Somos neuróticos viviendo vidas anormales al final de la civilización de Piscis, en formas que podrían destruir toda vida.

Eso no sucederá porque Maitreya y un grupo de Sus Maestros, 14 hasta ahora, están en el mundo. Ellos creen (y tienen que saberlo) que estamos preparados para el cambio. Para asegurarse, a través de la Ley de Causa y Efecto, nosotros estamos causando los sucesos que nos llevarán a cambiar y aceptar el principio de compartir, porque no tenemos alternativa.

El colapso de las bolsas mundiales

Las bolsas del mundo han estado sometidas a un vertiginoso efecto yoyo en los últimos años. Hemos visto una subida del índice Dow Jones hasta la cota de 11.000 puntos. Desciende 600 puntos un día y unos pocos días después recupera 400 puntos. Luego pierde otros 200 y pronto sube 300, y así sucesivamente. Esto sucede en diferentes bolsas alrededor del mundo, y crea un efecto yoyo que es tan inestable que ningún gobierno, país o economía queda sin ser afectado.

Para justificar el nivel en el cual se encuentra el índice Dow Jones, la tasa de crecimiento de la economía de EEUU tendría que ser del 10 por ciento anual aproximadamente. De hecho, no se encuentra para nada cerca de eso, así que se crea una burbuja. Esa burbuja estallará y con ella se colapsarán las bolsas de EEUU y del mundo. Todos los factores que estuvieron presentes en 1929 lo están actualmente.

En 1988-1991 Maitreya realizó una serie de profecías que se han cumplido con una exactitud insólita. Una de ellas fue que habría una caída de las bolsas mundiales que Él dijo comenzaría en Japón. Japón estaba entonces en la cima de su poder económico. El índice Nikkei se encontraba en los 40.000 puntos. En el lapso de un año comenzó a tener lugar el colapso. Él lo denominó una burbuja que inevitablemente estallaría y haría caer al resto de los mercados bursátiles mundiales. Eso comenzó alrededor de 1990 y en un periodo de tiempo muy corto cayó hasta el nivel de 14.000 puntos. Actualmente, a fuerza de inyectar miles de millones de yenes en una especie de pozo sin fondo que no tiene ningún efecto en la economía, en el momento de escribir esto el índice Nikkei está entre 12.000 y 20.000 puntos, la mitad de su valor de 1988.

Es una burbuja que todos los japoneses saben que ha estallado. Se reflejó a sí misma en el colapso de las economías de los 'Tigres' del Pacífico –Tailandia, Indonesia, Malasia, Corea del Sur, Singapur y Hong Kong. A estas le siguieron Rusia, Brasil y México. Fueron mantenidas a flote inyectando miles de millones de dólares de ayuda a través del Fondo Monetario Internacional, el Banco Mundial y los bancos centrales del mundo. Cada dos o tres años sucede lo mismo. Llegará el momento en que la ayuda no tendrá lugar, y eso será muy pronto.

El gobierno de EEUU no puede mantener la burbuja en EEUU, inconexa con la verdadera productividad de la nación. Sencillamente no es factible, y Maitreya no es el único que ha advertido de ello. Cada economista veterano del mundo que ha dado una opinión ha comentado como una posibilidad, o incluso una certeza en algunos casos, que habría una caída de las bolsas mundiales. Lo único que no saben es cuándo tendrá lugar.

Maitreya realizó esa predicción por primera vez en junio de 1988, y con cada día que pasa se hace cada vez más probable que se cumpla. Cuanto más alto suban las bolsas, cuando aplaudís y os felicitáis mutuamente, más probabilidad hay que el colapso tenga lugar. Oír a alguien decir, como lo hago yo, que lo mejor que puede suceder es una caída de las bolsas podría hacer que os preguntéis si vivo en la babia o si estoy completamente loco. No estoy loco y no vivo en la babia.

Maitreya las denomina los casinos de juego del mundo. No tienen una función respecto al verdadero sistema comercial del mundo. Un noventa y siete por ciento de todas las transacciones de los mercados bursátiles mundiales son especulaciones sobre divisas. Para los Maestros, la especulación es la mayor enfermedad de la humanidad, que nos está no sólo volviendo locos de codicia, sino también conduciendo al borde de la autodestrucción. Lo mejor que podría pasar es el colapso de los casinos de juego que son meras agencias de mentes codiciosas y manos vagas, como los Maestros lo describen. No tienen una verdadera función. Sólo su fin pondrá a la humanidad frente a frente con la realidad. Los gobiernos no tienen control de sus economías porque no tienen control sobre sus divisas. El valor de cualquier divisa, o la forma de actuar a favor o en contra de una divisa específica, está en manos de un grupo de unos 200 hombres y mujeres en cada país.

Los financieros y especuladores de ciertas grandes instituciones, utilizan vuestro dinero que vais apartando para vuestra jubilación, por ejemplo. Todas las grandes compañías de seguro y bancos apuestan como todos los demás en las bolsas. El mundo ha cambiado de ser semi-religioso a ser totalmente religioso, pero la religión ha cambiado. La nueva religión es el dinero. El dinero es el gran altar en el cual todos rinden culto diariamente. Todos están arrastrados por la codicia, por la posibilidad de hacer dinero rápido. Internet está fomentando esto. Tenéis el índice Nasdaq, que sube y baja como un yoyo más grande que el índice Dow.

Cualquier vía que podría fomentar el bienestar de la humanidad está siendo utilizado como una forma de hacer ricas a unas pocas personas a expensas de todos los demás. Esa es la naturaleza de las fuerzas del mercado. Están basadas en la gran mentira obvia de que todos comerciamos en el mismo campo de juego. Esa es la teoría. Si tienes fuerzas del mercado libres entonces por la ley de oferta y demanda, las economías del mundo se regularían. Nada puede estar más lejos de la verdad porque no todos estamos al mismo nivel. No puedes comparar la fortaleza comercial de Norteamérica, Gran Bretaña, Francia, Alemania o Japón con Kenia, Tanzania, Zambia o Nigeria.

Nosotros en Occidente vivimos nuestras vidas con buenas vestimentas y medios de transportes a expensas de la salud y bienestar de las personas en el mundo en desarrollo. Es grosero e indecente. Maitreya lo denomina una blasfemia. "¿Por cuánto tiempo," Él pregunta, "podéis soportar esta degradación?" [Mensaje 81] Es una degradación del espíritu humano. Es la nueva esclavitud. No le damos ese nombre pero es eso. La esclavitud no ha desaparecido. La esclavitud acompaña cada transacción de las bolsas. Ha llegado el momento de acabar con esa asociación vergonzosa, y tendrá lugar con su propio colapso.

Maitreya en la televisión

Cuando las bolsas caigan, tan pronto como sea obvio que se encuentran en el colapso final, Maitreya emergerá. Él aceptará una invitación que ha recibido para aparecer en una de las principales cadenas de televisión de EEUU, luego en Japón. Después de ello, todas las cadenas querrán entrevistar a este hombre extraordinario.

No le llamarán Maitreya. No será introducido como el Cristo o el Instructor del Mundo, sino simplemente como un hombre entre los hombres, un hombre de extraordinaria fuerza, sabiduría, amor obvio y preocupación por las personas del mundo –no sólo por un grupo sino por todas las personas allí donde se encuentren, sean quienes sean, a cualquier nivel. Ellas le escucharán. Su voz será oída. Él reflejará la necesidad de la mayoría de personas de la raza humana de justicia y libertad, del derecho a vivir vidas decentes que la mayoría de nosotros en Occidente damos por hecho, conociendo de dónde vendrá su próxima comida, con trabajo y la alegría de criar a sus hijos sin verles morir frente a sus ojos.

Cuando suficientes personas estén así respondiendo a Su mensaje, ellas demandarán que las cadenas de todo el mundo le permitan hablar y desarrollar Sus ideas más detalladamente para la inmensa mayoría. Entonces las cadenas de televisión se unirán por satélite. Éste será el acontecimiento más extraordinario de todas nuestras vidas, el acontecimiento más extraordinario de la historia, como ningún otro antes en alcance.

El Día de la Declaración será anunciado por los medios de comunicación. La gente sintonizará a la hora prevista, y verá el rostro de Maitreya, para entonces bien conocido. Como dice en la Biblia cristiana: "Todo ojo le verá" –en las cadenas de televisión conectadas. Están allí para este acontecimiento así que por primera vez en la historia el Instructor del Mundo puede dirigirse a cada individuo directamente, sin necesidad de iglesias o sacerdotes que actúen como intermediarios.

Maitreya es omnisciente, omnipresente. Él entrará en *comunicación telepática* con cada individuo y cada uno le escuchará, internamente, en su propio idioma. Será una repetición, sólo que ahora a escala mundial, del verdadero suceso del Pentecostés hace 2.000 años.

Él presentará una breve historia del mundo, nuestro viaje desde el nivel extraordinario del que procedemos hasta la degradación a la que hemos caído. Él nos instará a cambiar, nos inspirará con una visión del futuro, un futuro como ningún otro que se haya presentado al mundo –la más maravillosa, bella y extraordinariamente brillante civilización que esta Tierra haya conocido jamás.

Ese es el futuro para la humanidad en la Era de Acuario que ahora comienza. Un mundo en el cual tendremos la energía para todas nuestras necesidades directamente del sol, que con un aspecto desarrollado de la ingeniería genética nos proporcionará la capacidad de crear nuevos órganos. En lugar de ir al hospital, esperando un trasplante que podría o no tener lugar, y muriendo durante la espera si no existe un órgano disponible, simplemente irás a la clínica y después de unas pocas horas saldrás con un nuevo corazón –tu propio corazón renovado, tus propios riñones o hígado renovados. De esta forma las personas vivirán vigorosamente y con vitalidad mucho más que actualmente. Con el compartir de los recursos del mundo, todo será posible. El compartir crea confianza. Cuando exista confianza entre las naciones habrá paz entre ellas.

En el Día de la Declaración, Maitreya perfilará todo esto. Él introducirá al mundo la idea de Sus discípulos, los Maestros. Los primeros que tendríamos que buscar son los tres que estuvieron juntos en Palestina entre los otros hace 2.000 años: el Maestro Jesús, el que fue San Pedro, ahora el Maestro Morya, y el que fue Juan el Amado, ahora el Maestro Koot Hoomi. Estos tres debéis recordarlos. Estos tres Maestros trabajarán estrechamente con Maitreya en los días futuros, y estarán entre los primeros en ser introducidos abiertamente al mundo, no en el Día de la Declaración pero poco después.

Mientras Él esté expresando Sus pensamientos a la humanidad, la energía de Maitreya, el Principio Crístico, fluirá con tremenda fuerza. Él ha dicho: "Será como si estuviera abrazando a todo el mundo. Las personas lo sentirán incluso físicamente". Esto evocará una respuesta sincera e intuitiva a Su mensaje. En el plano físico externo tendrán lugar cientos de miles de curaciones milagrosas espontáneas en todo el planeta. De estas maneras sabréis que Aquel es el Cristo, si ese es Él que esperáis, el Imán Mahdi si eres musulmán, Krishna si eres hindú, el Mesías si eres judío, Maitreya Buddha si eres budista; el Instructor del Mundo para todos aquellos que le esperan sin ningún nombre sino que sencillamente le han llamado al mundo para ayudar a la humanidad a afrontar el futuro, a restaurarse y regenerarse y entrar en la Nueva Era en condiciones apropiadas para los dioses que en esencia somos.

Preguntas y Respuestas

La Venida de Maitreya

"Cuando Él vino antes a través de Su discípulo, Jesús, los hombres no estaban preparados para responder a Su enseñanza. Hoy, después de siglos de sufrimiento, educación y experiencia, los hombres están preparados para comprender y actuar según Sus preceptos. Como Preceptor Él viene; como Instructor, no como salvador, Él cumple Su misión.

"Pronto, Aquel que el mundo espera emergerá y se presentará para que todos le vean. Pronto, los hombres entablarán un diálogo con sus Seres Superiores y realizarán su elección de vivir o morir. Así se representa el gran drama de este tiempo...

"Maitreya utilizará como señal el colapso de las bolsas, los salones de apuestas de la codicia; entonces Él entrará, abiertamente, en la escena del mundo y expondrá Su causa por la justicia y la libertad, el compartir y el sentido común." (De *"El fin del caos"* por el Maestro —, Share International, Mayo 2000)

¿Viene Maitreya porque nos estamos encaminando hacia una gran crisis o porque nosotros estamos evolucionando, tal como usted dice, hasta ser capaces de permanecer unidos? (Abril 1998)

Ambas cosas. No es una o la otra. Hay muchas personas en el mundo dispuestas a la destrucción. No pretenden destruir, pero se aferran a las viejas formas de vida que inevitablemente causarán destrucción. Si siguiéramos exactamente como estamos ahora, cuando un tercio del mundo usurpa y malgasta tres cuartas partes de los alimentos del mundo y el 83 por ciento de todos los demás recursos, mientras un quinto de la población mundial vive en condiciones *oficiales* de absoluta pobreza, entonces causaríamos una crisis que conduciría a una guerra nuclear.

La humanidad está realmente dividida en dos grupos: los que compiten, y los que cooperan. Los que compiten, por el momento, están ganando. Estos han construido una economía de fuerzas del mercado basada en la competencia, pero es una competencia injusta. Surge de América, que es la nación más poderosa y rica del mundo, y por tanto está bien para América. Quien sea más grande y más fuerte va a salir ganando inevitablemente.

¿Pero os podéis imaginar a Zaire, Uganda o Tanzania defendiendo una economía de fuerzas del mercado? Por supuesto que no, porque saldrán perdiendo continuamente. Si se tratara de un terreno de juego al mismo nivel se podría decir algo a su favor, pero en realidad las fuerzas del mercado se mueven en la dirección contraria a la evolución.

La evolución es moverse hacia una unidad, fusión, mezcla cada vez mayor, la creación de la humanidad una; no la uniformidad de la vida sino la unificación de toda la diversidad. La mayor unidad con la mayor diversidad, ése es el objetivo evolutivo. Las fuerzas del mercado funcionan en dirección contraria, creando cada vez más divisiones. Maitreya llama a las fuerzas del mercado las fuerzas del mal, a causa de esta desigualdad inherente en ellas. Han creado la división en el mundo que ahora alcanza proporciones de crisis. Él ya no puede permanecer aparte y observar lo que Él llama "la masacre de los inocentes". Así que Él ha entrado en el mundo con el conocimiento de que hay un gran número de personas que anhelan, y son capaces, de cooperar, cuya visión de la vida es de cooperación, justicia y libertad para todo el mundo. Él está aquí para despertar a aquellos que se aferran a las viejas formas competitivas y a inspirar y confirmar a aquellos que ven la cooperación como el camino hacia delante.

Si no cooperamos, destruiremos nuestra vida, pero Maitreya dice que Él sabe ya que estamos preparados para compartir – nosotros compartiremos los recursos, aunque sólo sea porque no tenemos alternativa.

Hay muchas razones por las cuales Él está aquí. Viene como el cabeza de Su grupo, los Maestros de la Jerarquía Espiritual que están regresando al mundo cotidiano y viene como Su líder. Pero Él no viene sólo para eso; Él viene en el último momento, por así decirlo, para evitar que la humanidad se destruya a sí misma.

¿Qué ocurrirá con las personas del mundo que creen que forma parte de su interés prolongar una posición permanente de guerra y encuentran difícil aceptar lo que parece una invitación imposible a crear paz? (Septiembre 1998)

Cuando Jesús habló hace 2.000 años no fue ni siquiera reconocido, y ciertamente habría muchos que Lo habrían seguido si hubieran tenido la más mínima idea de quién era Él, pero las mentes de las personas en esa época estaban totalmente dominadas por los únicos que podían leer y escribir – es decir, los sacerdotes.

Los sacerdotes rebosaban de una especial expectación del Mesías como un rey-guerrero procedente de la Casa de David que liberaría a los judíos de los romanos. Jesús vino como un hombre de paz, habló Sus palabras de amor, justicia, correctas relaciones, etc., difundió la naturaleza del alma humana, y manifestó el Amor de Dios en su perfección. Él no fue reconocido como tal porque todo eso iba tan en contra de las expectativas de los sacerdotes, y por ellos, del pueblo, que Jesús tuvo en realidad muy pocos seguidores.

Las enseñanzas de las iglesias proporcionan a la gente la idea de que Él fue seguido por muchas personas y que fue muy popular. No fue así en absoluto. Hubo tres grupos de discípulos especialmente cercanos a él, 12 pertenecientes a un grupo más interno, 75 de un grupo más externo, y 500 personas interesadas. Esos fueron todos los seguidores que Jesús tuvo en esa época. Les resultó muy fácil a los sacerdotes dirigir a los posibles seguidores para que hablaran mal de Jesús y Le crucificaran ya que Él no cumplía sus expectativas.

Los tiempos han cambiado. La educación a escala mundial ha transformado completamente la humanidad. Nadie debería esperar a alguien en el que todo el mundo vaya a creer. Maitreya mismo ha dicho: "Muchos Me seguirán y Me verán como a su Guía. Muchos no Me conocerán". [Mensaje de Maitreya, nº10], pero Él sabe que la gran mayoría de personas están hambrientas de cambio. Millones de personas están hambrientas de alimentos, y estas ciertamente no van a rechazar la posibilidad de cambio ya que componen la gran masa de personas del mundo en vías de desarrollo, que es casi tres cuartas partes de la población mundial.

Las personas que, en primer lugar, pueden no estar del todo entusiasmadas con la idea de tener que compartir los recursos del mundo occidental con el mundo en vías de desarrollo, podrían ser aquellos que ahora controlan grandes empresas e instituciones financieras. Pero cuando las bolsas del mundo se derrumben, estas son las personas que se van a ver desamparadas, que ya no tendrán el poder para alzarse en contra de la voluntad del pueblo. La voluntad de las personas en todas partes estará organizada, educada, estimulada, galvanizada y dirigida por Maitreya y esto creará una opinión pública mundial contra la cual ninguna nación puede resistirse a ella por mucho tiempo.

¿Cómo puedo saber que el Cristo del que usted habla es el verdadero? (Septiembre 1997)

No hay forma de poder demostrarte que la persona de la cual hablo es el Cristo o el Instructor del Mundo. Tienes que satisfacerte a ti mismo, con tu propia intuición, tu propia experiencia en el Día de la Declaración y posteriormente, a través de Su enseñanza. El árbol se conoce por su fruto, y el fruto de Maitreya – Su amor, sabiduría, percepción, inteligencia, consejo, el efecto de Su energía en ti, Sus bendiciones vertidas al mundo – te convence, o no.

Si tu mente está encasillada en algún tipo de fundamentalismo religioso, probablemente encontrarás difícil tomar seriamente lo que digo, y en el Día de la Declaración descartarías cualquier reacción positiva procedente de tu propia experiencia. Pero si dices: "Ese hombre parece ser alguien de la estatura de un Cristo, o un Buddha," no importa si tu crees en el *nombre*; eso no es lo fundamental. Lo que importa eres *tú* y tu relación con el mundo. ¿Pide Él a la humanidad a hacer lo que *tú* quieres para el mundo? ¿Quieres justicia, un sistema económico racional que permita a las personas vivir en paz, para que nadie se muera de hambre en un mundo de abundancia? ¿Quieres esto? Si lo quieres, estás de Su parte, porque eso es lo que Él quiere. No importa quien creas que es, o si sigues a Jesús en vez de a Maitreya – muchos cristianos seguirán a Jesús porque conocen el nombre; no conocen el nombre Maitreya. ¡Pero Jesús sigue a Maitreya!

La conciencia despierta es la clave de toda vida. En tanto que tienes conciencia despierta, la vida está en ti. En tanto que no tienes conciencia despierta, esa vida está todavía por encima de ti y eso se refiere tanto a Maitreya como al resto de cosas.

¿Nos salvará Maitreya como se dice que Jesús hizo? (Septiembre 1998)

Maitreya viene para enseñar. La humanidad tiene que salvarse a sí misma a través de una respuesta correcta a las enseñanzas. Él no viene para 'salvar a la humanidad': nadie puede salvarte – ni Maitreya, ni el Buddha, nadie que haya estado alguna vez en la tierra puede salvarte. Sólo tú mismo puedes salvarte en el sentido esotérico de cumplir la naturaleza de tu Ser y cumplir la tarea de manifestar ese Ser en el planeta Tierra en su perfección. Eso es lo que te salva; se llama "realización del Ser".

Todos los Maestros son Auto-realizados, perfectos, salvados. Si yo te dijera: "Cree en Jesús y estarás salvado" – eso es lo que todo cristiano te dice, especialmente los fundamentalistas – o "cree en el Buddha" o "cree en Krishna" e irás al Nirvana o a donde sea – sería una tontería. La creencia no tiene nada que ver con ello. La creencia tiene que ver con la religión. Maitreya dice que las religiones tienen una función – son como una escalera que te ayuda a subir al tejado, pero cuando ya has llegado ahí, puedes tirarla o bien dársela a alguien.

Tiene que ver con la conciencia despierta, una conciencia despierta creciente y consciente. Ese es el sendero de evolución, la creencia no lo es. Uno puede ser un ateo convencido, un cristiano, budista, musulmán, durante 15, 20 o 30 años y luego de repente 'ver la luz' y convertirse en otra cosa – un rosacruz, un teósofo, o cualquier otro 'ismo'. Pero la vida no tiene nada que ver con 'ismos' o ideología; tiene que ver con Acción y Reacción, la gran Ley, y estos son opuestos e iguales. Si aprendemos el significado de esa Ley, aprendemos lo que es ser inofensivo. Es la inofensividad lo que está a la raíz del Ser que nos mantiene a salvo. Si somos inofensivos no creamos el karma que conduce a las personas a la guerra, al temor, y a todo lo demás. Maitreya viene para enseñarnos en términos sencillos, mucho más sencillos de como yo lo haría.

Se dice que cuando el discípulo está preparado, aparece el Maestro, ¿así que por qué confía en la aparición de un Instructor – Maitreya – para que haga las cosas por nosotros? (Junio 1998)

Siempre he resaltado que Maitreya no ha venido para "hacer las cosas por nosotros". Él viene para *enseñar*, nosotros tenemos que salvarnos a nosotros mismos a través de la respuesta correcta a la enseñanza. Él mismo ha dicho: "Yo soy el Arquitecto, sólo, del Plan. Vosotros sois los dispuestos constructores del Resplandeciente Templo de la Verdad". (*Mensajes de Maitreya el Cristo*, nº65). El Templo de la Verdad, naturalmente, es la nueva civilización, y nosotros tenemos que construirla. Cada losa, cada piedra, ha dicho Maitreya, debe ser colocada por el mismo hombre. Él viene para mostrarnos el camino, para aconsejar, enseñar, inspirar, liberar la energía que nos impulsa, pero nosotros, dispuesta y gustosamente, debemos aceptar los cambios, de lo contrario estos no ocurrirán. Si se utiliza la frase: "Cuando el discípulo está preparado, aparece el Maestro", debería entenderse a nivel *individual*. Si un discípulo determinado está preparado para servir a la humanidad de una forma más bien potente, y tiene la suficiente polarización mental y respuesta de su propia alma que le permite a un Maestro contactar y trabajar con él, entonces el Maestro puede aparecer. Pero en el sentido al cual yo me refería es la disposición de la humanidad *en conjunto* para el Instructor del Mundo. Maitreya no es un Maestro *individual*: Él viene para toda la humanidad. Los Maestros son Sus discípulos.

El Maestro describe al Cristo como "el Mayor de la gran familia de hermanos" (*Share Internacional*, Octubre 1997, pág.3). ¿En que sentido se utilizó el término "Mayor"? Existen Maestros en la Jerarquía que son más viejos en términos de tiempo. Maitreya, creo, fue el primero de la humanidad terrestre en tomar la Iniciación. ¿Es en este sentido que se le describe como el Mayor de la gran familia de hermanos, incluyendo a todos los Maestros? (Octubre 2000)

Él es el Mayor porque es el más evolucionado (ahora que el Buddha está en Shamballa).

(1) Es Maitreya consciente, todo el tiempo, de los pensamientos de todos? (2) ¿Es Él consciente cuando pensamos en Él? Por ejemplo, cuando cogemos nuestros ejemplares de *Share International* y leemos sobre Él, ¿algún fragmento de Su atención es atraída hacia allí? (3) ¿Podría Él coger cualquier instrumento musical y tocar la pieza más complicada? (4) ¿Podría pintar una obra maestra? O (5) ¿Escribir una obra mejor que las de Shakespeare? (6) ¿Podría cantar como Elvis? (Septiembre 2000)

(1) Sí. (2) Sí. (3) Sí. (4) Sí. (5) Sí. (6) ¡No!

Usted dice que Maitreya se ha encarnado en un cuerpo físico y que está viviendo en Reino Unido. Pero, ¿por qué? ¿No puede Él hacer mucho más para todas las almas y la Tierra desde un nivel espiritual? (Enero/Febrero 1999)

No, más bien lo contrario. Al trabajar en el plano físico, Maitreya y Su grupo de Maestros puede hacer infinitamente mucho más por la humanidad que lo que ha sido hasta ahora.

El Calendario Maya, que se inició en el año 3113 a.C., acaba en el año 2012 d.C. Los mayas hablan de una elevación/cambio evolutivo en la conciencia humana que ocurrirá en ese momento. (1) ¿Está eso relacionado con la venida de Maitreya? (2) ¿Es 2012 el año en que Él hablará a toda la humanidad o será en un momento anterior (o posterior) a él? (3) Si el 2012 no es el año en el que Él hablará a toda la humanidad, ¿esta fecha está significativamente relacionada de alguna otra forma? (Noviembre 1998)

(1) Sí. (2) No, será mucho antes. (3) No, es sólo una fecha aproximada.

¿Cuáles son las ideas del Vaticano respecto al hecho de que Maitreya viva en Londres? (Enero/Febrero 1998)

Yo sé que al menos uno de mis libros – el primero: *La Reaparición del Cristo y los Maestros de la Sabiduría* – fue a parar físicamente a manos del Papa años atrás. El Papa lo ojeó, y tengo entendido que posteriormente lo leyó, y no se cree ni una palabra de él. El mismo Papa publicó recientemente un libro en el que dice que aquellos que hablan sobre la presencia actual en el mundo de un nuevo Buddha deberían saber que no se trata de "nuestro Cristo".

No obstante, el Maestro Jesús ha estado viviendo en Roma durante los últimos siete años, y hay dos miembros de la Curia (el grupo más cercano al Papa) que son discípulos directos del Maestro Jesús. Durante años han intentado sutilmente reorientar al Papa a la idea de la presencia del Maestro Jesús en Roma y de Maitreya en Londres sin, según creo, ningún éxito. El Papa es probablemente demasiado viejo y demasiado rígido en su comprensión de las escrituras como para cambiar. Sin embargo, no os habrá pasado inadvertido que a lo largo de los años el Papa, en el campo económico, se ha mostrado positivo y progresista en extremo, viajando por todo el mundo abogando por el compartir y una sociedad más justa. Esto es la impresión en su mente del Maestro Jesús. Jesús no le adumbra de la forma que Maitreya adumbró a Jesús, sino que El impresiona su mente, y mientras el Papa esté abierto a esa impresión, como así parece ser, deja de seguir la costumbre y apela a la redistribución de los recursos, etc. Está haciendo un muy buen trabajo al respecto.

¿Hay alguna señal de que el Maestro Jesús está influenciando al Papa? (Abril 2000)

Cuando el Papa ha hecho el repentino descubrimiento, como se informó recientemente, de que el Cielo y el Infierno residen en la conciencia humana y que no tienen que ver con un lugar específico – como enseñaron las iglesias cristianas a las personas durante 2.000 años – es una señal de que el Papa se beneficia de la impresión del Maestro Jesús detrás suyo.

Maitreya en Londres

Si Maitreya está viviendo en Brick Lane (Londres), debe haber muchas personas intentando encontrarle ahí. ¿Evita Él que le encuentren? (Septiembre 1999)

Él no está viviendo en Brick Lane. Vivió en Brick Lane entre 1977 cuando llegó a Londres y enero de 1986. Tuvo varios contactos con la BBC; sus unidades móviles venían hasta la casa donde Él vivía y se expuso demasiado. La gente Le veía salir en grandes limosinas, vestido con ropa occidental que normalmente no lleva. Los vehículos de la BBC estaban repletos de hombres con cámaras, así que se mudó del barrio de Brick Lane. Ha estado en muchas otras zonas. Ahora está al noroeste de Londres. Vive en un templo pero no come ni duerme, ni siquiera tiene una cama, así que puede vivir en cualquier lugar. Trabaja con los swamis de los diversos templos, los entrena y enseña, y luego los envía a diversas partes del mundo para difundir Su enseñanza. No es ni hindú ni musulmán, ni cristiano. Él no ve ninguna diferencia entre cualquiera de las religiones existentes.

La pregunta es si Él evita que le vean. Si lees *Share International* regularmente y la sección de Cartas al Editor quizás creas que no hace otra cosa más que presentarse a los grupos de diversas partes del mundo con los que estoy relacionado. Creerías que tiene todo el tiempo del mundo; algunas veces ocurre, por ejemplo, que el Maestro Jesús pasa tres días con alguna persona. Conozco a una mujer en Japón con quien el Maestro Jesús pasó un mes en su casa, y ella no sabía que era el Maestro Jesús.

¿Cuál es la nacionalidad de Maitreya? (Julio/Agosto 1997)

Maitreya tiene, ahora, nacionalidad británica pero, en esencia, no tiene ninguna nacionalidad específica. Él ha vivido en los Himalayas durante miles de años pero no es tibetano ni nepalí. Él vive en un cuerpo autocreado, y por tanto, con ningún parentesco de nacionalidad.

¿Cómo obtuvo Maitreya Su nacionalidad? (Noviembre 1998)

Después de vivir 10 años en Londres, solicitó la nacionalidad británica y se la concedieron.

¿Cuánto mide Maitreya? (Noviembre 1998)

Un metro noventa.

(1) ¿Tendrá Maitreya una fuerte conexión con Pakistán en el futuro en lo que concierne a tener un ashram allí? (2) ¿Son algunos de sus actuales colaboradores de Pakistán? (Mayo 2000)

(1) No. (2) Sí.

¿Tiene Maitreya ombligo? (Octubre 2000)

No. Él no 'nació'. Su cuerpo es autocreado.

¿Es Maitreya mortal o inmortal? (Diciembre 1999)

Como hombres o mujeres, todos somos mortales. Como alma o Ser superior todos somos inmortales. Maitreya es un hombre mortal que, mediante una expansión evolutiva de conciencia, ha evolucionado hasta un nivel de realización del Ser que lo convierte en uno de los Grandes Inmortales.

Maitreya es un nombre muy corto con el significado de "amabilidad" en sánscrito...¿Es que Maitreya no tiene nombre de familia

como, por ejemplo, el Sr. Benjamin Creme tiene el apellido de Creme? (Junio 1998)

Sí. Maitreya no tiene familia. Su cuerpo es auto-creado. Maitreya significa en realidad "El que es Feliz" – el que trae felicidad al mundo.

Maitreya, el Quinto Buddha

Usted describe a veces a Maitreya como el quinto Buddha. No entiendo lo que esto significa. (1) Si Él es el quinto Buddha, ¿existen otros cuatro Buddhas? ¿Quiénes son? y (2) ¿Qué relación guardan con los cinco Buddhas de Actividad mencionados en su libro, *La Misión de Maitreya Tomo II* (pág. 83)? (Marzo 1997)

Gautama fue el cuarto. Mitra el tercero. Menón el segundo. (2) No se relacionan en nada en absoluto.

Según las enseñanzas budistas, Maitreya es un boddhisatva que ahora reside en el cielo Tushita. ¿Cómo puede estar en el cielo Tushita y en la Tierra al mismo tiempo? Si este Maitreya es el Maitreya real, ¿ha venido él del Nirvana o de Tushita? ¿O irá al Nirvana cuando haya cumplido su misión en la Tierra? (Junio 1998)

Nirvana y los cielos Tushita son estados de conciencia, no moradas físicas. Maitreya es – en conciencia – todo un Buddha que ha creado un cuerpo físico para vivir entre nosotros en el mundo.

Usted ha dicho que Gesar de Ling es otro nombre para referirse a Maitreya; Gesar fue una figura histórica, según tengo entendido, y usted ha dicho que los Maestros no han vivido abiertamente en el mundo desde la época atlante, por tanto no pudo haber sido Maitreya. (1) ¿Quería decir entonces que él era un discípulo de Maitreya? El budismo tibetano no espera el "regreso" de Maitreya Buddha, porque no ha habido alguien así en la historia budista; la referencia a Maitreya proviene de unas palabras por parte de Gautama Buddha – está en las escrituras – de que en un momento del futuro aparecería otro "Buddha" ("el iluminado"), "como yo lo soy" (dijo Gautama, según las escrituras), y que su nombre sería Maitreya... un nuevo Buddha, no el regreso de uno de los anteriores (se citan cuatro). Todos los budistas deberían familiarizarse con estas escrituras. Gautama debe haber sido un discípulo; los anteriores a los cuales se refiere (o a otros mencionados) deben haber sido también discípulos; la predicción señala a otro, de nombre Maitreya, aunque aquí Maitreya es un Maestro. Por tanto su contestación es bastante confusa. (2) ¿Cómo pudo haber sido Ling Gesar? (Abril 1999)

(1) Sí. (2) Por adumbramiento. Maitreya es el quinto Buddha y ha 'aparecido' muchas veces por el adumbramiento de distintos discípulos. Es en este sentido que Él 'regresa'.

¿Cuándo empezó Maitreya Su evolución como un hombre normal? (Mayo 1998)

Hace aproximadamente 8 millones de años, a mediados de la época atlante.

¿Quién fue el Cristo antes del periodo de 2.600 años atrás en que Maitreya ha ocupado este cargo? (Julio/Agosto 1997)

El cargo es el de Instructor del Mundo (no el de Cristo) y fue previamente ocupado por el Buddha, la Encarnación de la Sabiduría. Maitreya es la Encarnación del Amor, el Principio Crístico.

¿Es el Instructor del Mundo un conjunto de 'personas', en vez de aparentemente una persona? (Mayo 1999)

No. El Instructor del Mundo es un puesto ocupado en este momento (y durante los próximos 2.500 años) por Maitreya, quien encarna el Principio Crístico. Él es el Señor del Amor.

Según la tradición judía, Enoc, que siguió la línea de rectitud, fue llevado al Cielo. Él fue la primera persona en alcanzar completamente la realización del Ser y se convirtió, a raíz de esta transfiguración, en el gran ser Metatron, llamado también el Instructor de Instructores. Observando la similitud entre las consonantes (las vocales no se escriben en hebreo) entre Metatron (MTTR) y Maitreya (MTR), así como también su cargo – es decir el de Instructor de Instructores, ¿es Metatron Maitreya? (Enero/Febrero 1998)

Sí.

El aspecto femenino de Dios en la tradición judía es el Shekinah; en la tradición hindú es el Shakti. También tienen en común dos consonantes. ¿Es una coincidencia? (Enero/Febrero 1998)

No. Proceden del mismo origen sánscrito, SYKTI.

Entrevista de Maitreya en Televisión

"Los preparativos para el emerger de Maitreya están muy avanzados. Nada puede detener este bendito suceso; el momento, sólo, queda por decidirse. Este momento es más complejo y difícil de lo que los hombres pueden saber, basado como lo está en el conocimiento de la Ley y en cálculos más allá de la capacidad de comprensión del hombre. A pesar de estas dificultades, se puede afirmar que el momento de la primera aparición del Gran Señor – que Le permitirá hablar a millones de personas aunque no con su nombre – está realmente cercano. A pesar del anonimato que la Ley exige, no cabe duda de que una enorme cantidad de personas escucharán Sus palabras y se alinearán con Su causa. Su mensaje tocará y abrirá los corazones de muchos que, sabiéndolo o no, tan solo esperan Su aparición. Así Él centrará su aspiración y les impulsará a la acción para el bien común." (De 'La respuesta de la Humanidad a Maitreya' por el Maestro —, Share International, Diciembre 1999)

¿Por qué cuando Maitreya llegue a salir en una gran cadena de televisión Él no utilizará Su propio nombre? (Noviembre 1999)

Por una serie de razones. Una es que muchas personas no sabrían quién es Maitreya. Él desea ser presentado al mundo como un hombre entre los hombres, pero que tiene ideas que, hasta ahora, la mayoría de personas no han considerado en relación a la reconstrucción del mundo. De esta forma Él no hace una división entre cristianos, budistas, musulmanes e hindúes. Si Él fuera presentado como el Cristo, digamos, entonces los cristianos estarían divididos. Algunos dirían "¡Aleluya! ¡El Cristo está aquí!" Otros dirían "Él no es el Cristo, es una falsificación, se trata del anticristo". O, si les gustaran Sus ideas, podrían aceptarlo fuera quien fuera. Si no les gustan Sus ideas, como ocurre con muchos fundamentalistas cristianos, según mi experiencia, incluso sin verlo – ya están convencidos de que Él debe ser el anticristo, no les gusta la idea de compartir, y no les parece gustar la justicia y paz en el mundo – y lo rechazarán automáticamente. Ya que no ha descendido de una nube en Jerusalén, tal como ellos esperan, tienen prejuicios desde el principio. Si Él se hiciera llamar el Cristo, se produciría esta enorme división entre los cristianos sobre quién es Él. Si se hiciera llamar Maitreya entonces los budistas estarían divididos. (Conozco a muchas personas que se hacen llamar ellos mismos Maitreya. Y no son más Maitreya que ustedes o yo.)

Si él se presenta como un hombre entre hombres, las personas sin prejuicios pueden acercarse a lo que Él está diciendo y responder a ello, tanto a favor como en contra, sin verse influenciados por la idea de que Él sea el Cristo, o Maitreya Buddha, o el Imam Mahdi, o el Mesías. Estos nombres interfieren en el camino de su respuesta espontánea a las ideas. Tenemos que pensar que las ideas son buenas ideas; tenemos que *querer* compartir y justicia y paz, y si Él aboga por seguir un camino hacia el compartir, la justicia y la paz, nos sentiríamos inclinados a decir "sensatos pensamientos, me gustaría hablar más con este hombre, me gustaría hacerle unas cuantas preguntas."

Usted ha dicho que Maitreya aparecerá muy pronto en una televisión norteamericana, pero ¿cómo puede estar seguro de que los medios de comunicación en el Reino Unido (y en otros lugares) lo empezarán a contar y lo darán a conocer a la gente? (Enero/Febrero 1998)

No puedo estar seguro, puede que lo hagan como puede que no. Cuando la noticia de esta entrevista salga a la luz a través de los distintos canales periodísticos, los medios de comunicación serán tontos si no hacen un seguimiento de la historia; como mínimo deberían dar a conocer que ha tenido lugar una entrevista con un hombre fuera de lo común.

Yo sé que la BBC conoce esta historia, como la conocen todos los medios de comunicación del mundo – la BBC un poco mejor que el resto porque ellos ya Le han entrevistado, en enero, febrero y marzo de 1986, e incluso acordaron celebrar una conferencia de prensa en la que Él pudiera aparecerse y presentar Sus credenciales al mundo. El hecho de que ellos no cumplieran esta promesa ha significado que Él ha tenido que pasar por un largo y lento proceso de hacerlo por el sendero difícil, sin el respaldo de los principales medios de comunicación.

Por fin una gran cadena en Norteamérica Le ha invitado. La BBC ha perdido el tren en lo que a esto respecta. No creo, por lo menos después de que los medios norteamericanos, japoneses, probablemente holandeses, alemanes, franceses, y otros medios estadounidenses lo tomen seriamente, que la BBC será capaz de ignorarlo.

¿Podría decir por qué la entrevista de televisión con Maitreya no se materializó a finales de 1997, tal como se esperaba? ¿Tuvo algo que ver con que la bolsa de EEUU no cayera aún? (Marzo 1998)

Si la caída de los mercados de las naciones del Pacífico se hubiera repetido en Estados Unidos y Europa (en vez del grave "tambaleo" que tuvo lugar) el emerger de Maitreya habría sucedido tal como se esperaba para ejercer Su influencia y consejo sobre la situación. Ahora que la enorme infusión de fondos, 57.000 millones de dólares procedentes de EEUU y el FMI, han estabilizado (por el momento) la situación en Corea del Sur (la principal preocupación del gobierno estadounidense) y en otros lugares, Maitreya ha decidido esperar – pero no por mucho tiempo.

Las naciones del G8 y las cadenas de televisión están basadas en la comercialización. ¿Permitirán que Maitreya aparezca en TV? (Mayo 1998)

Él ya ha sido invitado, así que sí, presumiblemente le permitirán aparecer en televisión.

El mundo está preparado para el cambio, y existen millones de personas en el mundo que lo saben, aunque podrían no tener voz de momento. Maitreya se convertirá en la voz de las personas que ven la necesidad de cambiar. Él galvanizará la opinión pública mundial, y una opinión pública mundial galvanizada y educada es una fuerza contra la cual ninguna nación en la tierra puede resistirse.

Considerad lo que acaba de ocurrir en Indonesia. La opinión pública nacional forzó el fin de una dictadura que había durado 32 años. La Unión Soviética se desmembró en una federación de estados autónomos como resultado de la opinión pública. La transformación de Sudáfrica –la nueva constitución, el fin del apartheid– es el resultado de la opinión pública. El fin de la Guerra Fría es el resultado de la opinión pública. Todos estos sucesos fueron predichos por Maitreya en nuestra revista, *Share International*. Maitreya en gran medida hizo que sucedieran al trabajar a través de ciertas personalidades como el señor Gorbachov y el señor Mandela. Pero los sucesos actuales fueron el resultado de la acción de la opinión pública, de otra manera no hubieran tenido lugar. De igual manera, la opinión mundial organizada, galvanizada y educada transformará el mundo con el apoyo de Maitreya, que será el portavoz de todas las personas sin voz.

Sai Baba ha estado trabajando públicamente durante muchos años. ¿Por qué necesita Maitreya la invitación de los medios de comunicación antes de Su trabajo público? (Julio/Agosto 1997)

Estos dos grandes Seres encarnan la misma energía – la energía del Amor, pero tienen papeles a desempeñar completamente distintos. Sai Baba se encuentra en la segunda de tres experiencias encarnatorias en la tierra: como Sai Baba de Shirdi, ahora como Sathya Sai, y a principios del siglo próximo como Prema Baba. Maitreya viene como Instructor del Mundo para la Era de Acuario (2.500 años), *representa* a la humanidad en un sentido muy definido, y por tanto necesita *nuestra* invitación (a través de nuestros representantes de los medios de comunicación) para presentarse abiertamente ante nosotros y enseñarnos cómo transformar nuestras vidas de forma correcta para responder a las energías de Acuario y construir la nueva civilización.

El Reconocimiento de Maitreya

"Muy pronto, el mundo verá al Instructor. Surge la pregunta: ¿le reconocerán las personas? Para la inmensa mayoría, el reconocimiento no será difícil: raramente, en verdad, un hombre de Su estatura – demostrando, irradiando para que todos lo vean, el Amor, la Sabiduría, el Propósito y la Gracia de Dios – se presenta abiertamente en nuestras vidas. Millones de personas responderán y se reunirán a Su lado, deseosos de llevar a cabo los planes que, El aconsejará, son esenciales para la regeneración de la vida en la Tierra...

"No todos los hombres, sin embargo, reconocerán a Maitreya como El esperado por todas las naciones. Impregnados profundamente de las escrituras del mundo, por muy fragmentadas, y por muy descoloridas por el tiempo que estén, muchos darán la espalda, al principio, a esta última manifestación del Plan continuado de Dios para el mundo. Ellos encontrarán difícil reconciliar el acercamiento simple y práctico de Maitreya con sus expectativas y dogmas místicos. No os sorprendáis, por tanto, de su ira y vehemente rechazo. Así fue en tiempos de Jesús. Así fue, también, cuando Buddha comenzó Su trabajo. Así, igualmente, conoció Krishna la disidencia y la condena. Así ha sucedido siempre cuando lo Nuevo se ha presentado a lo Viejo.

"No temáis, por tanto, cuando los "hombres de hábitos" alcen sus voces contra el Gran Señor, llamándole anti-Cristo y sumo impostor, puesto que poco comprenden las leyes que subyacen a sus creencias y actúan y hablan desde la ignorancia y el temor. Ellos, también, son puestos a prueba de esta manera." (De 'El reconocimiento de Maitreya' por el Maestro —, Share International, Abril 1997)

En el Día de la Declaración, cuando Maitreya hable al mundo entero telepáticamente mientras es visto por la televisión satélite, ¿serán la mayoría de personas capaces de entender el significado de lo que Él esté diciendo? (Enero/Febrero 1998)

Él hablará sobre la historia de la humanidad, el elevado origen de donde venimos, el proceso evolutivo, la Ley de Causa y Efecto, la Ley de Renacimiento, la necesidad de la inofensividad, las necesidades del mundo, destacando nuestros principales problemas: el desequilibrio ecológico (esto se convertirá en la prioridad número uno), el destino de los millones de personas que se mueren de hambre, que es Su principal preocupación – y su solución a través del compartir y la creación, por tanto, de justicia y paz.

Él hablará, de corazón a corazón, sencillamente. Si lees los Mensajes de Maitreya que están publicados (*Mensajes de Maitreya el Cristo*, Share Ediciones), creo que entenderás cada palabra, y así será en el Día de la Declaración. El hablará con términos muy sencillos, no sobre esoterismo; posiblemente mencione, brevemente, el Sendero de Iniciación como la fase final de la vida en este planeta, pero en términos sencillos. Él hablará sobre un reajuste de nuestra perspectiva de la naturaleza de la vida, su significado y propósito, por qué estamos aquí, en términos que todos podamos entender.

Si Él puede hablarle a cada persona en su propio idioma, Él debe *experimentar* a cada persona. Para Él no existe separación, así que, inevitablemente, lo que dirá a cada persona será rebajado por el cerebro de esta en su propio idioma y en palabras que esta persona pueda entender. Cuanta más elevada sea la mente, probablemente, más elevada será la experiencia.

¿Depende el Día de la Declaración de que la gente acepte el principio de compartir? (Abril 1998)

No. El Día de la Declaración depende de que Maitreya sea invitado a hablar al mundo entero, lo que significa que los medios de comunicación en conjunto tienen que responder y hacer disponible una conexión mundial por satélite. Esto será como resultado de entrevistas previas en América, Japón, aquí en el Reino Unido – por todo el mundo.

Los Maestros no se guían por fechas, no tienen sentido del tiempo; para Ellos, el pasado, el presente y el futuro son coexistentes. Ellos ven que tiene lugar un suceso, así que Maitreya puede realizar una predicción. No ha existido nunca tal conjunto de predicciones y de tan extraordinaria precisión en la historia del mundo como las dadas por Maitreya entre 1988 y 1991 (y publicadas, tal como se daban, en *Share International*). Esto ocurre porque Él ve, desde un conocimiento de la Ley de Causa y Efecto, que tal y tal cosa es inevitable y Él la ve que realmente ya está ocurriendo. Cuándo se precipitará en el plano físico, desde los planos superiores donde ya está ocurriendo, es otra cuestión.

Lo que los Maestros encuentran difícil es colocar la conciencia despierta que Ellos tienen del suceso en un marco temporal para nosotros. Cuando Ellos dan una fecha tienen que realizar un ajuste en Su conciencia que se relacione con nuestro sentido del tiempo – que en realidad no existe; tenemos una idea totalmente falsa del tiempo. Nosotros vemos una sucesión de acontecimientos uno tras otro: no es así. Todo es un Ahora: el pasado y el presente están todavía activos pero no todo se va a precipitar.

Cada forma mental que tenemos se precipitará en algún momento si es lo suficientemente poderosa, si la tienen un número suficiente de personas. Si no es potente, demasiado débil, entonces no lo hará.

¿Es realmente necesario que Maitreya se manifieste en un gran suceso como el Día de la Declaración? (Enero/Febrero 1999)

Ese es Su plan, así que obviamente cree que es necesario. Creo que nada menor a ese suceso lo acercaría – de forma rápida y efectiva – a los corazones y mentes de una proporción suficiente de la humanidad.

¿Por qué necesita la televisión si Él es omnipresente y omnisciente? (Septiembre 1997)

Él no la necesita – nosotros la necesitamos. Es un control. Maitreya podría adumbrar a toda la humanidad en cualquier momento, tanto si aparece en televisión como si no. Saldrá por la televisión para que sepas que cuando veas Su rostro la voz que estés escuchando en tu cabeza no es fruto de tu imaginación, que no te estás volviendo loco e inventándote una breve historia del mundo, el futuro de la humanidad y todo el conocimiento que te proporcionará ese día. Estarás preparado de antemano por los medios de comunicación, sabrás en qué momento encender el televisor para escuchar algo que nunca has oído en toda tu vida.

¿Se producirá el lazo telepático entre Maitreya y la humanidad en el Día de la Declaración únicamente esa vez? (Diciembre 1998)

Sí. ¡Saboréalo!

Usted dice que en el Día de la Declaración Maitreya adumbrará a toda la humanidad simultáneamente. ¿Significa esto que Él adumbrará tanto a los que están encarnados como los que están desencarnados? (Octubre 1997)

No ocurrirá para los que estén desencarnados. Lo experimentarán a nivel emocional si es que están en los planos astrales (como la mayoría de personas temporalmente fuera de encarnación están); a nivel mental, si es que están en los planos mentales (como pocos están); y será una realidad espiritual si se encuentran en los planos espirituales (como menos aún están). Si estuvieras en los planos espirituales ya lo sabrías –ya ha tenido lugar– porque en los planos espirituales no existe el tiempo; sencillamente aún no se ha precipitado en el plano físico. Para todos aquellos en encarnación se producirá un adumbramiento mental. Cada uno de nosotros escucharemos Sus palabras en nuestro propio idioma; nuestros cerebros transformarán automáticamente Sus pensamientos e ideas, enviadas al cinturón mental, en nuestro propio idioma, sea cual sea.

¿Desempeñará el Buddha un papel de apoyo en el Día de la Declaración? (Noviembre 1998)

Sí. El Buddha ha estado desempeñando un papel de apoyo desde la decisión de Maitreya de aparecerse, que se tomó en 1945. El Buddha ya no está en la Jerarquía, pero está relacionado con ella. Él se encuentra en un nivel superior a la Jerarquía, es decir Shamballa, el Centro donde la Voluntad de Dios es conocida. Él está en el Consejo del Señor del Mundo y actúa como el Intermediario Divino entre Shamballa y la Jerarquía. Cada año en el Festival de Wesak Él se acerca mucho a la tierra y trae energía de Shamballa que se distribuye al mundo durante el siguiente año.

Cada año desde la afirmación de Maitreya de que Él iba a regresar al mundo, el Buddha está detrás de Él. Existe también una relación más estrecha ya que ahora Él hace uso de lo que se conoce como 'las vestiduras del Buddha". El Buddha es la personificación del aspecto sabiduría de la divinidad en el planeta, y Su "vestidura" es esa sabiduría divina. Por tanto Maitreya puede utilizar la sabiduría del Buddha junto con Su propio amor para saber las enseñanzas necesarias al acercarse a las personas de Occidente y a las de Oriente. Él puede ver el mundo a través de los ojos del Buddha al igual que lo ve a través de Sus propios ojos.

Por tanto existe una relación muy estrecha: Ellos son dos de los primeros de la humanidad en tomar la iniciación, tiempo atrás en la época atlante, y han permanecido juntos desde entonces. Maitreya está todavía en la Jerarquía, el Buddha ahora en Shamballa, y Él ayuda a Maitreya en todo lo posible. Existen otros grandes Seres que adumbran a Maitreya, y añaden Su extraordinaria energía cósmica a Su energía. Nunca ha existido un Avatar tan equipado como lo está ahora Maitreya – porque nunca ningún Avatar ha tenido una labor como la que tiene ahora Maitreya.

Obviamente muchos grupos de personas (como por ejemplo los fundamentalistas de muchas religiones) no aceptarán de forma inmediata a Maitreya y Su mensaje. ¿Existe algún grupo de personas en particular (por otro lado) que serán los más receptivos a la venida de Maitreya? (Julio/Agosto 1997)

Aquellos cuyo altruismo está muy desarrollado (es decir aspirantes, discípulos e iniciados) se puede esperar que respondan rápidamente a las ideas de Maitreya. Por lo que se refiere a grupos nacionales o raciales, el Maestro Djwhal Khul (a través de Alice Bailey) ha indicado que los pueblos africanos (asumo que se refiere a los sudafricanos) estarán entre los primeros en reconocer y seguir Su iniciativa.

¿Cree usted que existen fuerzas negativas, gubernamentales, no-gubernamentales, organizaciones independientes, que pretenden evitar que Maitreya lleve a cabo Su trabajo y el avance de la humanidad? (Mayo 1998)

Sí, así bien lo creo. Existen en realidad fuerzas negativas muy poderosas en el mundo a las que generalmente se denomina "las fuerzas del mal". También existen grupos e individuos poderosos que ven el advenimiento de Maitreya como un fin de su poder y prosperidad. Estos se encuentran en muchos países, especialmente en el mundo occidental. Ellos controlan ahora enormes imperios financieros y económicos que están determinados a asegurar tanto tiempo como les sea posible. No tendrán éxito por mucho más tiempo.

Debido a la extraordinaria resistencia a la presencia de Maitreya por ciertas fuerzas en el mundo, será necesario que Él destruya físicamente no sólo instituciones sino también personas, con el fin de presentarse abiertamente? (Septiembre 1998)

Absolutamente, categóricamente, no. Maitreya es el Maestro de todos los Maestros. Para los Maestros, el libre albedrío humano es divino. Es absolutamente sacrosanto y nunca, bajo ninguna provocación, es y será infringido. Si Maitreya hiciera lo que usted sugiere que debería hacer, sería un infringir tal de la Ley que Él ya no sería más Maitreya.

Sé de personas alrededor de Él ahora que han sido invitadas por la BBC a aparecer por televisión y hablar sobre Él, y estos no han aceptado, y todo lo que Maitreya ha dicho es: "Alguien tiene que hacerlo". Él podría utilizar algo de su influencia – ¡Oh, venga!, ¡sé bueno! – Te echaré una mano, ¡estaré detrás de ti!" Algunos de ellos son Swamis, hombres muy establecidos en su propio entorno, y no hacen nada; y todo lo que Maitreya dice es: "*Alguien* tiene que hacerlo". Nada de lo que Maitreya haga dará a la humanidad un ejemplo de violencia, bajo ninguna provocación. Eso es así en un categórico 100 por cien.

En muchas ocasiones usted ha mencionado el papel tan importante que los medios de comunicación tendrán en fomentar las ideas de Maitreya. Respetuosamente, me gustaría preguntar si usted cree que los propietarios privados de estos canales de comunicación aceptarán ese compartir de sus propiedades, o quizás es que estamos contemplando la idea de una socialización de los medios. (Septiembre 1998)

Maitreya ciertamente espera que la opinión pública cree la demanda de Sus apariciones en los medios.

¿Les es posible a las "fuerzas del nuevo orden negativas" destruir el efecto del Día de la Declaración de un modo técnico porque el mundo sabe que éstas tienen tecnología ovni, etc.? (Julio/Agosto 1997)

No. No hay ningún gobierno en la tierra que tenga, y sea capaz de utilizar, tecnología ovni.

'Ensayo' para el Día de la Declaración

"Cuando una nación pierde a un gran representante, el pueblo, en conjunto, sufre un trauma y una conmoción. Así sucede hoy en el Reino Unido. La muerte de la Princesa Diana, la "Princesa del Pueblo", ha entristecido los corazones de millones de personas, y una exhibición sin precedentes del "Poder del Pueblo" ha condicionado el alcance y la naturaleza de su luto.

"Que el pueblo la amaba es manifiesto y sin lugar a dudas. Que ella, recíprocamente, les amaba y buscaba servirles ha evocado la aspiración de millones de personas y mostrado su disposición al mensaje de Maitreya – el Señor del Amor. Fue el amor, la preocupación y la bondad, de Diana lo que conquistó el corazón de la gente.

"Las naciones, por supuesto, son entidades complejas, y son muchos y variados los filamentos que constituyen su naturaleza. Gran Bretaña ahora, sin embargo, es una cuya alma en alguna medida se manifiesta, y es, por supuesto, el amor del alma, de Gran Bretaña, lo que el mundo está presenciando en este momento. Tampoco es por casualidad que Maitreya, la Encarnación del Amor, resida en la capital de Gran Bretaña.

"Cuando Maitreya aparezca ante el mundo, Él estimulará de forma similar la naturaleza de amor de las personas en todas las naciones, creando así un vórtice de amor cuya radiación transformará la vida de los hombres. De esta manera, a través del hombre mismo, el Gran Señor trabajará para completar Su misión: restaurar la Divinidad a Su verdadero lugar en los corazones de los hombres..." (De 'Una nación en luto' por el Maestro —, Share International, Octubre 1997)

Como la mayoría de lectores sabrán, Diana, Princesa de Gales, murió trágicamente a la edad de 36 años en un accidente de coche durante la madrugada del domingo 31 de agosto. Dejó a una nación y gran parte del mundo conmocionados. Tan conocida era por sus varias labores en favor de los pobres, los desvalidos, los enfermos, y las víctimas inocentes de las bárbaras minas, que su muerte ha despertado una extraordinaria oleada de condolencia y pesar.

El sábado 6 de septiembre se celebró su funeral en la Abadía de Westminster, Londres, donde no sólo 'los grandes' acudieron sino que también estuvieron presentes cientos de representantes de las muchas y diversas asociaciones benéficas a las que Diana ofrecía su apoyo.

Los distintos elogios de los líderes mundiales y de representantes de grupos receptores del interés de la Princesa Diana durante todos estos años, así como las declaraciones del público sobre su carácter amoroso, han llegado a raudales, haciendo consciente a la nación del alcance real de su influencia y amor. Era en el sentido amplio de la palabra la "Princesa del Pueblo".

En un giro imprevisto del destino, también lamentamos la muerte de la Madre Teresa, a la edad de 87 años que era, para la Princesa Diana, un modelo a seguir.

La información recibida de mi Maestro aclara los extraordinarios acontecimientos que rodearon el funeral de la Princesa Diana, como las siguientes preguntas y respuestas demuestran:

En el día del funeral de la Princesa Diana hubo una respuesta extraordinaria y sincera de millones de personas en el Reino Unido – como no se había visto antes. ¿Es posible que Maitreya diera una bendición a la nación? (Octubre 1997)

Esa respuesta sin precedentes procedía de los corazones de las personas, su amor por Diana quien dio tanto amor a los necesitados y abandonados. Maitreya potenció ese amor mediante un enorme flujo de Su energía – el Principio Crístico, al que la gente espontáneamente respondió sin saber exactamente por qué. Fue, por así decirlo, un ensayo de lo que ocurrirá a escala mundial en el Día de la Declaración.

El rayo de alma de Gran Bretaña es el 2º de Amor/Sabiduría. Es de su manifestación esta última semana, desde la muerte de Diana, a lo que mi Maestro se refiere en Su artículo de este mes.

[Para información sobre los rayos de las naciones, ver *La Misión de Maitreya, Tomo I y Tomo II*]

¿Es posible que la Princesa Diana hubiera tenido algún encuentro con Maitreya o supiera de El? (Octubre 1997)

Ciertamente ella había oído hablar de Maitreya y se estaba interesando en conocer toda la historia. Esto habría arrojado nueva luz en la experiencia – una visión – que Maitreya le dio a ella en 1989. Esta reorientó su vida al servicio dedicado a los desvalidos y enfermos. Desde ese momento en adelante Maitreya magnetizó su propia energía de amor que constituía una fuerza tan poderosa en su posterior trabajo caritativo. Entre las miles de declaraciones y comentarios después de su muerte, muchos se referían directamente a su extraordinaria presencia y poder curativos.

Incluso si estaban gravemente enfermos o moribundos, las personas se sentían inmensamente edificados por su tacto y palabras.

¿Qué explicación hay sobre lo que dicen algunas personas de que vieron el rostro de Diana mientras firmaban uno de los muchos libros de condolencias? (Octubre 1997)

Es cierto. Maitreya colocó la imagen de Diana en las mentes de cientos de personas durante la semana que siguió a su muerte.

¿Estaba la muerte de Diana predestinada? ¿Quizás como una especie de sacrificio, un símbolo? (Octubre 1997)

No. Fue el resultado de un trágico accidente causado por los fotógrafos que le amargaron la vida; técnicamente hablando, se trató de un homicidio.

¿Podría decirnos si el conductor del coche en el que la Princesa Diana viajaba estaba borracho o no? Si no es así, ¿quién fue el responsable del accidente? (Octubre 1997)

Mi información es que el conductor estaba totalmente sobrio y en completo dominio del vehículo (hasta el último momento), pero fue distraído por la invasión de los paparazzi, que se encontraban a los lados, *y delante*, del coche. Los paparazzi fueron por tanto directamente responsables de su muerte y la de sus acompañantes.

Por favor, ¿podría decirnos si el coche en el que viajaban la Princesa Diana y Dodi Al Fayed estaba realmente conduciendo a 200 kilómetros por hora, tal como se ha dicho en los medios de comunicación? (Octubre 1997)

Mi información es que circulaba a 90 kilómetros por hora cuando ocurrió el accidente.

¿Por qué los Maestros no protegieron a la Princesa Diana, como protegen a otras personas? (Octubre 1997)

La Ley del Karma rige el grado en que una persona puede ser protegida. Varias veces en su vida la intervención de los Maestros salvó a la Princesa Diana de sufrir algún daño. Desgraciadamente, en esta grave ocasión la Ley no permitió un grado de intervención que la habría mantenido a salvo. El impacto del choque provocó unas heridas internas tan graves que su cuerpo ya no habría resultado viable o útil para ella.

Me sorprende su afirmación de que la muerte de la Princesa de Gales fue un completo accidente. Pensé, a raíz de mis lecturas esotéri-

cas, que no existían (espiritualmente) cosas como los accidentes. En otras palabras, que 'los poderes superiores' serían conscientes de los sucesos que conducen a un resultado en particular, y que siempre existe una razón para todo. (Noviembre 1997)

Desde el más elevado punto de vista, no existen accidentes, pero en el plano físico sí que existen. Un accidente es una explosión de energía. Si acumulamos energía emocional, una tensión, que tiene que explotar, tendremos un accidente. Nosotros lo creamos; se resuelve cuando la tensión alcanza un cierto punto crítico.

Milagros

"La actual fase de milagros, ahora mundial, continuará y acompañará este proceso hasta que nadie pueda negar su trascendencia en este tiempo..." (De 'El Proyecto del futuro' por el Maestro —, Share International, Octubre 1999)

¿Cuál es el verdadero significado de los milagros que aparecen en todo el mundo? (Julio 2000)

Durante muchos años Maitreya y Su grupo de Maestros han saturado el mundo con milagros. En el décimo mensaje de Maitreya en 1997 en una de mis reuniones públicas en Londres, Él dijo: "Aquellos que buscan señales las encontrarán, pero mi método de manifestación es más sencillo".

Todos los grupos religiosos buscan señales. Es a través de las señales que ellos saben que el instructor está en el mundo o está viniendo al mundo. Sólo tienes que mantenerte despierto y verás que las señales están en todas partes. En cada país del mundo, en cada marco religioso, existen señales de un tipo u otro.

En todo el mundo cristiano hay señales en forma de apariciones de la Virgen que fue la madre de Jesús hace 2.000 años. Ella ahora es un Maestro muy evolucionado. No se encuentra en encarnación, pero crea todos los misterios marianos: manantiales curativos, estatuas que lloran lágrimas verdaderas de sangre, estatuas de piedra que caminan en el jardín, abren los ojos o manos y los vuelve a cerrar. *Share International* y otras revistas como *Time* han dedicado números completos a la existencia de estos milagros.

En una pequeña iglesia en Knoxville, Tennessee, aparecieron cinco cruces de luz en las ventanas del santuario. Cuando el sol se ocultaba, se podían ver cruces de 12 metros de altura desde dentro de la iglesia. Este milagro fue creado por los Maestros y está siendo duplicado en todo el mundo. Existen cruces de luz en California y algunas ciudades del sur de Norteamérica. Las hay en Europa, China y Malasia. Existe un médico en Filipinas cuyos pacientes se han recuperado en la mitad de tiempo. Él estaba perplejo. Entonces descubrió que había 12 cruces de luz que aparecían en las ventanas de la habitación donde trataba a los pacientes.

La primera cruz de luz apareció en 1988 en un suburbio de Los Angeles. Miles de personas acudieron de todos los rincones de Estados Unidos para presenciar ese milagro extraordinario. Hubo testimonios de personas que fueron curadas por la cruz. En esa ciudad al final llegaron a haber

30 cruces de luz. Incluso el carácter de la ciudad cambió. Previamente era una ciudad violenta, plagada de crimen, pero después de que aparecieran las cruces, mejoró notablemente.

Quizás el mayor milagro de los tiempos modernos, o quizás de todos los tiempos, fue el milagro de la leche. Tuvo lugar durante cuatro días en septiembre de 1995. Ocurrió en todo el mundo hindú, no sólo en India sino allí donde se celebrara una *puja* hindú. Estatuas de dioses hechas de piedra, madera, cobre, latón, acero, bronce y plata comenzaron a beber la leche que se les ofrecía. Eran estatuas pequeñas y también enormes. Se les ofrecía mucha y poca leche. En todos los casos desaparecía de la cuchara, taza o plato en que se ofrecía. En Nueva Delhi toda actividad se detuvo, incluso el Parlamento. Las lecherías se quedaron sin leche. Otras tiendas cerraron. Cientos de miles de personas, acarreando sus jarras de leche, se alineaban en las calles para visitar los templos. Muchos nunca habían estado en los templos antes. En Inglaterra lo presenciamos en televisión. Un reportero británico, de visita en un templo, ofreció leche y comentó: "Quizás consiga que lo realice", y lo hizo. Este suceso fue creado por Maitreya y un grupo de Maestros alrededor Suyo que se especializan en este tipo de milagros. Ellos sencillamente transformaron la leche física en su contraparte etérica física. Se hizo que la leche desapareciera, ese fue el milagro.

Existe una enorme imagen de la Virgen con colores brillantes de 9 metros de altura en Clearwater, California. Esta en el exterior de un edificio financiero. Ese edificio ahora está dedicado a un templo para la Virgen. Personas de todo Estados Unidos se desplazan allí para rezar. Traen flores y otras ofrendas. Una vez los vándalos destruyeron parte de la imagen, pero en el espacio de unos pocos días se restauró a sí misma.

Todos estos milagros están allí para fortalecer la esperanza y la fe de las personas religiosas, para reafirmarles de que existe un Dios y que Dios se preocupa por el bienestar de los humanos.

Encuentros con Maitreya y los Maestros

(1) Cuando las personas tienen encuentros con Maitreya o los Maestros como se informa en las Cartas al Editor de *Share International*, ¿son los únicos que Les ven? (2) ¿Materializa Maitreya un cuerpo para ellos o adumbra a una persona que ya existe? (3) ¿Tiene todo el mundo experiencias de Maitreya/Jesús pero la mayoría de personas simplemente no las recuerda? No puedo imaginarme que Ellos se aparezcan a una reducida elite. (4) ¿Cuál es la función de estas experiencias? (5) ¿Por qué ocurre siempre que Maitreya y/o el Maestro Jesús aparecen mencionados y nunca cualquier otro Maestro (a excepción del Maestro de Tokio)? (Noviembre 1998)

(1) Normalmente no, pero así ocurre a veces. (2) Él materializa a alguien 'familiar'. En ocasiones él basa a esta persona 'familiar' en una persona que ya existe. (3) No – pero un gran porcentaje de personas lo recuerdan de una forma u otra. (4) Para despertar a las personas a Su presencia; o para corroborar la intuición o creencia de aquellos que trabajan para dar a conocer Su presencia; o para edificar y ayudar a los deprimidos y enfermos. (5) Ellos han asumido este papel especial.

¿Cómo es que Maitreya puede involucrarse en las vidas cotidianas de las personas normales? – Me refiero a la sección de 'Cartas al Editor' de *Share International*. (Marzo 1997)

Se aparece a personas en los grupos con los que trabajo, por todo el mundo. Estas son personas, en su mayoría, que han estado trabajando durante años en dar a conocer el hecho de Su presencia, así que es a un tipo de personas. A veces son personas – aunque estas lo sepan o no – que se van a involucrar en un futuro cercano.

¿Por qué hay unas personas y no otras que ven a los Maestros y Maitreya, y Les reconocen, como se describe en las Cartas al Editor de esta revista? (1) ¿Se están dando a conocer a muchas personas, pero sólo algunos son suficientemente conscientes de haberles visto? (2) Por ejemplo, puedo haber visto, o he visto, a un Maestro o a Maitreya y estar tan absorbido en mi propio mundo que no me di cuenta? (3) ¿O es que kármicamente, o por alguna otra razón, no tengo necesidad de verlos? (Mayo 1998)

(1) Sí. (2) Sí. (3) No.

Cuando Maitreya o los otros Maestros aparecen, como lo hacen a personas que escriben a *Share International*, no parece que estos encuentros sean beneficiosos para las personas. ¿Por qué ellos crean tales encuentros aparentemente ridículos? (Mayo 1998)

No existe manera de que podamos juzgar los beneficios que estos encuentros tienen para las personas involucradas. Conozco a muchas personas que han visto a Maitreya o a uno de los Maestros de esta manera, y siempre parecen haberse beneficiado inmensamente. Se sienten edificados. Si estaban deprimidos o infelices, se sentirán llenos de alegría; se sienten aliviados. Estos encuentros tienen un extraordinario valor para las personas que lo experimentan. Como un grupo, los Maestros vienen desde el centro del planeta donde el amor de Dios es expresado, y la inmensa mayoría de estos encuentros demuestran este aspecto amor. En muchos de ellos personas son salvadas de una destrucción segura –en accidentes de coche, cayendo de un acantilado, en todo tipo de situaciones terribles– por los Maestros que intervienen.

He leído muchas de las cartas de *Share International* con gran fascinación – son tan variadas, extrañas, personales, y a menudo parecen guardar una gran trascendencia para la persona implicada. Algunas experiencias parecen bastante simples; otras parecen más significativas. ¿Podría ser que a veces Maitreya o el Maestro Jesús estén intentando señalarnos un espejismo o prejuicio que tenga la persona? (Mayo 1999)

Sí. Muy a menudo, incluso de forma indirecta, Ellos señalan un gran espejismo o falta, normalmente por imitación o humor. Por ejemplo, Ellos pueden muy bien pedir dinero a personas relativamente 'tacañas'.

He descubierto que hay ciertos momentos en los que mis pensamientos sobre Maitreya se ven más periódicamente intensificados que otros. Es en estos momentos cuando miro a mi alrededor y me digo: "Me pregunto si Maitreya está aquí", o: "Me pregunto si ése o aquél es Maitreya...," etc. ¿Es posible que en estos momentos de una conciencia despierta más intensificada o de pensamientos sobre él esté, en realidad, muy cerca? (Mayo 1999)

Es, por supuesto, posible pero no muy probable. Cientos, quizás miles, de personas van por la calle con el deseo expectante de ver a Maitreya. Creo que en este caso en particular eso es así.

¿Si usted se encontrara con Maitreya, Le reconocería? ¿Si pudiera hacerle una pregunta, cuál sería? y en tercer lugar, ¿Cuál sería Su respuesta? Y ¿La aceptaría? (Diciembre 1999)

No creo que tenga ninguna pregunta que hacerle. Él ha dado tantas respuestas que no tendría nada que preguntarle. ¿Si la aceptaría? Si pudiera pensar en un pregunta y Él me diera una respuesta, la aceptaría casi con toda probabilidad. Le reconocería. Le he reconocido. También Le he visto cuando no Le reconocí – como una mujer, y como un vagabundo bien vestido pidiendo un par de dólares para gasolina, a pesar de que no tenía coche. No Le reconocí en el momento, sino después, cuando 'caí en la cuenta' como solemos decir. Tampoco Le reconocí (ni al Maestro Jesús) cuando se aparecieron hace mucho tiempo como policías educados y alegres y cambiaron un neumático de mi coche que había sufrido un pinchazo.

Maitreya y el Maestro Jesús adoptan varios tipos de apariencias físicas, edades, etc. ¿Son todos estos caracteres imaginarios, o están algunos de ellos basados en personas vivas reales? (Marzo 1998)

La gran mayoría son creaciones puramente imaginarias pero de vez en cuando Ellos basan un personaje en una persona real a quien imitan de forma más o menos exacta. Yo sé de varios de estos casos entre la multitud de contactos y experiencias enviados a *Share International*. Un ejemplo claro de ello es cuando, tal como ha ocurrido varias veces, Maitreya adopta una imagen exacta, o casi exacta, de mi. Algunas veces, la persona contactada puede ver a Maitreya *y* a la persona real en distintas ocasiones. En ese caso, el contactado los experimentará – como si fueran la misma persona – de forma distinta. Esa es la clave.

Si los Maestros aún no pueden tomar cuerpos femeninos, ¿cómo es que Maitreya puede y de hecho se aparece a algunas personas como una mujer? (Julio/Agosto 2000)

El hecho que los Maestros no tomen cuerpos femeninos no significa que no puedan. Tiene que ver con la presente relación (qué es dinámica) entre el Espíritu y la Materia. De todos modos, cuando Maitreya u otros Maestros se aparecen como una mujer no es una encarnación sino el uso de un *mayavirupa* o 'semejante', una forma mental.

Me fascinó una reciente carta de la sección "Cartas al Editor", pero también me sorprendió al leer que Maitreya sostenía un cigarrillo en Su mano. Con todos los esfuerzos en todo el mundo que se realizan en contra del tabaco, en beneficio de una mejor salud, la carta podría ser vista como una extraordinaria muestra de apoyo, por parte del Instructor del Mundo, a fumar cigarrillos. ¿Encierra algún significado que se me escapa? ¿Podría aclararlo? (Abril 1997)

A menudo 'enciende cigarrillos' en sus encuentros con personas, al menos según las cartas. La cuestión es así: en ellos, El no se presenta a sí mismo como el Instructor del Mundo, sino como una persona normal y corriente, uno de nosotros. La persona implicada tiene que reconocerle a pesar de estas diversas apariencias que asume; y estas personas no esperarían que fumara. También, hay de vez en cuando cartas en las que El aparece bebiendo cerveza – lo que estoy seguro que no hace como Instructor del Mundo. Estas distintas apariencias son normalmente 'proyecciones' que El crea en lugar de ser el mismísimo Instructor del Mundo. Además, cuando fuma durante tales encuentros, lo hacer normalmente frente a una persona que se opone con firmeza, incluso con fanatismo, al tabaco. Les está enseñando tolerancia.

Con uno u otro disfraz, ¿a cuántas personas se aparece Maitreya, como media, en un día (24 horas)? (Septiembre 1999)

Veintiséis.

Me llama la atención las diversas apariencias con las que se aparece Maitreya. Algunas veces es moreno y otras es rubio. A veces es asiático y a veces americano. A veces es hombre, mujer, joven, viejo, etc. Es como si se apareciera en un cuerpo real de ilusión. Quizás todos nosotros ya hemos visto a Maitreya, pero no nos hemos dado cuenta de que era Él. (1) ¿Será siempre así – incluso después del Día de la Declaración? o (2) ¿adoptará una forma definida y consistente como la de la fotografía de Nairobi? (Diciembre 1997)

(1) No. (2) Sí.

Cuando Maitreya realiza las apariciones: (1) ¿Puede Maitreya estar utilizando su Mayavirupa en Londres simultáneamente a sus otras apariciones? (2) ¿Desmaterializa Maitreya alguna vez su Mayavirupa en Londres, o lo deja durmiendo? (3) Cuando Jesús se aparece con varios cuerpos masculinos y femeninos (Cartas al Editor), ¿qué clase de cuerpos son esos? (4) ¿Cuál es el estado del cuerpo de Jesús en Roma durante Sus otras apariciones? (Mayo 1997)

(1) Sí. (2) Desmaterializarlo, sí. Dejarlo durmiendo, no. (3) Formas mentales materializadas. (4) Su estado normal.

Usted dice que Maitreya se está apareciendo en varias partes del mundo. ¿Qué opina usted sobre lo que Jesucristo afirma en Mateo 24,4: "Mirad que no os engañe nadie, porque vendrán muchos usurpando mi nombre y diciendo: 'Yo soy el Cristo', y engañarán a muchos, incluso a los elegidos, pero no les creáis"? (Octubre 1997)

Los elegidos, por supuesto, son los cristianos fundamentalistas que creen saber exactamente cómo regresará el Cristo (es decir, en una nube al final del mundo). Se sorprendería al saber cuántos 'Cristos' he conocido. Es imposible realizar el tipo de trabajo que yo he estado haciendo durante más de veinte años y no conocer a toda una serie de personas que creen que son el Cristo. Muchos predicadores cristianos evangelistas en la televisión norteamericana creen que tienen la "palabra de Dios" en sus bolsillos, que todo lo que ellos dicen, citando palabra por palabra la Biblia, es literalmente cierto. La Biblia no es para que se tome literalmente sino que más bien está redactada en lenguaje simbólico. Considero la Biblia como una obra con una profunda profecía y verdad cuando se la entiende desde su sentido interno; si se toma literalmente, se convierte en algo distinto.

De personas que se creen que son Maitreya, o que se creen Cristo, hay en todos los países. Esa profecía se está cumpliendo actualmente en el mundo. Debería usted tener en cuenta que yo no he dicho dónde se encuentra Maitreya exactamente sino sólo que Él está en la comunidad asiática de Londres. Hace años que yo podría haber señalado el lugar exacto donde se encuentra, y si así lo hubiera hecho los medios de comunicación del mundo habrían acudido al instante y esta historia se habría demostrado que es cierta y se hubiera cumplido hace años – no más tarde de 1982, cuando Él estaba preparado para presentarse. Los medios de comunicación escucharon entonces la información, y la creyeron en gran medida, pero no actuaron.

Apariciones de Maitreya a grupos religiosos

Desde 1988, Maitreya ha estado realizando una serie de apariciones en todo el mundo a grandes grupos, en su mayor parte fundamentalistas de todas las religiones, y la frecuencia de Sus apariciones ha ido creciendo. Se publican en las páginas de Preguntas y Respuestas de *Share International* cada mes, y una lista resumida de Sus apariciones se reproduce al final del libro como un apéndice. Él se aparece a los grupos surgido de la nada con una apariencia que ellos reconocerán y les habla en su propio idioma durante 15-20 minutos. Él no dice quién es.

Aún más importante, Maitreya crea (normalmente antes de Sus apariciones) aguas curativas en la zona donde aparecerá. Él magnetiza las fuentes de agua con la energía de la constelación de Acuario. Las aguas curativas contienen átomos positivos de hidrógeno y su pH está alterado. Finalmente, Él creará 777 de estas fuentes de agua en todo el mundo. Éstas mejoraran en gran medida la salud de la humanidad. Hasta ahora, cuatro de tales manantiales de agua fueron descubiertos. Están en Tlacote, México; Nadana, India; Nordenau, Alemania y Nairobi, Kenia. Maitreya controla el momento y la manera en la cual un manantial de agua es 'descubierto'.

[Para más información sobre las aguas curativas, ver *La Misión de Maitreya, Tomo III*.]

Preparándose para el Emerger de Maitreya

"Muchos hay que aceptan y creen que el Cristo está en el mundo, que esperan impacientemente Su emerger abierto, pero que no hacen más que esperar y desear, dejando el trabajo de preparación a otros. Triste es que así desperdician la oportunidad de servir singularmente en este extraordinario momento, un momento como nunca lo ha habido y nunca lo volverá a haber.

"Mi más ferviente deseo para ellos es éste: que aprovechen esta oportunidad de servir al Cristo, y a sus hermanos y hermanas que aún no saben que Él está entre nosotros. Contadles lo que creéis: que el Gran Señor está aquí; que Maitreya golpea firmemente la puerta. Muy poco tiempo queda para hacer esto y prepararles para esta preciada experiencia. Aprovechad el tiempo y actuad." (De 'Los requisitos del futuro' por el Maestro —, Share International, Abril 2000)

Si el emerger de Maitreya es inevitable, ¿por qué simplemente no esperamos a que ocurra? (Octubre 1999)

La oportunidad de trabajar para la transformación del mundo, para salvar a la humanidad, los reinos inferiores, el Plan de Evolución, es un regalo de gracia, una oportunidad que nunca antes se ha ofrecido a tantas personas. Sé que es más fácil creer que actuar respecto a esa creencia, pero *si tú lo crees a cualquier nivel, hazlo saber a ese nivel. Esta será la única oportunidad que tendrás para hacerlo.* Cuando Maitreya se aparezca abiertamente, millones de personas se reunirán en torno a Él, el mundo será transformado bastante rápido en realidad – pero tú tienes la oportunidad de saberlo de antemano, y de crear el clima de esperanza y expectación que se necesita.

¿Cómo nos convencemos a nosotros mismos de la presencia de Maitreya? (Septiembre 1997)

No necesitarías mucho para "convencerte" a ti mismo; tan solo observa los cambios en el mundo, las señales de Su presencia – todos estos milagros extraordinarios que han estado ocurriendo durante años por todo el mundo. Estos, y los cambios políticos, son las señales de la presencia del Cristo.

Asistí a una de sus conferencias en Londres en la que se presentaba como "Un mensaje de esperanza", pero me sentí emocional, culpable y responsable del sufrimiento del mundo en vías de desarrollo. Me

sentí confuso de que eso fuera también un mensaje de esperanza. (Diciembre 1999)

Sentirse culpable – así es cómo debe ser. Si todas las personas nos sintiéramos culpables, haríamos algo por ello. En general la gente es tan complaciente que no hace nada en absoluto. Saben que la gente se muere de hambre, pero dicen: "Yo ya estoy bien, el resto no me importa". Maitreya llama a la complacencia "la fuente de todo mal", porque expresa precisamente la separación que es nuestra principal ilusión. Creemos que estamos separados, mantenemos esa separación y por tanto tenemos un mundo dividido, un mundo en el que millones de personas sufren; incluso los que están creando las divisiones también sufren.

Tenemos crímenes y delincuencia, consumo de drogas, todo tipo de enfermedades terribles en el mundo desarrollado porque creamos dos mundos. Separándonos a nosotros mismos de los países en vías de desarrollo, haciéndoles que vayan acumulando deudas enormes que no pueden pagar, se empobrecen cada vez más; pagan no sólo la deuda sino los intereses de esa deuda. Si les diéramos préstamos sin interés sería distinto. Pretendemos que les damos ayuda, pero no es ayuda, es usura. Amasamos millones por los intereses de esos créditos a los países en vías de desarrollo. Nuestros propios gobiernos y otros muchos están empezando a darse cuenta de ello y demandan la cancelación de esta deuda. Pero no sabemos hacerlo lo suficientemente rápido. Tenemos que cancelar también el proceso de inflar la deuda dando préstamos libres de interés. Hacemos más dinero de nuestros propios créditos que lo que ellos reciben en créditos.

Si usted se siente alterado y emocional sobre este tema, eso no significa que no pueda tener esperanza. En primer lugar, el sentimiento de responsabilidad debería darle fuerzas, la necesidad de actuar, y es la acción lo que produce los cambios. Maitreya dice: "Nada Me aflige tanto como esta vergüenza. El crimen de la separación debe ser arrojado de este mundo. Yo afirmo eso como Mi Propósito" Y: "¿Por cuánto tiempo podéis soportar esta degradación? ¿Cómo podéis ver a estas personas morir ante vuestros ojos y haceros llamar hombres?" [Mensajes 93, 12 y 11]

¿Cómo afectan nuestras actitudes positivas y negativas a Maitreya? (Abril 1997)

Mucho. En 1945 Maitreya anunció Su venida y se esperaba que sería cerca de 1950. Se esperaba que el dolor y el sufrimiento de la guerra (1939-1945) habría escarmentado a la humanidad y produciría un cambio de dirección. Pero no todas las naciones habían sufrido, y las naciones rápidamente volvieron a las viejas formas codiciosas y competitivas del pasado. La fecha fue por tanto pospuesta hasta que en 1977 Maitreya dijo que Él venía, tanto si estábamos preparados como si no.

Si hubiéramos querido, en cualquier momento a partir de 1945, podríamos haber transformado el mundo y Maitreya se habría revelado inmediatamente. El ya estada preparado para aparecer, si se le invitaba, desde finales de mayo de 1982. Así, que si crees que Maitreya está aquí, hazlo saber, grítalo desde los tejados. Si les dices a las otras personas que crees que Él está aquí, esto anima a estas personas a hacer lo mismo; eleva sus ánimos, su esperanza, y Maitreya puede entrar en nuestras vidas sin infringir nuestro libre albedrío.

Su venida tiene que tener lugar dentro de la ley. Debe prepararse con antelación. Hacer conocer esta historia forma parte de la preparación de Su venida. Puedes aliarte a ello y así ayudar a crear un clima de esperanza y expectación. Es probablemente la mayor cosa que puedes hacer en este momento.

¿Para qué propósito el grupo que organizó la conferencia del Sr. Creme se ha reunido aquí? ¿Se trata de un grupo religioso? (Mayo 1998)

El grupo se ha reunido hoy con el propósito de organizar esta conferencia y permitirme compartir mi información con ustedes. No es un grupo religioso. Es un grupo de orientación espiritual preocupado de la vida espiritual. El sendero religioso es sólo uno de los senderos de la vida espiritual. Yo no he pedido la afiliación a los miembros del grupo, pero estoy seguro de que aquí hay personas de muchas religiones diferentes y que no profesan religión alguna.

Otra información nos indica que el mundo se destruirá, pero el Sr. Creme confirma un futuro brillante. Yo estoy bastante de acuerdo con el Sr. Creme. ¿Por qué existen tantas predicciones catastrofistas? (Mayo 1998)

Estas predicciones catastrofistas siempre emergen al final de una era y al comienzo de otra. Estamos al final de la era de Piscis y al comienzo de la nueva era de Acuario. Estas profecías de catástrofes y destrucción emergen en estos momentos desde varios niveles de los planos astrales –los planos de la ilusión. Viene a través de varios médiums, que encuentran muy rentable hacer saber estas profecías catastrofistas. Escriben libros y ganan mucho dinero, pero estos médiums están en realidad creando un gran prejuicio para la humanidad. Estas predicciones de catástrofes y destrucción son, en su mayor parte, proyectadas en los planos astrales por grupos de seres que generalmente denominamos las fuerzas del mal. Su propósito es atemorizar a la humanidad, mantener a la humanidad cautiva. Estos médiums le están haciendo el juego a las fuerzas del mal, y compiten unos con otros en predecir la siguiente 'terrible catástrofe'.

Estas fuerzas actúan contra Maitreya y los Maestros de nuestra Jerarquía Espiritual y sus esfuerzos están dirigidos a evitar la manifestación abierta en el mundo de este grupo espiritual. No tendrán éxito. El emerger de Maitreya en el mundo físico *ha tenido lugar* y 14 Maestros ya están en el mundo. Se les unen más Maestros cada uno o dos años y ese proceso continuará. Si nadie leería los libros o escuchara a los médiums y sus profecías catastrofistas, todos serían más felices –excepto las fuerzas del mal. El mundo no será destruido.

¿Cómo podemos dar a Maitreya y a Sai Baba nuestra verdadera devoción? (Mayo 1997)

Sai Baba y Maitreya no necesitan tu devoción – no les puedes dar nada; Ellos tienen todo en Su propio Ser. ¿Puedes dar a Maitreya tu amor? Él es el Señor del Amor; ¿Qué es lo que puedes darle al Señor del Amor al lado del cual tu amor es minúsculo? Él quiere que des tu amor al mundo, y viene para inspirarte a que lo des, despertar en ti el amor que está innato en el corazón de cada ser humano, pero que está frustrado en su expresión, debido en gran parte a las condiciones políticas, económicas y sociales injustas con las que nos rodeamos. Cuando estas cambien el amor de la humanidad, inspirada por Maitreya, se demostrará de una forma que ahora probablemente no se puede imaginar, y transformará el mundo.

Benjamin Creme como un portavoz

¿Por qué Maitreya le eligió a usted como portavoz? (Abril 1998)

Él estaba hurgando en el fondo de un barril y ¡me encontró! Yo estaba sin hacer nada serio – soy pintor, lo cual *es* serio pero también me ofrece la oportunidad de decir lo que yo sé. Si yo trabajara para el gobierno, por ejemplo, probablemente tendría miedo de salir ahí fuera y hablar, porque simplemente me despedirían. Cientos de periodistas literalmente conocen esta historia, y aunque algunos son totalmente cínicos muchos de ellos, que pueden en realidad no creérselo, lo toman muy en serio en verdad. Pero nunca hacen nada al respecto, nunca lo mencionan, porque tienen miedo de perder sus empleos. Todo el mundo cuida de su 'carrera'.

¿Cuáles son las cualidades que le convierten a usted en el portavoz de Maitreya? (Junio 1999)

La principal cualidad es, supongo, la tenacidad, la constancia – con eso quiero decir de estar ahí, de nunca abandonar – y la capacidad de seguir hablando de lo mismo una y otra vez. Durante 25 años he estado realizando este trabajo de preparación del camino para Maitreya ante un público que es escéptico hasta cierto punto, unos medios de comunicación que son cínicos casi en su totalidad, intentando presentar ideas muy complejas y difíciles a un público sin el trasfondo de la experiencia o las lecturas para absorber esas ideas fácilmente. Las personas que asisten a mis conferencias se han auto-elegido – nunca asistirían a ellas si de alguna forma no estuvieran abiertas a estas ideas. ¿Por qué mis conferencias no están llenas de periodistas? Porque todo periodista cree que él o ella lo sabe todo de todo, cuando en verdad la mayoría sabe un poco de nada. Eso es un factor en la diseminación de esta información. Naturalmente el otro factor, probablemente el más importante, es que yo puedo ser contactado, telepática y conscientemente, por mi Maestro y por Maitreya si eso es necesario.

Maitreya tiene 40 discípulos. ¿Cuál es la posición del Sr. Creme? (Mayo 1998)

Maitreya tiene 62 discípulos que son Maestros. Él es el Maestro de todos los Maestros. La Jerarquía está constituida por 60 Maestros y tres grandes Señores: El Manu, el Instructor del Mundo o Bodhisattva –ese es Maitreya– y el Señor de la Civilización o Mahachohan. Muchos de estos Maestros tienen discípulos. Maitreya es un iniciado de séptimo grado. Un Maestro es un iniciado de quinto o a veces sexto grado. Los Maestros tienen discípulos que son iniciados de cuarto, tercero, segundo y primer grado, e incluso aquellos que todavía no han llegado a la primera iniciación, aspirantes a discipulado. Respecto a mí, todo lo que diré es que soy un discípulo trabajando conscientemente con uno de los discípulos de Maitreya. Mi Maestro vive en los Himalayas y es muy conocido en círculos esotéricos, pero Su nombre no ha sido revelado por el momento.

(1) ¿Cómo captó una señal de Maitreya al principio, y (2) cómo puede estar seguro de que la señal es un mensaje e inspiración reales? (Noviembre 1998)

(1) Yo no "capté una señal" por casualidad de Maitreya y luego empecé este trabajo. Yo fui contactado por mi Maestro – uno de los Discípulos de Maitreya – y después por el mismo Maitreya, en 1959 y, tras un arduo entrenamiento, empecé mi trabajo público en 1974. (2) Usted tiene que

decidir por sí mismo si mi mensaje le parece verdadero o no. Observe a su alrededor, observe los cambios en el mundo – predichos por Maitreya y publicados en la revista *Share International* antes de que ocurrieran. Observe los miles de milagros que están ocurriendo en todas partes del mundo y que abastecen a distintos grupos religiosos y culturales. Estas son 'señales' prometidas por Maitreya como prueba de Su presencia. [Mensaje 10]

¿Cree usted que está canalizando las vibraciones de Maitreya; o cree que está recibiendo mensajes telepáticos? (Octubre 1999)

Ambos. La mayoría de personas llamarían a cualquier comunicación de una entidad, tanto si se tratara de una entidad astral o de un Maestro trabajando en los planos superiores, 'canalización'. A mí no me gusta este término, así que no lo uso.

Yo no estoy 'canalizando' nada, pero se ha creado un canal, primero entre mi Maestro y yo, y luego entre Maitreya y yo mismo. Se fue produciendo un proceso gradual de adumbramiento a lo largo de los años, que se iba intensificando hasta que Él llegó a Londres en julio de 1977. Varias veces en agosto de 1977 se me llevó ante Él y en una de estas ocasiones Él me preguntó si yo aceptaría recibir públicamente, en mis conferencias abiertas y públicas – que se celebraban semanalmente – comunicaciones de una cierta clase que, durante un par de años, yo había estado recibiendo de Él en el ámbito privado de mi propio grupo. Así que tenemos muchos mensajes de Maitreya cuya fecha es anterior al 6 de septiembre de 1977, cuando se dio el primer mensaje público. Quizás algún día publicaremos esos mensajes.

Yo no lo llamo a eso canalización. Es una comunicación telepática que se establece a través del adumbramiento de mi conciencia por una parte (minúscula) de la conciencia de Maitreya, y para la cual he sido preparado gradualmente. Se trata de un adumbramiento al *nivel del alma*, que es sólo posible si se ha ido construyendo a lo largo de un periodo prolongado de tiempo, para aclimatar al receptor a ese nivel de vibración. Con el adumbramiento (tanto si se da un mensaje como si no) se libera la vibración de las diversas energías de Maitreya.

Lo que convence a las personas, más que cualquier otra cosa, de que lo que yo digo es verdad, son dos factores: la realidad de las energías durante el adumbramiento al principio y fin de mis conferencias, y la realidad del adumbramiento mismo, visto por muchas personas que son, en mayor o menor medida, clarividentes; en verdad ellas ven el adumbramiento mientras tiene lugar, y lo pueden describir.

(1) ¿Qué es lo que significa la palabra "canalización"? (2) ¿Se aplica a Madame Blavatsky, Alice Bailey y el Sr. Creme? (Marzo 1997)

(1) "Canalización" significa simplemente un conducto activo o canal de un plano o nivel de conciencia a otro. Sus connotaciones modernas y generales describen la recepción de las enseñanzas, información o instrucciones de los planos astrales (normalmente el 5º astral, a veces el 6º) a través de un sensitivo astral o médium. Debería por tanto entenderse que la información y enseñanzas que se reciben de este modo sufrirán el mecanismo distorsionador de los planos astrales – los planos de la ilusión.

(2) Madame Blavatsky y Alice Bailey no eran en absoluto, como tampoco lo soy yo, astralmente sensitivos. Nosotros somos (como también lo era Helena Roerich del Agni Yoga) "mediadores", transmitiendo información recibida a nivel mental y que procede de su origen – el nivel Búddhico de los planos del alma directamente de uno u otro Maestro.

Si se graba con una cámara de vídeo o una grabadora durante su adumbramiento por Maitreya y Sai Baba en sus conferencias y Meditaciones de Transmisión, (1) ¿las cintas de vídeo o casete serán magnetizados con alguna energía? (2) Si es así, ¿qué tipo de energía, y en qué situación sería beneficioso escuchar estas cintas magnetizadas para liberar estas energías, asumiendo que las energías se liberan cuando se pasa la cinta? (3) ¿Esta energías serán traspasadas a nuevas cintas de vídeo o casete si se hacen copias? (Octubre 2000)

(1) Sí. (2) La energía del Amor de Sai Baba. Amor y una mezcla de otras energías (Espíritu de Paz, Fuerza de Shamballa, Voluntad, Buddha, Avatar de Síntesis) de Maitreya. (3) Sí. Pero no deben duplicarse a mayor velocidad de la que fueron grabadas originalmente.

Transformación y Nuevos Enfoques

"El consejo de Maitreya es nada menos que la completa reconstrucción de la vida humana en la Tierra.

"Un inmenso programa de cambio será propuesto, conduciendo, paso a paso, a una transformación fundamental de las estructuras – políticas, económicas y sociales – por medio de las cuales los hombres determinarán su intercambio y relación.

"En el momento presente, los hombres pueden titubear ante estos cambios de tan gran alcance, pero en respuesta a la recomendación e inspiración del Cristo, y enfrentados con la amenaza del caos económico, muchos verán la necesidad de un nuevo enfoque y una nueva urgencia para solucionar los problemas apremiantes de nuestro mundo.

"Estos problemas, si son ignorados, continuarán supurando, y harán erupción en sucesos trágicos en todo el mundo. El dolor y el sufrimiento de millones de personas será la inevitable consecuencia de nuestra actual negligencia. Así hablará Maitreya. Así El mostrará la necesidad de cambio." (De 'El consejo de Maitreya' por el Maestro —, Share International, Septiembre 1995)

¿Después del Día de la Declaración será Maitreya un líder político? (Mayo 1998)

No. Maitreya es un instructor espiritual. La humanidad está experimentando una gran crisis espiritual porque no sabemos quiénes somos. No sabemos por qué estamos aquí ni tampoco el significado de la vida. Hemos sustituido nuestra veneración por la vida con la comercialización, una economía de fuerzas del mercado y el culto al dinero. La economía es la nueva religión del mundo, y es esta comercialización la que nos está conduciendo al mismo borde de la destrucción. La crisis humana espiritual está centrada en los campos político y económico y debe resolverse allí.

El Maestro Djwhal Khul ha escrito a través de Alice Bailey que el mayor triunfo de las fuerzas del mal en este planeta ha sido que se les permitiera a los grupos religiosos monopolizar el concepto de la espiritualidad, implicando con ello que el sendero religioso es el único camino a la divinidad. No lo es. Para los Maestros, el sendero religioso es sólo uno de los muchos senderos hacia la misma divinidad. Deberemos expandir nuestra conciencia despierta de lo que constituye la espiritualidad. Todo lo que hacemos –político, económico, religioso, social, cultural, científico– debería ser, debe ser, espiritual. Debe estar basado en el bien de todas las personas.

Hemos puesto un círculo alrededor de la religión y afirmamos: "Eso es espiritual, y todo lo demás que hacemos puede ser tan corrupto y destructivo como queramos. Mientras vayamos a la iglesia o templo un día a la semana, nada malo sucederá". Debemos reconocer que cada aspecto de la vida es espiritual porque la vida tiene una base espiritual. Sólo existe una divinidad. Ésta subyace en cada cosa que conocemos, todo lo que vemos, y aquello que no vemos.

En el plan divino de nuestra evolución, el siguiente aspecto planeado para la humanidad es la creación de correctas relaciones humanas. La política y la economía controlan estas relaciones, por lo que son centrales para nuestra comprensión de lo que son correctas relaciones humanas. Los gobiernos deben verse como servidores de las necesidades de las personas: comida, cobijo, sanidad y educación para todos. Ese es el papel del gobierno. Nadie puede crear una brizna de hierba. Es creada por divina providencia. Los alimentos y recursos del mundo son otorgados por divina providencia para toda la humanidad, no sólo para los japoneses, europeos y norteamericanos. Medimos el derecho a vivir, comer, crear, moverse y ser felices por la cantidad de dinero que hemos conseguido, como si eso fuera la medida de nuestra valía.

Los Maestros son las personas más evolucionadas del mundo, con el mayor corazón y la sabiduría de siglos. No puedes imaginarte alguien más digno que un Maestro, y sin embargo no tienen dinero. No necesitan dinero. Sus vidas no dependen del dinero, ni las nuestras. No hay nada malo en el dinero. Es sencillamente una energía que podemos distribuir. Es un medio de distribución. Si lo adoramos, entonces distorsionamos toda la naturaleza de nuestras vidas. Las personas afirman que el dinero es la raíz de todos los males, pero deberían decir que el culto al dinero es la raíz de todos los males.

Maitreya dice que la complacencia es la raíz de todos los males. Esa complacencia nos hace capaces de observar a otras personas padecer hambre ante nuestros ojos y sin embargo vivir como si nada estuviera ocurriendo. Estamos bien: no nos importan los demás. Esa es la raíz de todos los males.

Cuando Maitreya emerja a la vida pública, Él hablará sobre la reestructuración y transformación política y económica. Una vez que eso esté establecido descubriréis que Él ha venido a enseñarnos, como Él lo dice, el Arte de la Realización del Ser, o Dios –en otras palabras, cómo evolucionamos, cómo convertirse en un Maestro. Los Maestros han realizado al Ser. Eso es lo que te convierte en un Maestro. Entonces eres libre para ir a planetas superiores. Esa es la meta de la vida.

Si, hace 2.000 años, el Amor y la Sabiduría fueron anticipados por Jesús y el Príncipe Gautama, ¿qué regalos espirituales serán entregados en la Era de Acuario? (Mayo 1999)

Maitreya personifica las energías de Amor y Sabiduría y ahora la energía de la Voluntad. Tras Él se encuentra el Espíritu de Paz o Equilibrio, cuya energía ya está cambiando el mundo; y también el Avatar de Síntesis, cuya energía cuádruple – Amor-Inteligencia-Voluntad y el principio del Propósito Dirigido – transformará y unirá cada vez más a la humanidad. La misma energía de Acuario es la energía de Síntesis y unirá y nos mezclará en un solo grupo humano.

¿Cuán rápido cree que se producirán los cambios? (Noviembre 1997)

Hay una completa transformación entrante que tiene que ocurrir a nivel de base popular; y tiene que satisfacer y ser real para todos, de lo contrario no perdurará. Los cambios tienen que ser lógicos. Tienen que producirse rápido pero también lo suficientemente lentos para que la gente se acomode a ellos, para que en todo momento haya el mínimo de perturbación posible del orden social establecido.

No obstante, los cambios serán de tan gran alcance que si vinieras después de vivir en Marte durante 25 años, verías un mundo totalmente transformado, un mundo en el cual las personas han madurado, han hecho oír sus voces. ¿Quién derrumbó el Muro de Berlín? ¡Fueron las personas, no los políticos!

Cuando leo los libros de Sai Baba, entiendo que Sai Baba fomenta la construcción de hospitales y fuentes de agua. ¿Se trata de una especie de modelo para las actividades de reconstrucción después del Día de la Declaración? (Octubre 1999)

Sí. Lo veréis en todos los grandes instructores del mundo, los verdaderos grandes instructores, cuya idea central en sus enseñanzas siempre tiene que ver con el servicio, el servicio al planeta, a las personas, a la eliminación de la enfermedad y el sufrimiento, todo lo que tenga que ver con la condición humana. No se preocupan del avance personal, de técnicas de evolución etc. Se trata de servicio y, al igual que Maitreya, descubrirás que enseña servicio.

Comercialización

"La comercialización, esa floreciente pero sigilosa y frecuentemente oculta amenaza, controla ahora las vidas y destino de incontables millones de personas, y reduce a cifras la individualidad del hombre otorgada por Dios. Las personas son ahora estadísticas sin propósito o necesidades, peones en el tablero de ajedrez de las fuerzas del mercado y los beneficios empresariales.

"El árido desierto al que nosotros llamamos el mundo moderno deja a los hombres privados de aquello que los hace humanos: felices, creativamente satisfechos, prontos a responder a las necesidades mutuas, y libres. La competencia mortal corroe el espíritu humano y ahora asiste al juicio de la 'batalla' de la vida. La vida, la Gran Aventura, ha sido corrompida y sustituida por una lucha agonizante e injusta por la mera supervivencia." (De 'El fin de la "era de la barbarie"' por el Maestro —, Share International, Abril 1999)

Maitreya dice que la comercialización es más peligrosa que una bomba atómica. Viviendo en Norteamérica, la comercialización está a todo nuestro alrededor. Todo está establecido en este país para perpetuar la comercialización. ¿Cómo alguien como yo que ve el mal en nuestra estructura económica se abstiene de perpetuar dicho mal? ¿O es que debemos esperar el colapso total de nuestro sistema económico? (Julio 2000)

No es totalmente una cosa ni la otra. La comercialización no sólo está en toda Norteamérica, está ahora en todas partes. Norteamérica ha exportado la comercialización, y todo lo que significa, a todo el mundo. La globalización es un hecho. Se ve en el comercio y en la distribución de los recursos. Pero también es un concepto, una idea en la mente. La comercialización crea la idea de que si tienes problemas, se solucionan mejor con los métodos de negocio más eficaces que se han desarrollado para obtener los máximos beneficios. A través de la economía orientada al mercado y lo que Maitreya denomina el ciego seguimiento de esta filosofía orientada al mercado, como si fueran algún tipo de varita mágica que resuelve los problemas económicos del mundo, todos los problemas se consideran solventables en términos de mercado.

Si tienes un producto, debes comercializarlo. Debes venderlo a través de un mercado. Creas un mercado, compras un mercado, y robas el mercado de otro. Cuanto más grande y poderoso eres, con más poder puedes manipular el mercado. Es ésta la ventaja que Norteamérica tiene incluso sobre las naciones europeas o Japón, así que es sumamente eficiente en asegurar la parte del león de los mercados del mundo para sus productos. Sus productos obedecen la ley de la comercialización, que es el agente de las fuerzas del mercado. Eso es, maximizas la eficacia del negocio para cualquier actividad para poder alcanzar los máximos beneficios para ti mismo. Esa es la ley básica que gobierna cualquier actividad empresarial en este país [EEUU].

Estoy seguro que en alguna parte en alguna ciudad pequeña en el centro de Norteamérica existe algún empresario que trabaja de una forma completamente diferente: como un servicio para la comunidad. Y estoy seguro de que existen muchas personas así en un sentido de ciudad pequeña que no intentan maximizar sus beneficios, que intentan mantener unido al grupo de trabajadores, y les pagan bien y comparten los beneficios con ellos. Es centrado en el servicio, pero no es demasiado potente en la imagen global en los instintos y actividades comercializadas de los negocios norteamericanos.

Esto ahora se ha hecho global, con todo lo que ello significa en términos de inversión y control sobre la forma en que se basa la economía de cualquier país individual. La inversión de capital se aplica de tal forma que se garantiza que quizás el 90 por ciento de los beneficios de la inversión reviertan a la fuente, que normalmente es la empresa en Norteamérica. Podría ser Alemania, Francia, Gran Bretaña o Japón, pero en gran medida es Norteamérica. Las empresas norteamericanas han perfeccionado los medios.

El peligro de la comercialización, además de la explotación de los pueblos del Tercer Mundo, es la comercialización de nuestros conceptos, nuestros valores, nuestras formas de ver el mundo. Esta es la razón por la que Maitreya dice que es más peligrosa para el mundo que una bomba atómica. Sencillamente de forma silenciosa, sutil, insufla todos los aspectos de la vida. Se hace con el control. La economía empresarial y la necesidad de beneficios simplemente se vuelven la norma en política, o en sanidad, o en el proceso político democrático. Sin embargo se el permite infiltrarse y luego controlar cada una de estas actividades de servicio esenciales de la humanidad. Ese es el peligro. Es tan sutil. No lo vemos ocurrir.

De pronto, el lenguaje cambia. Estás en el sistema hospitalario y comienzan a hablar sobre el mercado. "Bueno, por supuesto, nos encantaría dar a todos medicamentos, pero como es el mercado hoy en día no hay dinero para ello." Así que la gente muere porque no pueden recibir tratamiento. No pueden recibirlo porque es demasiado caro, así que se privatiza. Esta es la privatización de todos los aspectos de nuestras vidas.

El agua se privatiza, ¿lo puedes imaginar? Cogen la fuente fundamental de toda la vida en el planeta y la privatizan. Nuestra agua en Inglaterra pertenece parcialmente a Francia porque han comprado su participación. Los norteamericanos también han invertido mucho en el agua, el gas y la electricidad británicos.

Esto es la comercialización global. De alguna manera se puede proyectar como un beneficio para la humanidad porque es internacional. Proporciona a la humanidad el sentido de que todo es internacional, de que todo pertenece a todos, pero, por supuesto, no es así. Todos pertenecemos a grandes empresas. No les importa en quién invierten mientras que la recompensa sea suficiente para pagar los inmensos e hinchados salarios de los ejecutivos. Estos conglomerados han conseguido beneficios escandalosos porque las primas de sus ejecutivos han de justificarse con los beneficios obtenidos.

Es completamente despiadado, y las correctas relaciones humanas, que es de lo que trata el servicio, se arrojan por la ventana. Ese es el peligro y pocos parecen darse cuenta de ello –excepto Maitreya. Cada vez más personas comienzan a cuestionarse el valor de esta comercialización del mundo. Pero pocos aprecian la verdadera urgencia de ello, el verdadero efecto venenoso.

Ya que todos estamos compitiendo, lo único que podemos hacer es bajar el coste de nuestros productos. Esto es lo principal, así que la ventaja en este mercado competitivo es que el producto, que no es mucho mejor o peor que el francés, holandés, británico o japonés, debe valorarse ese poco menos. Así que debemos producir al menor coste posible. Todos los demás están haciendo lo mismo. Todos intentan reducir sus costes, producir un artículo que es aceptable en apariencia, al menos igual de bueno que los demás, pero con un pequeño mejor valor añadido por el precio.

Se hacen todos los esfuerzos para conseguir eso pero el coste es el empleo. Se reduce el personal al mínimo indispensable. Cuando una empresa se expande siempre se pierden empleos. La forma de maximizar tus beneficios es unirse. Buscan a la mayor competencia, sus rivales, y los compran, los absorben. Eso significa que el precio de sus acciones sube en el Índice Dow y así más personas colocan su capital en esa empresa, algo que la fortalece. Es capaz de absorber otra y otra y otra. Luego pueden absorber a los gigantes en todo el mundo.

La bolsa es utilizada para registrar la posición financiera de cualquier empresa –que sólo es sobre el papel. Mientras que esté inscrito en la bolsa, la gente invertirá en ello si está subiendo, porque es bueno comprar. Si está descendiendo, entonces venderán. Están apostando. Esa es la razón por la que las acciones suben y bajan. La gente no está haciendo nada. Están simplemente prestando su dinero durante un tiempo a esa empresa por una cierta tasa de interés. Están cruzados de brazos. Viven de sus beneficios. Es hacer dinero de la nada.

Todo está construido sobre esta mentira de que recibes algo a cambio de nada. No lo haces. El coste para el mundo es colosal, el coste en puestos de trabajo y sufrimiento cuando familias de pronto no tienen a nadie que las sustente porque el que ganaba el pan está sin trabajo. Cientos de miles de personas son despedidas porque cuando adquieres una nueva empresa te permite utilizar el mismo equipo directivo. El cuadro superior permanece igual. Para hacer que todo rinda más, reducen la plantilla. Así que los mismos grandes ejecutivos que ganan sumas enormes de dinero permanecen, y las personas que en realidad producen los bienes en las fábricas son despedidos a miles.

Así el desempleo aumenta en todo el mundo desarrollado. Esa es la principal razón del desempleo. Se la llama recesión. No es recesión, es la competencia por los mercados. Ya que todos los principales países desarrollados producen casi las mismas cosas, se trata sencillamente de una batalla de competencia. Es como en la jungla.

Los norteamericanos (esta pregunta es de Norteamérica) crecen en la competencia. Para muchos, es la esencia y el fin de la existencia humana. Debes competir para vivir. Ya no debería ser verdad. Eso fue verdad para el hombre animal prehistórico pero 18 ½ años después podríamos vivir juntos en armonía, sin conflicto ni competencia, sencillamente reorganizando la distribución de recursos y cooperando en lugar de competir.

Esta es la razón por la cual Maitreya coloca a la comercialización tan alto en la lista de males, 'más peligrosa que una bomba atómica', porque es insidiosa. Se encuentra ahora en todo el mundo. Incluso los rusos la han aceptado, y no poseen la infraestructura para hacerla funcionar, incluso deficientemente. Crean millonarios cada semana, y colocan cada vez más personas por debajo de la línea de la pobreza. Esta es la nueva Rusia. Siempre tuvieron grados de pobreza, pero nunca la desesperación que existe actualmente. Al mismo tiempo tienen una Mafia enorme que controla la riqueza. Es como Chicago en los años 20 una vez más. Están pasando por su periodo Chicago. Tienen las bandas, los matones, y todo lo que trae consigo –la ruptura de la ley y la ruptura social, al final de ello.

Esto se está convirtiendo en una especie de pesadilla para muchas personas allí. Cuando los niños van al patio del colegio y disparan a media docena de sus compañeros y unos pocos profesores, la gente se pregunta la razón. ¿Qué sucede en el mundo que los niños se comportan así? Lo hacen porque forman parte de la misma escena. Cuando todas estas energías están mal dirigidas, cuando van en dirección de la competencia y la retribución, el niño que es ofendido por un profesor o marginado por sus amigos, lleva la pistola de su padre al colegio y dispara a todo el que pueda. Eso es lo que los norteamericanos han llegado a aceptar. Si lo aceptas, revierte en ti. Nunca debes aceptar eso. Debes organizar una transformación total, una visión de la vida completamente diferente.

De eso trata Maitreya. Es una visión de la vida completamente diferente de aquella mantenida en el mundo desarrollado, quizás en Norteamérica más que en cualquier otro sitio porque Norteamérica es tan grande y con una población tan variada, con diferentes niveles educativos, diferentes niveles sociales y grandes diferencias económicas. Es un punto de fusión enorme, en el cual puede suceder cualquier cosa. Y, por supuesto, si puede ocurrir cualquier cosa, lo hace. No hay norma. No hay ley. Es la historia del Salvaje Oeste.

"¿Debemos esperar el colapso total de nuestro sistema económico?" No necesitas aceptar el actual sistema. Debes ver lo que está sucediendo. Debes ser consciente de ello. Si lo eres, no tomas todo con su valor nominal. No dices: "Sabes, estamos consiguiendo esto bastante barato. Eso es genial. Los precios están cayendo. Genial". Debes comprender que los precios descienden porque alguien en África ha recibido menos dinero por los productos que lo han creado. Debes ser consciente, y no identificarte con el sistema. No puedes cambiarlo individualmente pero puedes cambiar tu actitud hacia ello y reconocer lo que en realidad está sucediendo. Porque si Maitreya está en lo cierto, se encuentra al final de su existencia. Puedes darle ese empujón que le llevará a su fin.

La Energía de la Destrucción

¿Podría comentar sobre lo que le sucederá a la energía que surgió del conflicto Este/Oeste y fue hacia la comercialización? ¿Adónde irá? ¿Cómo será transmutada?

La energía de destrucción, que se enfocó durante las dos guerras mundiales (que en realidad sólo fue una guerra), y en todas las confrontaciones entre naciones desde entonces, está ahora fijada en la forma orientada al mercado de tratar las necesidades económicas del mundo, y la comercialización que es su resultado directo. La comercialización es tan destructiva porque la energía ya es destructiva. Es sencillamente la energía, como lo dice Maitreya, que envía a los aviones al cielo y los tanques al campo de batalla. La batalla se ha detenido pero la energía no desaparece sin más. Ha estado dando vueltas alrededor del mundo y ha encontrado una 'nueva matriz'. Esa 'matriz' es la comercialización, el agente de las fuerzas del mercado. La cuestión es, ¿qué le sucederá ahora? Cuando se perciba a las fuerzas del mercado como los agentes destructivos que son –porque benefician a unos pocos a expensas de la mayoría– y cuando se reconozca la comercialización como el modo destructivo a través del cual esa capacidad destructora se manifiesta, entonces esa energía se solventará. Será reconstruida. La ley que gobierna la acción y reacción, que es la ley que subyace el trabajo del Espíritu de Paz o Equilibrio, el Avatar Cósmico que adumbra a Maitreya, recreará, de esa capacidad destructora, su opuesto, en la misma proporción. Eso se está llevando a cabo ahora. La energía de Equilibrio es la energía más poderosa en el mundo ahora y ya está trabajando en la transformación de la violencia, odio y competencia dominantes en sus opuestos. La codicia se convertirá en compartir, la competencia en cooperación. Eso es la transmutación que, se espera pronto, le sucederá a la comercialización.

Caída de la bolsa

"...los 'casinos de apuestas', las bolsas del mundo, continúan su ascenso vertiginoso hasta una plataforma aún más elevada de la cual caer de cabeza al caos.

"Lo asombroso es que muchas cabezas sabias se sacuden y advierten, pero en el revuelo de la codicia pocos escuchan las voces de advertencia. Así se prepara el escenario para el colapso del presente desorden económico. Así los hombres avivan los fuegos de su propia devastación.

"En esta confusión aparecerá Maitreya. Los hombres se volverán hacia Él para respuestas a su dilema... Maitreya mostrará que las respuestas son simples pero hasta entonces difíciles de aceptar para todos excepto para unos pocos: que compartir es la forma natural, aunque no probada, para los hombres de vivir juntos. Que así comenzará el fin de los principales problemas de los hombres." (De 'La voz del futuro' por el Maestro —, Share International, Marzo 2000)

Usted dijo que Maitreya había predicho una caída mundial de la bolsa. Hemos tenido la crisis financiera asiática. Mi impresión es que 'no es suficientemente mala', necesitamos una caída peor que esa. La responsabilidad de decir esto afectará a cada persona – nuestros empleos, nuestros hogares, nuestras vidas – y eso causará una tremenda convulsión económica y social. ¿Se da cuenta usted de la responsabilidad del escenario que está exponiendo? (Mayo 1998)

En 1988 Maitreya dio una serie de predicciones que fueron pasadas por uno de Sus más estrechos colaboradores a dos periodistas con instrucciones de dármelas a mi para publicarlas en *Share International*. Nosotros publicamos las predicciones una tras otra mientras las recibíamos, y las enviamos como comunicados de prensa a todas las agencias de prensa y gubernamentales en todo el mundo. Les tuvimos informados de las predicciones de Maitreya cada mes durante tres años y medio. De esta forma Él dejaba claro a aquellos que observaran con inteligencia que en Londres vivía un hombre de extraordinario conocimiento, visión de futuro, una capacidad clarividente quizás, pero con toda seguridad una clara percepción no sólo de los acontecimientos del mundo sino de los que estaban por suceder. Uno tras otro los sucesos que Él predijo han tenido lugar.

Una de las predicciones era que se produciría una caída de la bolsa mundial que empezaría en Japón. El mercado japonés empezó inmediatamente a desplomarse y ahora, por lo que respecta a los japoneses, ya se ha colapsado. La economía japonesa está de rodillas, y los bancos e instituciones quiebran uno tras otro. Esa no es mi responsabilidad, sino algo que está ocurriendo en el mundo. Maitreya dio a conocer que Él aparecería abiertamente precisamente para ayudar a hacer frente a los efectos de semejante caída. Si la caída hubiera ocurrido en otoño de 1997, como pudo haber sucedido, Él habría aparecido inmediatamente a ofrecer Su visión y consejo a los gobiernos del mundo – no para vencer el problema, sino para tratar con los resultados de eso.

Los mercados de valores se han estabilizado, especialmente en occidente, pero cada caída de grandes proporciones ocurre cuando el índice está en su punto máximo. Las bolsas occidentales tienen sus índices más altos, y es precisamente cuando algo alcanza un punto de máxima tensión que ocurre un desplazamiento contrario, se produce una rotura del resorte y se produce el colapso. Eso es lo que Maitreya espera que ocurra en los mercados occidentales, y Él está preparado para declararse abiertamente tan pronto como eso parezca ser continuo, y no simplemente una fase – *antes de que empiece el caos.*

¿Cómo el colapso financiero de los mercados desarrollados dará como resultado una distribución más justa de la riqueza a los países subdesarrollados? (Mayo 1998)

Cuando la bolsas mundiales caigan, las prioridades de todos los gobiernos cambiarán. La primera prioridad será proporcionar una alimentación adecuada para todas las personas; segundo dar una vivienda adecuada; y tercero, proporcionar sanidad y educación apropiada para todas las personas como un derecho universal.

Eso no suena terriblemente revolucionario: comida suficiente, cobijo, sanidad y educación, que muchas personas dan por hecho. Pero no existe ningún país en el mundo en el cual todo esto se considere un derecho universal. Cuando se haga, la vida en este planeta será transformada.

Cuando la humanidad pregunte a Maitreya: "Aceptamos el principio de compartir. Deseamos compartir. ¿Cómo lo ponemos en práctica?", ésta será la respuesta.

Existe un grupo de iniciados, discípulos de los Maestros, que son hombres y mujeres con grandes logros en sus propias vidas, en campos como las finanzas, economía, administración pública. Ellos han diseñado una serie de anteproyectos, planes interrelacionados, que resolverán los problemas de la redistribución que están en el corazón del problema económico actual. Cada nación deberá hacer un inventario de lo que produce para que sea conocido el 'pastel' del mundo: lo que necesitamos, lo que creamos, lo que necesitamos importar. Cada nación deberá aportar en confianza a un fondo común todo lo que tenga en exceso de sus necesidades, y de ese fondo común se satisfarán las necesidades de todos. Un sofisticado sistema de trueque reemplazará al sistema actual.

Fundamental para toda la transformación de la humanidad es la aceptación del principio de compartir. En ello depende la justicia, y en la justicia depende la paz del mundo. Aunque parezca extraño, ese paso tan importante de compartir es lo más fácil de alcanzar. Con la aceptación del principio de compartir todos los demás problemas serán más fáciles de solventar.

Yo creo que las personas en los países desarrollados deberían cambiar su mentalidad para traer justicia al mundo. ¿Cree Maitreya que todas las personas en las naciones industrializadas pueden cambiar? (Mayo 1998)

Maitreya acabó uno de Sus mensajes, el número 11, diciendo: "Mi corazón me dice vuestra respuesta, vuestra elección [la elección entre compartir o morir] y se alegra". Así que Él ya sabe que la humanidad está preparada para el cambio. Es obvio que las personas del mundo en desarrollo serán las primeras en congregarse alrededor de Maitreya y responder a Su mensaje. También existen muchas personas en el mundo desarrollado que perciben que no podemos continuar en las circunstancias actuales, y ven la necesidad del cambio, aunque podrían sentirse impotentes actualmente. Cuando suceda una caída de las bolsas mundiales, todo el mundo cambiará. Las prioridades de los gobiernos cambiarán.

Nunca han tenido a Maitreya, el Maestro de todos los Maestros, entre ellos. Cada vez que Él aparezca en televisión, Su energía del amor fluirá hacia el mundo. Esto en sí mismo transformará a las personas que le están mirando. También estará Su análisis de la situación. La mente de Maitreya es agudísima y puede adentrarse hasta el corazón de cada problema e iluminarlo para nosotros.

Los Maestros han experimentado todo en este planeta, así que conocen los problemas. Han sido como nosotros. Cada dolor, sufrimiento, ilusión, todo lo que experimentamos, Ellos también lo han experimentado. Nunca ha existido un instructor tan bien equipado para abordar los problemas a los que nos enfrentamos ahora.

Él está seguro de que las naciones desarrolladas cambiarán y enseñarán el camino. La humanidad tiene que sufrir para cambiar. El sufrimiento ya está ocurriendo en todo el mundo. El mundo desarrollado está impedido por el crimen, la drogadicción, la competencia, la enfermedad, el desempleo, la bancarrota. No es para nada fácil navegar en el mundo desarrollado. Esa es la razón por la que Maitreya está esperando hasta que la caída de la bolsa sea total, en Oriente y Occidente. La humanidad necesita esto para recobrar el juicio, para volver a la realidad. Entonces nos volveremos hacia Maitreya para orientación.

Para mitigar los efectos del colapso, Maitreya desea presentarse abiertamente justo en el momento en que sea obvio que los bastiones de poder occidentales, las bolsas de Europa y Norteamérica, se están derrumbando. El colapso puede tener lugar en el caos y producir dolor, sufrimiento y confusión, o puede suceder de una forma más ordenada y la reconstrucción del mundo podría comenzar inmediatamente. Esta última opción es la que Él propugna.

En *Share International* (Junio 2000) su Maestro indicó recientemente que Él y otros Maestros ven la fusión de las bolsas como un desatino, ¿por qué? (Septiembre 2000)

Hasta ahora, las bolsas mundiales subían y bajaban en relación a las presiones locales e internacionales. Rara vez podía haber un movimiento generalizado con carácter masivo. Con la fusión de las bolsas este 'regulador' contra el colapso total está siendo abandonado. Se espera que tenga un efecto fortalecedor, por supuesto, y en tiempos de estabilidad y crecimiento esto tendría sentido. Sin embargo, en la actual situación altamente volátil e inestable, crea una peligrosa vulnerabilidad a las presiones del mercado a una escala mucho mayor.

Es la tendencia hacia una moneda única europea un pequeño paso para "Sellar la puerta donde se halla el mal", es decir que con un solo mercado financiero en Europa en lugar de los nueve o así actuales, los especuladores de divisas tendrán un campo de acción más reducido, o esta 'divisa de estado' europea causará más división entre los países del G8 y las naciones del Tercer Mundo (y otras similares)? (Octubre 2000)

Una división adicional.

Cuando caiga la bolsa (1) ¿cómo podemos protegernos del caos de una caída de la bolsa? (2) ¿Habrá escasez de necesidades cotidianas como alimentos, medicinas, agua, gas, electricidad, empleos, etc.? (3) ¿Habrán pensiones en el futuro? (4) ¿Cuáles serán las consecuencias de incorporarse a la moneda única europea? (Julio/Agosto 1998)

(1) Todo el mundo se verá afectado, en mayor o menor grado. La mejor protección es no invertir en bolsa. (2) No, si se organiza adecuadamente y las personas no acaparan. Obviamente, los empleos en algunos sectores sufrirán, como ocurre ahora. (3) Sí. (4) No creo que Gran Bretaña vaya a incorporarse.

(1) Hace algún tiempo, siguiendo más o menos su consejo de vender acciones y valores, las vendí y he perdido mucho dinero desde entonces. El valor de las bolsas se ha elevado, no ha descendido. (2) ¿Cuál es su consejo ahora? Y, (3) ¿podría clarificar esto por favor: cuando usted dice que las bolsas caerán, se refiere a que una caerá y luego las otras le seguirán? ¿O se refiere a que todas caerán pero sólo temporalmente? ¿Si usted se refiere a que todo el sistema caerá y permanentemente, qué se ganará con ello? En lugar de millones de personas pobres desesperadas en algunos países entonces todos estaremos desesperados y sin recursos. (4) ¿Qué bien saldrá de ello? (Septiembre 2000)

(1) Con todo el respeto, si usted ha vendido sus acciones y valores y el valor de ellos subió en lugar de bajar (la realidad de las apuestas en cualquier lugar) usted no ha perdido dinero sino que sencillamente perdió la oportunidad de hacer más dinero sin ningún esfuerzo personal. (2) Lo mismo. (3) Yo creo, según la predicción de Maitreya, hecha por primera vez en 1988, que estamos presenciando el proceso de una caída mundial de las bolsas que comenzó, como se predijo, en Japón, que será total, y allanará el camino para establecer un nuevo orden económico más equitativo y justo. (4) Sólo una situación como esta devolverá a la humanidad a la realidad y hará posible los cambios necesarios en todo el mundo.

El que formula la pregunta lo hace como si la caída de la bolsa está siendo forzada en la humanidad en contra de su voluntad. Tal caída es inevitable en el presente sistema por el funcionamiento de la Ley de Causa y Efecto.

Siguiendo más o menos lo que usted ha dicho sobre el Euro en *Share International* vendí mis Euros. Ahora he perdido bastante dinero. ¿Todavía sigue pensando que el Euro no se convertirá en la moneda común de Europa reemplazando a todas las otras monedas nacionales? ¿Debería Gran Bretaña adoptar el Euro? (Octubre 2000)

El Euro ha perdido el 20 por ciento de su valor desde que fue introducido por lo cual no hay nada de malo en mi consejo. Todavía sigo pensando que Gran Bretaña no debería adoptar el Euro.

Usted dijo en el artículo sobre cooperación que "si Japón retira su inversión en EEUU en bonos del estado, el 25 por ciento de su deuda nacional (estadounidense) va a tambalearse desde sus cimientos. Se tendrá que encontrar el resto o caerá. Caerá." Mi pregunta es, ¿por qué no se lanzarían otros compradores sobre estos bonos? Ciertamente EEUU es uno de los países con mayor estabilidad a la hora de invertir. ¿No habrían muchos compradores de otros países que se precipitarían y se lanzarían sobre estas gangas? (Mayo 1998)

La economía estadounidense *parece* estable – incluso a la alza – por el momento – a pesar de los billones de dólares de deuda nacional. No obstante, esta no es una perspectiva auténtica; EEUU quedará atrapado en la caída económica mundial tal como Maitreya ha predicho. Ningún país actualmente es una isla.

Compartir

"De vez en cuando, he hablado de la necesidad de inculcar el espíritu de compartir por medio del cual los recursos del mundo puedan ser distribuidos de manera más equitativa. Esto conduciría a una reducción de la tensión y del incalculable sufrimiento humano. También daría lugar a una revitalización de la vida y de las economías de las naciones ya desarrolladas. La sangre vital del planeta debe circular. Las economías estancadas de las naciones más ricas sólo pueden ser impulsadas a la acción mediante el reconocimiento de que las naciones más pobres, también, tienen derecho a vivir y disfrutar de un nivel de vida razonable. Sólo el compartir puede hacer que esto sea así...

"Pronto, el mundo sabrá a ciencia cierta que los hombres deben compartir o perecer. Maitreya no perderá tiempo en hacer que todos comprendan la importancia de esta verdad." (De 'El futuro llama' por el Maestro —, Share International, Marzo 1983)

No veo cómo los ricos y poderosos abandonarán automáticamente sus riquezas y poder y compartirán con otras personas. (Octubre 1997)

Yo no he dicho que será algo automático. Existe sólo una forma en que la humanidad comparta, y esa es cuando se vea frente a frente con la realidad, cuando el dolor duela lo suficiente. Entonces tomaremos los pasos necesarios, pero hasta que la humanidad no vea la necesidad, no compartirá. La necesidad quedará reflejada por el colapso de las bolsas del mundo a las que Maitreya llama los "casinos de juego". No tienen ningún papel a desempeñar en las estructuras de la Nueva Era que, finalmente, construiremos.

*¿*Share International *parece estar en contra del libre mercado: por qué? (Junio 2000)*

Share International *no está en contra del libre mercado verdadero. El problema actual es que* no *existe el libre mercado. Existen enormes barreras en muchas de las naciones ricas a las importaciones baratas de los países en desarrollo. El proteccionismo está en alza en todas partes. Sólo el principio de compartir podría dar lugar al libre mercado verdadero basado en un* valor acordado *de los productos del mundo.*

Si asumimos que todo está donde debe estar, entonces la gente de África tiene que aprender de la pobreza y la de Occidente de la riqueza. ¿Por qué debería entonces haber cambios? (Enero/Febrero 1999)

¿Cómo podemos asumir que "todo está donde debe estar" cuando la mitad del mundo vive en la pobreza y la otra mitad en un relativo lujo? ¿Cuando, tal como Maitreya dice: "Los ricos ostentan su riqueza ante los pobres"? ¿"Cuando millones de personas pasan hambre y mueren en la miseria"? Esta idea – que "todo está como debe estar" – me parece la más descarada racionalización de la codicia, la complacencia y el autoengaño que haya escuchado en mucho tiempo.

Por favor hable sobre "ayudar" a los demás dándole asistencia en metálico o género. Por un lado, uno desea ayudar a los menos afortunados, pero, por otro lado, por ejemplo, se ha demostrado que la "ayuda alimenticia" puede y en realidad socava la capacidad de las personas de alimentarse por sí mismas. Además, sin duda parecería que varios tipos de "ayuda" pueden y socavan la capacidad de las personas de alimentarse por sí mismas. Por otro lado, parece que varios tipos de "ayuda" pueden socavar las lecciones que el alma se ha dispuesto a aprender, o los desafíos que se ha propuesto alcanzar. Otro ejemplo de "ayuda" mal utilizada sería dar dinero o bebida a un alcohólico. Algunas "ayudas" podrían sencillamente trivializar los propios esfuerzos del individuo. Claramente uno necesita una sabiduría considerable para guiar la ayuda de uno hacia los demás. Hasta el punto que carecemos de ella, y considerando que existen situaciones como las descritas anteriormente, como forma de compartir, que podrían volverse perjudiciales en vez de beneficiosas, podría darnos algunas pautas para realmente ayudar, y no perjudicar, a los beneficiarios. (Noviembre 2000)

Con todo el respeto, a mi entender las reservas de arriba sobre proporcionar ayuda no son sino una racionalización de una resistencia para no dar en absoluto. Como dijo Maitreya, "Compartir es divino. Cuando compartes reconoces a Dios en tu hermano". Depende del 'hermano' cómo utiliza lo que se haya compartido.

Parece que, para Maitreya, mediante el compartir de los recursos podemos encontrar un camino para solucionar muchos de nuestros problemas en la tierra. Pero en este "escenario de compartir", se me ocurre una cuestión importante: Me gustaría conocer la opinión de Maitreya sobre la propiedad privada de las personas. En mi caso específico, mi familia y yo hemos invertido muchos años de dedicación, esfuerzo y trabajo duro para tener una forma de subsistencia honesta y clara, gracias a la cual ahora podemos tener una vida mejor. Estoy absolutamente convencido de que otras muchas personas trabajadoras estarán en esta misma posición. Ciertamente me gustaría

echar una mano a una persona que necesite ayuda, pero no puedo considerar justo compartir el resultado de años de mi trabajo personal con otras personas, simplemente porque esta sea supuestamente la única forma de arreglar este mundo. (Septiembre 1998)

Maitreya no se refiere a la propiedad privada individual sino a las diferencias inaceptables en niveles de vida entre los mundos desarrollados y subdesarrollados, cuyas tensiones amenazan la estabilidad y paz mundial. Esto sólo puede resolverse mediante la aceptación universal de compartir los recursos mundiales.

¿Cómo se mantendrá un libre albedrío generalizado cuando los métodos propuestos en *Share International* parecen implicar una burocracia mundial centralizada? ¿Serán respetados los derechos de aquellos individuos o grupos que escojan no compartir? (Septiembre 2000)

Nada se impondrá sobre la humanidad; nuestro libre albedrío es sacrosanto y nunca será infringido por la Jerarquía. En la práctica, todos los cambios requerirán el libre consentimiento de la mayoría, de otra manera no funcionarían o perdurarían.

Actualmente, los derechos de millones de los pobres del mundo son denegados o pisoteados por las naciones poderosas sin la protesta sobre el libre albedrío por parte de sus ciudadanos.

Hace una década se creó la Comisión Brandt; proporcionó razones convincentes para la causa de un nuevo sistema económico; intentó corregir el desequilibrio de poder del Norte y Sur y fomentó un mejor acceso a los recursos para todos. Parecía muy preciso y con buenos fundamentos; (1) ¿qué ocurrió con esas ideas? (2) ¿Ha habido alguien desde entonces que presentara algo mejor? (3) ¿Conoce *Share International* alguna iniciativa para poner en práctica alguna de las propuestas de la Comisión Brandt? (Enero/Febrero 2000)

(1) La Comisión Brandt fue inspirada por Maitreya en 1977. Las propuestas fueron, desafortunadamente, rechazadas por las principales potencias, en especial por EEUU, Gran Bretaña y las otras naciones europeas, y Japón. Son todavía relevantes y volverán a ser presentadas y recomendadas por Maitreya. (2) No. (3) No.

Hace bien usted en criticar los desequilibrios entre el Primer y el Tercer Mundo. En efecto, debido a las guerras, los regímenes corruptos, las condiciones climáticas adversas, etc., la ayuda resulta

frustrada o imposible de llevar a cabo. ¿Cómo deberíamos tratar esto cuando queremos ayudar? (Enero/Febrero 1999)

Las organizaciones no gubernamentales son todavía de vital importancia a la hora de contribuir a *aliviar* el sufrimiento del Tercer Mundo y por lo tanto precisan donaciones constantes de aquellos que están interesados en ayudar; pero la transformación real – precisamente debido a los desequilibrios mencionados anteriormente – debe proceder de un ataque *global* a la pobreza y el hambre por los esfuerzos conjuntos de los países ricos de Occidente. Es esto lo que Maitreya tratará de inspirar. Los gobiernos actuarán cuando las personas *lo pidan*.

Póliticos

¿Tiene usted la oportunidad de hablar con políticos y científicos – que son las personas en posición de dar el gran salto hacia delante? (Noviembre 1977)

No depende sólo de los políticos y científicos, sino de los incontables millones de mujeres y hombres normales y corrientes que no tienen voz. Maitreya se convertirá en su voz. Él creará a través de ellos una opinión pública mundial que llamará a la justicia, el compartir, y las correctas relaciones en todas las naciones. Esta opinión pública mundial centrada, educada y organizada por Maitreya, creará una fuerza contra la que ningún gobierno del mundo podrá resistir.

Los políticos, la mayoría de los cuales creo que responderán a Maitreya, son de distintas clases, como el resto de las personas. Los políticos actuales, con algunas excepciones, son del pasado, aguantan el status quo. Esperando entre bastidores se encuentran un grupo de hombres y mujeres jóvenes que han estado siendo entrenados por los Maestros desde 1975. Ellos serán elegidos, mediante el proceso democrático, a posiciones de poder e influencia para llevar a cabo las nuevas estructuras, el cambio de dirección, que los Maestros aconsejarán. A través de ellos los Maestros pueden trabajar sin infringir el libre albedrío humano, porque ellos son hombres y mujeres del mundo. Por su evidente altruismo, sentido común y comprensión de los problemas, serán elegidos a posiciones de poder en muchos países (quizás la mayoría de países), posiciones que ahora han ostentado, principalmente, los conservadores del pasado.

¿Cómo podemos compartir nuestros alimentos con las personas que mueren de hambre? En primer lugar, ¿deberíamos empezar a elegir políticos que son de esta misma opinión? (Septiembre 1999)

Sí, yo diría que absolutamente sí. Si un político sabe que sólo conseguirá tu voto si es positivo sobre el proceso de compartir y quiere abogar por él, entonces lo hará porque está interesado en tu voto. Pero si tú le dices: "Bueno, haz lo que quieras", hará lo que querrá. Si tú dices: "Sólo te votaré si estás a favor del principio de compartir con los otros países del mundo", entonces verás que hablará a favor del compartir. Cualquier político dirá: "Bien, no hay votos con el compartir". Nadie abogará por el compartir porque no hay votos en él. Pero si él sabe que la única forma de conseguir vuestro voto es defendiendo el compartir, entonces hablará de ello. Él quiere vuestro voto.

Conflictos étnicos

"Nosotros, vuestros Hermanos Mayores, nunca abogamos por la guerra pero tampoco abogamos por una aceptación inútil del genocidio y la degradación humana; el mundo, hoy, está demasiado lleno de peligros de tal apaciguamiento.

"De ahora en adelante, las naciones deben planear con antelación tales eventualidades, y hacer saber su voluntad de actuar. La llamada sentimentalista por la paz a cualquier precio no es Nuestro camino; el Sendero del Amor también debe ser el Sendero de la Justicia y la Sensatez.

"Surge la pregunta: ¿Cómo proceder para acabar con un trágico episodio en la reciente historia europea? Nada más y nada menos que el completo abandono de este cruel esfuerzo de separación del liderazgo serbio debe ser aceptado bajo el imperio de la ley. De otra manera esta malvada aventura inspirará a otros a emular su ambición y convertirse en una constante amenaza. El regreso de los refugiados y su rehabilitación es la principal prioridad; la reconstrucción de sus aldeas quemadas y saqueadas es una tarea amedrentadora. El pueblo serbio debe cargar con la responsabilidad de las reparaciones necesarias y así, en cierta medida, mitigar su culpa. Enormes préstamos serán necesarios de la Federación Yugoslava para permitirles afrontar estas obligaciones y reconstruir su propia nación destruida por la guerra. Así debe hacerse para hacer ver lo inaceptable de sus ambiciones nacionalistas y la necesidad de abandonar un liderazgo que les ha conducido por tan mal camino." (De 'Una dura lección' por el Maestro —, Share International, Julio/Agosto 1999)

Apreciaría escuchar la opinión de su Maestro sobre el conflicto entre Yugoslavia/OTAN. En el ejemplar de abril 1999 de *Share Internacional*, Él afirma: "Su presente y triunfante habilidad [del hombre] de matar desde lugares separados por continentes pone el sello de su progreso hacia la autodestrucción. La guerra se ha vuelto fría e impersonal: ya no necesita el guerrero contemplar la mirada de terror del rostro de su víctima." Algunos podrían entender esto como una condenación al ataque de la OTAN. Sin embargo, recuerdo que Él fue crítico con los líderes mundiales hace unos años por haber esperado tanto en detener el genocidio en Bosnia. Se agradecería una aclaración. (Mayo 1999)

El artículo del ejemplar de abril 1999 fue escrito a principios de marzo antes de que empezara el bombardeo de la OTAN. En Su artículo, mi Maestro estaba haciendo una afirmación general sobre la naturaleza impersonal de la guerra moderna en términos de misiles nucleares intercontinentales que pueden destruir millones de vidas en cuestión de segundos. En relación a las guerras 'locales', como por ejemplo la que existe ahora en Kosovo y anteriormente en Bosnia, Sus afirmaciones en el artículo de abril no deberían verse como una condenación de los bombardeos de la OTAN.

Los Maestros consideran de máxima importancia que las naciones mantengan la vigilancia del mundo para asegurar un mantenimiento de la paz internacional. Tal como mi Maestro menciona en Su artículo de junio de 1993: "Nada menos garantizará un futuro libre de la amenaza de guerra fratricida. La guerra, hoy, debe declararse ilegal y los instigadores responder ante la Ley. Las naciones deben estar preparadas a imponer la ley y aceptar el precio de la acción. Hasta que la paz verdadera y duradera esté asegurada, un mantenimiento semejante del orden en el mundo permanece como el único recurso."

¿Cuál es el consejo de la Jerarquía para resolver los conflictos étnicos y religiosos como en Kosovo, Bosnia, o entre tribus como en Ruanda? (Enero/Febrero 2000)

Las partes involucradas en el conflicto deben reunirse, discutir, y con un sabio compromiso (de ambas partes) llegar a soluciones que resuelvan el conflicto.

¿Me estoy perdiendo algo? No dejo de escuchar las referencias a los refugiados como 'refugiados válidos o meramente económicos'. Se argumenta que los gobiernos tienen la responsabilidad de proteger y defender, pero la xenofobia está aumentando; el proteccionismo también. Desde luego si la gente está preparada a afrontar peligros terribles, incluso la muerte, precisamente porque son refugiados económicos, entonces el mundo debería considerar su situación y a ellos seriamente. ¿Cuál sería el consejo de la Jerarquía para solucionar esto y otros temas relacionados? (Junio 2000)

¡Abrid las puertas!

Recientemente, 58 inmigrantes chinos ilegales fueron encontrados muertos en el remolque de un camión que entraba en el Reino Unido. Los gobiernos y los ciudadanos de varios países occidentales claramente tienen temor a abrir las puertas y permitir una oleada de extranjeros que podría amenazar el sustento de otros. El factor causante de que las personas estén tan desesperadas como para arriesgarse a una muerte tan terrible aún permanece. ¿Seguramente la apertura de las puertas no es la única solución? (Octubre 2000)

Por supuesto que la 'apertura de puertas' no es la única solución. Se me pidió la opinión del punto de vista de la Jerarquía sobre un tema difícil. La respuesta se encuentra en el principio de compartir. Si los productos de la tierra se distribuyeran de forma más equitativa no existirían incentivos para arriesgar la vida como sucede hoy día. 'Abrid las puertas' significa 'compartid los recursos'.

La industria turística en varios de los países occidentales está exigiendo que los gobiernos locales o los ayuntamientos encuentren una solución al problema de las personas sin hogar y los mendigos. Su presencia, ellos argumentan, tiene un efecto adverso en el mercado turístico y local. ¿Es este un problema que la puesta en práctica del principio de compartir puede resolver? ¿Cómo? Hablar de compartir en referencia a tales problemas es desechado a veces por ser algo utópico e irreal. (Junio 2000)

Un sistema económico más justo es la solución para este creciente problema social. La puesta en práctica del compartir es la única y obvia respuesta.

¿Cuál es la mejor forma de solucionar el problema de la raza? (Julio/Agosto 1997)

Todos se deberían dar cuenta de que, a lo largo de sus experiencias encarnatorias, la mayor parte de las personas han sido miembros de cada raza, color y tradición religiosa. También, en la larga andadura y mezcla entre la humanidad, no existe algo como la raza pura. Cuando las personas vean y acepten realmente estos hechos, y cuando el principio de compartir esté puesto en práctica, el temor a lo extraño, lo extranjero, desaparecerá, y también desaparecerá el odio racial.

¿Es la Comisión para la Verdad y la Reconciliación en Sudáfrica un experimento de correctas relaciones humanas inspirado por la Jerarquía? (2) ¿Es realmente justicia pedir a las familias de las víctimas del apartheid que perdonen las injusticias y los crímenes perpetrados contra ellos? (3) ¿Existe un enfoque mejor para estos casos? (Enero/Febrero 2000)

(1) Sí. (2) Sí. De otra manera, si la animadversión persistiera, nunca habría paz social y bienestar en Sudáfrica. (3) No. Es la recomendación de Maitreya al Sr. Mandela.

Algunas personas dicen que la confusión y el caos del mundo moderno se deben a una conspiración de los judíos. ¿Cuál es su opinión al respecto? (Noviembre 1997)

Esa es una antigua calumnia utilizada una y otra vez por los gobiernos autoritarios para apartar la atención de su pueblo de sus propios defectos, errores y malas acciones. Por su tendencia a la separación, los judíos, a lo largo de los siglos, han sido una buena cabeza de turco y han sufrido infinitas persecuciones como resultado de ello.

Sistema legales

Podría comentar lo que los Maestros piensan del papel del Tribunal Penal Internacional de La Haya, Holanda. (1) ¿Piensan los Maestros que demagogos como Milosevic deberían ser juzgados? (2) ¿Qué tipo de leyes deberían instaurarse para asegurar que el Tribunal no pierda su tiempo en casos menores mientras que los responsables escapan bajo una aparente impunidad? (3) ¿Esta tendencia no mina su validez? (Enero/Febrero 2000)

(1) Sí. (2) Las leyes son adecuadas. Es una cuestión de voluntad política para hacerlas respetar. (3) Por supuesto que sí.

Con el cambio de energía, ¿veremos un cambio en nuestro sistema legal? ¿O llegará el momento en el que ni siquiera necesitaremos un sistema legal? (Septiembre 1999)

En primer lugar, necesitamos un sistema legal. Hay seis mil millones de personas en el mundo y necesitamos tener un sistema legal internacional, el imperio de la ley, sin el cual sólo consigues una anarquía, caos, guerra y todo lo demás.

Los sistemas legales de hoy en día son corruptos, al igual que todos nuestros sistemas lo son en alguna medida, e inevitablemente cambiarán. Como resultado se logrará un mayor equilibrio. Actualmente, existe una ley para los muy ricos y otra para los muy pobres. Esto es tan patente en nuestra lectura diaria de los periódicos y cuando vemos la televisión que algo debe hacerse para cambiar esa estructura. Existe un sistema de castas inherente, por decirlo de alguna manera, en todos los países, en virtud del cual la ley actúa desigualmente para los que tienen influencia, poder y dinero, y los que no tienen nada de ello. La influencia de Maitreya y los Maestros producirá un sentido de juego limpio, de justicia. Si la justicia se desarrolla a nivel económico y político, se infiltrará inevitablemente en cada aspecto de la sociedad, incluyendo el sistema legal, y a esos jueces robustos y gordos, demasiado bien pagados, algunos de los cuales son intachables pero algunos de los cuales son corruptos e injustos en su justicia, tendrán que dar paso a mejores exponentes en este campo.

¿Cuán frecuentes son las votaciones amañadas en las democracias del mundo? (Mayo 1998)

En las democracias antiguas ahora es relativamente escaso. Desgraciadamente, en muchas de las 'democracias' nuevas y aún emergentes no es así; amañar las elecciones está muy extendido.

EEUU en un dilema

Observando las recientes elecciones presidenciales norteamericanas (Noviembre 2000), me pregunto cuán extendido está el fraude electoral en EEUU. Supongo que en EEUU toma una forma más sutil de discriminación, como la forma en que se cuentan los votos o la forma en que los votantes de ciertas comunidades son tratados, etc. Estaría muy agradecido si su Maestro pudiera arrojar un poco de luz sobre esto. (Enero/Febrero 2001)

El fraude electoral no está 'extendido' en EEUU (¡a menos que sea necesario para asegurar una victoria republicana, como fue el caso en Florida!) Muchos trucos y procedimientos adulterados fueron utilizados en Florida para denegar el voto a muchos ciudadanos negros y otros que tradicionalmente votan a demócratas. Y las máquinas de recuento utilizadas en partes de Florida (instaladas en 1960) han demostrado ser inadecuadas y obsoletas. Depende de *todos* los norteamericanos votar y *asegurar de antemano* que el sistema es justo.

Las recientes elecciones presidenciales en EEUU, plagadas de controversia y recursos legales, resultaron con la victoria del candidato del partido conservador republicano George W. Bush, con varios líderes militares en puestos de poder. Estos líderes representan ideas muy contrarias a las prioridades de Maitreya, muchos de nosotros estamos preocupados por este giro de los acontecimientos. ¿Podría comentar el significado de esto? ¿Significa esto un serio contratiempo para la misión de Maitreya, o podría haber posiblemente una razón oculta para este cambio, que podría ser parte del Plan? (Enero/Febrero 2001)

Ciertamente no es parte del Plan; el Sr. Gore en realidad 'ganó' las elecciones. Tampoco creo que sea un contratiempo para la misión de Maitreya. El pueblo americano (el pequeño porcentaje que votó) en realidad votó por el Sr. Gore y la continuación de las políticas de la administración Clinton. Si el Sr. Bush y sus consejeros planean incrementar el poderío militar de EEUU (lo que es probable) indudablemente trastornaría el presente equilibrio de poder. Esto, creo, llevaría a Maitreya a presentarse abiertamente con más rapidez, sea cual sea el estado de las (ya inestables) bolsas.

¿Podría el Maestro decir a cual de los candidatos presidenciales de EEUU la mayoría de votantes de Florida tuvieron la intención de votar cuando emitieron su voto? ¿Ganó Bush las elecciones fraudulentamente? (Enero/Febrero 2001)

Sí, efectivamente. Algunos republicanos piensan que su partido posee el 'derecho Divino' de gobernar y que cualquiera y todos los trucos son válidos para asegurar una victoria republicana. El voto de Florida, si se hubiera dejado que prosiguiera, hubiera demostrado que el Sr. Gore ganó por miles de votos.

Siento que el grupo mayoritario de jueces del Tribunal Supremo de EEUU actuó de forma política, esencialmente decidiendo que George W. Bush fuera el presidente. ¿Diría usted que esto forma parte del proceso de sacar a la superficie la corrupción en el sistema legal de EEUU de tal manera que sea evidente para todos? ¿Podría decir cuán corruptos son los jueces del Tribunal Supremo de EEUU? (Enero/Febrero 2001)

El Tribunal Supremo de EEUU indudablemente actuó de forma política y por tanto mostró con qué facilidad el sistema legal de EEUU puede ser corrupto. Las implicaciones de la pregunta es si esto quizás formó parte de un plan de la Jerarquía o de un proceso esotérico. Este no ha sido el caso. Fue sencillamente corrupción.

Estoy muy preocupado por la actitud retrógrada de George W. Bush hacia la política exterior. Él afirma que Norteamérica no debería involucrarse en los asuntos de otras partes del mundo a menos que interfieran con los intereses norteamericanos. Temo por los efectos que la administración Bush pudiera tener en los asuntos del mundo. ¿Cómo afectará la elección de Bush a la respuesta en EEUU al emerger de Maitreya, cuando éste ocurra? (Enero/Febrero 2001)

No creo que la respuesta al emerger de Maitreya se vea muy afectada. El perdedor ganó y el ganador perdió la elección pero el resultado fue estrecho y sólo un pequeño porcentaje de las personas votaron. No obstante, creo que la 'victoria' de Bush incrementa la tensión en los asuntos del mundo, especialmente si la nueva administración procede con el sistema de defensa antimisiles de 60.000 millones de dólares. Eso asustaría e irritaría tanto a Rusia como a China que son reacios a embarcarse en otra carrera armamentista. Por esa sola razón creo que la victoria de Bush tendrá el efecto de provocar que el emerger de Maitreya sea más temprano que más tarde.

Identidades nacionales

Maitreya ha dicho que la identidad de una persona y una nación es sagrada. Al mismo tiempo, la mezcla de los grupos étnicos en EEUU se considera un experimento de la Jerarquía, mientras que, por otro lado, el desarrollo (cultural) de grupos étnicos en Reino Unido se considera otro experimento para mantener su propia identidad e integridad de grupo. ¿Cómo puede ser que en un caso la identidad de un grupo étnico se pierda gradualmente y se mantenga en el otro caso? (Julio/Agosto 1997)

Esa es la naturaleza misma del experimento que también implica los diversos estados – ahora autónomos – de la antigua Unión Soviética. No es el caso que naciones enteras sean absorbidas en el crisol de EEUU, sino sólo *representantes* de las distintas naciones – principalmente de Europa. Las naciones originales retienen su propia identidad mientras que algo completamente nuevo está poco a poco surgiendo a través de una mezcla racial en los EEUU.

Usted ha dicho que cada nación tiene su propia estructura de rayos y que, según esta, supongo, su propio papel a desempeñar en el Plan evolutivo de la Tierra. (1) Si eso es así, estoy interesado en saber la estructura de rayos de Croacia. (2) Hasta ahora Maitreya no ha realizado ninguna aparición en Croacia. ¿Cuál es su opinión sobre la razón de por qué no, y sabe si va a realizar pronto una aparición? (3) ¿Tienen también las naciones "puntos de evolución"? y si es así, ¿podría darnos algunos ejemplos? (Junio 1999)

(1) Alma 6; personalidad 4; (2) No tengo ninguna opinión al respecto. No lo sé. (3) No, pero ciertas naciones están más evolucionadas (son más antiguas como naciones) y expresan más su energía del alma que otras. En la actualidad estas naciones son Gran Bretaña, Francia y Japón.

[Para los rayos de las naciones, ver La Misión de Maitreya, Tomo I y Tomo II]

¿Podría decirnos la estructura de rayos de Serbia? (Julio/Agosto 1999)

Los rayos de Serbia son 6º rayo de alma y 3er rayo de personalidad.

Maitreya ha dicho que los países de Europa retendrían su individualidad ya que comprende distintos rayos de alma y personalidad para cada país, que manifiesta nuestra individualidad única. (1) ¿Considera Él que el lanzamiento de la nueva moneda afectará a esta indi-

vidualidad de alguna forma? (2) Si no es así, ¿debería Reino Unido unirse ahora a la moneda única? o (3) ¿Hacemos bien en mantenernos al margen de la unión monetaria con el resto de Europa? (Enero/ Febrero 1999)

(1) Sí. La unión monetaria es una idea errónea a pesar de sus evidentes ventajas prácticas. (2) No. (3) Sí.

¿Se está formando una especie de alianza entre el Príncipe Carlos de Inglaterra y el Primer Ministro Tony Blair que quizás actuará como foco para el alma emergente de Gran Bretaña? (Diciembre 1997)

No. Sin embargo, podría ser así con el tiempo. El aspecto alma de cada nación se demuestra a través de los iniciados y discípulos de esa nación. La personalidad, el aspecto inferior, que con el tiempo debería reflejar el aspecto alma de la mayoría de las naciones pero que aún no lo hace, es manifestado por la gran masa de sus habitantes. La cualidad de alma, por lo que concierne a Gran Bretaña, es el aspecto amor del 2º rayo, aunque el 1er rayo de poder ha dominado la vida de la personalidad de este país durante siglos. Ha creado el parlamento – tenemos la 'madre de los parlamentos'; ha creado la historia militarista de Gran Bretaña, la fuerza colonizadora que fue por todo el mundo y acaparó la mayor parte de éste. Repetimos lo que esta nación hizo como romanos. Esta nación es en gran medida una reencarnación de los romanos. No toda persona en Gran Bretaña fue un romano, pero sí la mayor parte de su población actual. Los romanos exploraron el mundo y sus ejércitos lo conquistaron, al igual que Gran Bretaña conquistó el mundo conocido posteriormente. Ellos construyeron carreteras; nosotros construimos ferrocarriles: así es como el mundo se convirtió en lo pequeño e interconectado que es hoy en día.

Durante la 2ª Guerra Mundial vivimos un período en el que hubo grandes líderes, necesarios por las adversidades y traumas sufridos durante la guerra. En este país tuvimos a Churchill, un iniciado de tercer grado (habiendo recorrido tres quintas partes del camino antes de ser un Maestro). En ese momento también estuvo, en EEUU, Roosevelt, cuyo punto de evolución era 2.7; en China, Mao Tse Tung, cuyo punto de evolución era 3.2; y en Yugoslavia Tito, de 2.5. Incluso Hitler era un iniciado de 2º grado: para ser tan efectivo y poderoso como Hitler lo fue tienes que ser un iniciado de algún nivel porque tienes poder si eres iniciado. Las fuerzas del mal, tal como nosotros las llamamos, las fuerzas de la materialidad tal como las llaman los Maestros, pudieron de este modo trabajar a través de Hitler de la forma en que lo hicieron. Hitler fue un médium con una personalidad profundamente malvada.

Los poderes del eje, durante la guerra entre 1939-1945, personificaron la energía que los cristianos todavía esperan que se manifieste, es decir el anticristo. Los cristianos temen que Maitreya pueda ser (y varios así le llaman) el anticristo. Muchos de ellos sí que me creen cuando yo digo que Maitreya está en el mundo, pero tienen miedo porque su interpretación de las escrituras dice que el Cristo sólo puede venir al final del mundo, sobre una nube, a Jerusalén, para "llevárselos". Así que creen que Maitreya debe ser el anticristo. El que "sean llevados " es una afirmación simbólica de la expansión de conciencia, el despertar del Principio Crístico, la manifestación de la naturaleza de Dios en la vida de cada día mediante la reconstrucción de nuestras estructuras políticas, económicas y sociales, necesarias para manifestar nuestra divinidad innata. Nuestra divinidad innata es nuestra humanidad y nosotros no podemos manifestar nuestra humanidad a causa de las corruptas y perversas estructuras políticas y especialmente las económicas con las que nos hemos rodeado hoy en día; estructuras que por su misma naturaleza dividen y separan a las personas. Esa es la naturaleza de las fuerzas del mercado. Benefician a unos pocos a expensas de la mayoría.

Sea cual sea el grado de desarrollo espiritual del Príncipe Carlos y/o Tony Blair, estando entre los líderes de la nación, pueden dar expresión hasta cierto grado a la naturaleza de amor del aspecto alma del país. Esa es una de las razones por las cuales tenemos un gobierno laborista después de 18 años de un mando corrupto y reaccionario que dividió este país y lo convirtió en dos, uno rico, y otro indigente. Las personas aguardan el fin de esta separación, y estoy seguro de que esa es la aspiración de Tony Blair, y la del Príncipe Carlos de estar más cerca del pueblo, servirle.

China

¿Cuál es el destino de China? (Diciembre 1998)

Ningún gobierno de la actualidad perdurará. Todos los países del mundo se encuentran a diversos niveles de desarrollo, pero cuando el Principio de Compartir sea aceptado, lo que es inevitable, y visto como *condición indispensable* para una sociedad progresista, es obvio que el gobierno actual ya no asumirá el control. Maitreya ha dicho que China emergerá como la nación más poderosa – económica pero no militarmente– de Asia. Mi Maestro ha dicho sobre China que ahora se están produciendo muchos y diversos experimentos de naturaleza política/económica. Algunos de ellos, dice Maitreya, son muy poco comunes y particulares para China, pero también arrojan luz sobre las posibilidades para otras naciones; experimentos que Él dice que otras naciones observarán y de los cuales se beneficiarán. El gobierno chino se ha propuesto desde hace años a abrir el país a los mercados mientras a la vez se mantiene a los habitantes bajo un control suficiente como para no cometer el error que los rusos hicieron al abrirlo todo y esperar en un par de semanas que el sistema se transformara. Esta es la calamidad de Rusia, por así decirlo. El entusiasmo revolucionario del 6º rayo de Rusia la ha arrastrado a realizar grandes cambios sin una evolución. Esta evolución lleva tiempo.

En el pasado China ha sido comunista. Ahora se está abriendo más al capitalismo. (Mayo 1998)

Así es, pero emergerá como un estado que será una mezcla de capitalismo y comunismo. China está atravesando una gran fase transitoria y ahí están teniendo lugar muchos experimentos interesantes. Existen nuevos aspectos que en realidad aún no han sido probados anteriormente a esa escala. Los chinos, con una personalidad de 3er rayo, son extremadamente adaptables. Si China no hubiera sido adaptable, no existiría hoy en día. China ha perdurado durante 4.000 años por su adaptación a las circunstancias.

Cuenta con más de 1.000 millones de almas, la mayor población del mundo. Su vecina, India, le sigue con 900 millones de personas, pero no está organizada de la misma forma. Los chinos tienen, aún, el poder disciplinado, organizativo, del régimen comunista, cuando todo se organizaba desde la cúpula (que es lo que hizo derrumbar el experimento ruso).

No obstante, los chinos son mucho más adaptables y menos ideológicos que los rusos, y lo llevan de una forma completamente distinta. Son, con una alma de 1er rayo, de alguna manera implacables en su aplicación de las disciplinas necesarias, pero si la población es de más de 1.000 millones de personas, hay que asumir algunos pasos para limitarla y la economía del país tiene que ser cuidadosamente organizada. Si se empieza desde un nivel muy pobre pero se copia el capitalismo occidental, se tienen que tomar pasos muy pequeños. Eso es lo que ellos han hecho, y ahora emergen con una serie de experimentos que son una mezcla de comunismo y capitalismo.

Maitreya ha dicho: "Un carro necesita dos ruedas. Un carro con una rueda no andará". Una rueda es el capitalismo y la otra es el socialismo o comunismo. Por supuesto no se trata del capitalismo o el comunismo en el sentido clásico sino una mezcla, introduciendo los mejores aspectos de los dos. Los chinos tienen una enorme capacidad para trabajar duro. Muchos tienen dos empleos, y parece que necesitan dormir poco. Ellos conciben el país como una totalidad, la Nueva China. Eso aporta mucho ánimo al trabajo.

Tal como está proyectado, Gran Bretaña devolverá Hong Kong a la China el día 1 de julio de 1997, y Maitreya ha predicho (*Share International*, septiembre 1989) que Hong Kong nunca se convertiría en parte de China; ¿significa esto que Maitreya evitará el traspaso de Hong Kong produciéndose su emerger antes del 1 de julio? (Junio 1997)

No, me temo que no. Dudo mucho de que Maitreya "evite" esta devolución acordada, y cabe esperar que la entrega formal de la isla ocurrirá tal como está planeado. ¿Significa esto que la predicción de Maitreya resultará ser incorrecta? De nuevo, creo que no. Estoy seguro de que lo que El quería decir es que el *estilo de vida* de Hong Kong continuará más o menos como ahora a pesar de que se formalice el retorno de la isla a China. Tal como ha reiterado el gobierno chino, ellos conciben la situación como "Una nación, dos sistemas." Los chinos necesitan mucho a Hong Kong – tal como ahora está – como una ventana al mundo y una fuente importante de divisas fuertes.

El movimiento Falun Gong, que afirma tener 70 millones de adeptos sólo en China, ha sido condenado por considerarlo un "culto pernicioso" por el gobierno chino, y muchos de sus seguidores han sido detenidos y encarcelados. ¿Por qué el gobierno está reaccionando tan virulentamente contra un movimiento que dice estar basado en la filosofía de la Verdad, la Compasión y la Tolerancia? (Abril 2000)

A causa del tamaño y la popularidad del movimiento que distrae la atención de las personas de las metas prácticas del gobierno chino. Las reacciones gubernamentales son complejas pero básicamente considera a este movimiento como una amenaza para sus planes a largo plazo, puramente materialistas, para China.

Falun Gong y sus enseñanzas de respiración profunda, ejercicios vigorosos y una filosofía sacada de las enseñanzas místicas budistas, comienza a expandirse en Occidente. ¿(1) Es un culto peligroso, o (2) ofrece genuinos beneficios físicos, mentales y espirituales? (Abril 2000)

(1) No. (2) Sí.

Crimen y violencia

Los índices de criminalidad han descendido ostensiblemente en Nueva York y Los Angeles. ¿Intervinieron allí los Maestros? (Julio/Agosto 2000)

Estoy seguro de que existen muchos factores relacionados con ello pero en 1975 la vanguardia de los Maestros vino al mundo: cinco Maestros, uno en Nueva York, uno en Londres (no me estoy refiriendo a Maitreya), uno en Ginebra, uno en Darjeeling y uno en Tokio. Estos son los cinco principales centros espirituales del mundo. No me refiero a que sean bellas ciudades espirituales sino que son las principales fuentes de fuerza espiritual del mundo. Luego les siguieron otros dos Maestros, uno en Moscú y uno en Roma. El que está en Roma es el Maestro Jesús. A estos les siguieron otros más, hasta llegar a la cifra actual de 14 Maestros en el mundo. Su presencia no hace descender los índices de criminalidad, pero varias cosas están teniendo lugar.

Maitreya encarna la energía que llamamos Amor, el Principio Crístico, y Él vierte ese Amor en el mundo todo el tiempo, diariamente, en un flujo interminable. Esto tiene un efecto sutil pero muy definido en la forma en que las personas piensan y actúan. Funciona de dos maneras. En la Biblia se le conoce como la "Espada de la División". Él viene como la Espada de la División, no para unir a la gente sino para "enfrentar a hermano contra hermano y padre contra hijo". Esta es una forma simbólica de hablar sobre la energía del Amor que es completamente impersonal. Estimula a todo, lo bueno y lo malo, lo egoísta y lo altruista, todo a la vez. Por ello se necesita un enorme conocimiento y destreza en acción por parte de Maitreya para asegurarse de que lo absorban más personas que puedan utilizarlo altruistamente que aquellos que la utilizarían egoístamente. Es un acto de malabarismo. Estimula a todos, por lo cual el egoísta se vuelve más egoísta y el altruista cada vez más altruista.

De esta forma la elección que la humanidad debe tomar se hace muy clara. Tenemos lo malo, lo egoísta, lo estrecho, lo excluyente, aquello que produce separación y división, los aspectos destructivos de la humanidad. Son estimulados, pero no hasta el punto que impida a aquellos que puedan trabajar de forma más constructiva, más altruistamente, más inclusivamente, lo hagan. La humanidad puede así ver claramente qué acciones conducirán a la catástrofe, a la destrucción total, si continuamos de la forma insana con la que actuamos ahora, en la cual todos salen para ganar la mayor cantidad de dinero en el menor tiempo posible.

Todos quieren de pronto ser millonarios, o si son millonarios, entonces multimillonarios. Todos están atrapados en una especie de histeria de codicia, y tiene lugar en cada nación. Todos sufren del mismo síndrome; y con las fuerzas del mercado acelerándolo aún más, con la comercialización haciendo casi imposible que se pueda vivir de otra forma, hemos llegado a un punto en el que el mundo se encuentra al borde del abismo. O cambiamos totalmente de dirección, o destruiremos toda forma de vida en el planeta. Eso es lo que dirá Maitreya. No disponemos de mucho tiempo para decidirnos. Maitreya dice: "Mi corazón me indica vuestra respuesta, vuestra elección, y se alegra". [Mensaje Nº 11] "El fin es conocido desde el principio", y Él sabe que no ha venido en vano.

Pero debemos saber lo que queremos. Debemos ver muy claramente, con un borde muy definido: ese camino conduce al caos y a la autodestrucción y ese camino conduce a – ¿dónde? La civilización más maravillosa que esta tierra haya conocido jamás. Así es como funciona la Espada de la División; esa es la Energía del Amor. Estamos comenzando a ver sus efectos.

También hay otra energía formidable, la energía de un gran Avatar que adumbra a Maitreya de una forma muy parecida a cómo Maitreya adumbró a Jesús en Palestina. Este Avatar trabaja con la Ley de Acción y Reacción, que, como sabéis, son opuestos e iguales. El efecto de esta energía es cambiar la actual violencia, capacidad destructiva y desarmonía en su opuesto para que entremos en una era de tranquilidad, de equilibrio mental y emocional, en exacta proporción al caos y desarmonía existentes. Esa es ahora la energía más poderosa en el mundo, y es la que está afectando al índice de criminalidad.

Existen otros factores funcionando en la dirección opuesta, porque todo se estimula, el 'lodo' está subiendo a la superficie en donde puede ser eliminado. Es como vuestro inconsciente. Mientras vuestro inconsciente no es consciente, todas las motivaciones inconscientes, de las cuales no tenemos conciencia, llevan a cabo su daño sin que uno sea consciente de porqué hacemos ciertas cosas. Cuando suben a la superficie, uno puede escoger y librarse de ellas. Eso es lo que está ocurriendo.

Niños y violencia

Usted ha dicho que la división es la causa del crimen; aquellos que no tienen nada roban a los que tienen. ¿Cuáles son, pues, las causas de esos crímenes de violencia no provocada que tienen lugar entre nuestros adolescentes y jóvenes, matando y creando confusión, aparentemente por el mero hecho de divertirse? (Marzo 1997)

Todos, sin excepción, están respondiendo a las nuevas y poderosas energías cósmicas que entran en el mundo. Esto tiene un profundo efecto para todas las personas. Si sufres un ligero desequilibrio mental o emocional, no cuesta mucho alterar ese equilibrio y provocar esos aberrantes estallidos de violencia que aparentemente no tienen una causa. Esa es una de las razones del aumento de violencia no provocada por todo el mundo. Las personas están respondiendo a energías poderosas que no pueden controlar, que no pueden aguantar, y a las que no se pueden adaptar. Sus cuerpos mentales/emocionales desequilibrados están sobre-excitados y 'pierden los estribos'. Todos se desequilibran en algún momento: la madre 'pierde los estribos' con sus hijos, y estos sencillamente transmiten la violencia que reciben.

Todos nos deberíamos dar cuenta de la extraordinaria importancia y responsabilidad que es tener hijos y cuidar de ellos. La violencia genera violencia – es inevitable. Todo se transmite: de padre a hijo, de hijo a hijo, etc., a lo largo de los siglos. Existe ya un largo historial de violencia, que consiste en 'enseñarles a los niños buenos modales', o 'enseñarles a cómo comportarse', o sobretodo, 'enseñarles lo que está bien y lo que está mal'. Nosotros les enseñamos lo que está mal si hacemos lo que está mal. Enseñamos a las personas a ser violentas siendo violentas con ellas. Muchos dicen: "En realidad yo no soy violento, no pego a mis hijos. Sólo les doy un bofetón muy de vez en cuando." Ese bofetón, para un niño, es como una afrenta. Es recibir de su padre amoroso una clase de violencia que es inesperada y no provocada desde el punto de vista del niño. Desde el punto de vista del padre o de la madre, los niños estaban haciendo travesuras y merecían lo que recibieron. Este tipo de relación procede de lo que consideraríamos unos antecedentes violentos.

Otra de las causas es que en este país [EEUU] se dispone muy fácilmente de las armas de la violencia. El revólver está en todas partes del mundo, pero en América es como un gran símbolo de libertad personal que se remonta hasta los primeros días de la fundación de este enorme y gran país. Pero existen fantasías hoy en día en relación al revólver. Luego surge el problema de la asociación de los diferentes grupos que poseen armas en contra del resto de la sociedad. Hasta que no se prohiba el revólver y se haga ilegal a gran escala, los niños, adolescentes y jóvenes recurrirán a él cuando 'pierdan los estribos'. Cuanto más fácil sea conseguir revólveres, más posibilidades hay de que se produzcan estos estallidos de violencia.

Las personas me han formulado muchas preguntas sobre la razón por la que los jóvenes son tan problemáticos: ¿por qué no van al colegio, por qué quieren matarse entre ellos, por qué se han vuelto

incontrolables, por qué no llevan el tipo de vida que sus padres desearían? (Mayo 2000)

Nuevas y grandes energías espirituales en gran potencia están entrando en el mundo diariamente. Esto está transformando la conciencia humana incluyendo la conciencia de los jóvenes. Ellos son sensibles. Se perciben como almas en encarnación, y no obstante todo lo que experimentan en su familia, colegio, y en las calles parece ser totalmente materialista. Es contrario a la mismísima naturaleza del alma. El alma es unidad, totalidad, percibir a la humanidad como una. Pero el niño va al colegio para competir con otros niños, para ser el mejor, todo lo contrario a la naturaleza del alma. Los colegios no están allí para preparar a los niños para la vida. Están para preparar a los niños para los negocios. Los negocios han tomado el control de toda la vida. Esa es la razón por la cual los niños no quieren asistir al colegio. Se denomina comercialización.

La educación y la sanidad se administran como si fueran negocios. No son negocios, sino servicios completamente esenciales para los seres humanos en evolución. La comercialización es el mayor peligro actual para nuestra vida. Domina el pensamiento de todas las instituciones, todos los gobiernos, todas las naciones. Maitreya describe la comercialización como algo más peligroso para la humanidad que una bomba atómica. La comercialización está creando en los jóvenes una situación en la cual entran en conflicto con ellos mismos. Perciben a cierto nivel que son un alma, pero la vida alrededor de ellos es todo lo contrario y así están en un conflicto. Están en guerra con ellos mismos, y como una extensión de sí mismos, con la sociedad de la que forman parte. Es importante reconocer este proceso y no simplemente culpar a los jóvenes de no hacer lo que se les dice, o lo que te gustaría que hagan. Esto está sucediendo en todo el mundo desarrollado. Allí donde la comercialización reina sobre todo, la juventud responde de esta manera. Los padres, como los jóvenes, también necesitan una base espiritual para sus vidas. Por espiritual no necesariamente me refiero a religioso. El sendero religioso es sólo uno de los muchos senderos hacia la divinidad. Pero todos los senderos espirituales conducen a la divinidad. La competencia no es espiritual.

Medio Ambiente y Contaminación

"Cada vez más, el estado precario de desequilibrio del planeta, creado por el abuso del hombre, hace sonar una nota de alarma que los hombres ignoran a su riesgo. La misma respiración con la cual viven los hombres está en peligro, el aire, contaminado y envenenado, causa estragos en la vida de millones de personas.

"En esta crisis ha venido Maitreya. El conoce los peligros mejor que ningún hombre. ¿Qué puede hacer Él para ayudar a los hombres para salvarse de más sufrimiento, y para restablecer la plena y vibrante salud del planeta?

"La Ley Kármica controla la naturaleza y el alcance de la ayuda que Él puede dar. Consejo y orientación serán del hombre para los que lo soliciten pero los hombres deben estar preparados a cambiar las presentes formas de vida para asegurar el futuro del planeta y de sus hijos. Los recursos de la Tierra son finitos pero con una buena administración y compartir, son adecuados para las necesidades de todos.

"Los hombres deben, por tanto, redefinir sus necesidades, y entrar en una nueva y verdadera comprensión del significado y del propósito de sus vidas. Esto llegará cuando una medida, incluso, de compartir haya remplazado la presente competencia destructiva, y aleje al hombre del borde del precipicio. La elección la tiene el hombre: compartir y florecer, o continuar con la competencia devastadora y morir juntos.

"Que el hombre escogerá el camino de la Vida no cabe duda – los corazones de los hombres, cuando se ponen a prueba, siempre se muestran íntegros." (De 'La elección la tiene el hombre' por el Maestro —, Share International, Noviembre 1997)

¿La nueva civilización restablecerá el medio ambiente? (Septiembre 1999)

Si no se aborda la destrucción del medio ambiente, en un periodo muy corto de tiempo no habrá ya civilización. No habrá planeta. Probablemente contamos con unos 20 o 30 años para poder restablecer la salud de este planeta. Y de nuevo, la clave de este cambio es la aceptación del principio de compartir. También tenemos que crear una economía sostenible. La economía actual de la que disfruta el mundo desarrollado es completamente insostenible. Si continuamos haciendo lo que hacemos hoy, no habrá más bosques; la contaminación de los ríos, los mares, el aire y la tierra será tan espantosa que las enfermedades van a diezmar a la humanidad. Ya desde el punto de vista de los Maestros, la contaminación es el principal causante de muertes en el mundo.

La contaminación, según los Maestros, ya es el asesino número uno del mundo. Disminuye tanto la actividad del sistema inmune que las personas sucumben a muchas enfermedades como la neumonía, la gripe, el SIDA, el virus VIH, etc. El mismo aire que respiramos, el agua, la tierra, están totalmente contaminados y estamos destruyendo al mismísimo planeta que necesitamos para nuestra continuada existencia y la de nuestros hijos.

Uno de los varios e importantes sucesos que tendrán lugar después del Día de la Declaración será que la humanidad prestará mucha atención a limpiar el medio ambiente y hacer que esta tierra sea viable otra vez. Cada ser humano, tenga la edad que tenga, se verá implicado en este proceso. Tan pronto como se satisfagan las necesidades de los millones de personas que mueren de hambre, tan pronto como el proceso de compartir ya esté en marcha, entonces la atención debe dirigirse al apoyo de nuestros ecosistemas, de lo contrario no habrá planeta.

El mismo Maitreya ha dicho que salvar el medio ambiente debe convertirse en la primera prioridad para *todas* las personas, jóvenes y ancianas. Ya que tenemos que hacer esto para sobrevivir, no tengo ninguna duda de que – con Maitreya y Su grupo de Maestros e iniciados trabajando abiertamente como consejeros – lo haremos.

Nuestros sentimientos y pensamientos interiores – lo que en realidad expresamos – ¿Cómo influencian al mundo? (Diciembre 1998)

Nosotros no estamos separados del mundo. Nuestro sentido de estar separados es una ilusión. A través de la acción de la Ley del Karma – la Ley de Causa y Efecto – cada pensamiento, acción y sentimiento pone en funcionamiento causas, los efectos que surgen de ellos componen nuestras vidas – para bien o para mal. Cuando nuestros pensamientos y sentimientos son positivos, creativos e inofensivos, los efectos son de igual manera positivos e inofensivos. Cuando nuestros pensamientos y acciones son destructivos, no obstante, crean reacciones negativas o karma. Cuando un gran número de personas están atrapadas en estos sentimientos negativos en, por ejemplo, una guerra; cuando el odio y la intolerancia afectan poderosamente a un gran número de personas, el impacto sobre la vida es generalmente muy destructivo. De esta forma incluso influenciamos a los elementales dévicos cuyas acciones controlan las pautas climáticas y las fuerzas naturales como inundaciones, huracanes, terremotos, etc.

¿Podría decir lo que realmente se esconde detrás de las extraordinarias condiciones climáticas actuales? ¿Son realmente el resultado del calentamiento global o existen otros factores involucrados? (Diciembre 2000)

Existen varios factores que actúan simultáneamente: el calentamiento global causado por nuestro uso incorrecto de los recursos; el efecto en la evolución Dévica (o Angélica) responsable de las acciones de la naturaleza, a causa de las formas mentales destructivas de la humanidad. Ya que estamos fuera de equilibrio de esa forma causamos desequilibrio en la evolución Dévica; la deforestación de grandes zonas agrava la tendencia a inundaciones; sobre todo, el calentamiento global causado por el hecho de que la rotación del planeta ha sido aminorada (ver *La Misión de Maitreya, Tomo II*, Capítulo 6) y el planeta ha sido acercado ligeramente al sol. Estos efectos son temporales pero inevitables en la actualidad.

Parecería que los patrones climatológicos mundiales y la actividad sísmica y volcánica son más inestables que en décadas recientes: ¿podría explicar esto por favor? ¿Empeorarán los desastres naturales (inundaciones, terremotos, etc.)? Algunas veces parece mas bien 'bíblicas' las escenas de inundaciones y terremotos que vemos en televisión. (Enero/Febrero 2000)

Estos desastres 'naturales' (frecuentemente causados o inducidos por el hombre) por último cesarán cuando los elementales restablezcan el equilibrio cuando nosotros recobremos nuestro equilibrio por la mayor 'correcta relación' inspirada por Maitreya. Nuevas y elevadas energías están realizando su trabajo benéfico pero lleva tiempo para que lleguen hasta el plano físico.

En el libro *La Misión de Maitreya, Volumen III*, página 101, se dice que el colaborador de Maitreya envió una carta al presidente norteamericano Bill Clinton. En el último párrafo, refiriéndose a Yugoslavia, el colaborador de Maitreya resaltó que las fuerzas que han estallado y se han desatado sobre la humanidad, imponiendo sufrimientos homicidas, "reverberan ahora en grandes terremotos, desastrosas inundaciones y accidentes aéreos. Dejad que vuestros generales y científicos observen y analicen estos acontecimientos". Es interesante darse cuenta de que en el plazo de una semana en septiembre de 1997 seis naves militares estadounidenses han sufrido accidentes; algunas incluso han estallado en el aire. (1) ¿Se deben esas averías, y también esas inundaciones y terremotos, a la falta de decisión de EEUU de involucrarse en la guerra de Yugoslavia? (2) ¿Está Bill Clinton u otra persona del gobierno estadounidense

empezando a "analizar los acontecimientos" de estos accidentes de avión? (Enero/Febrero 1998)

(1) Sí, no sólo EEUU sino también la ONU en general y las naciones europeas en particular. (2) No.

¿Por qué no se hace mención de los cambios o desastres naturales (calentamiento, movimiento de las placas teutónicas, El Niño, erupciones)? Con toda seguridad, si Maitreya fuera el Cristo, Benjamin Creme hubiera incluido algunos párrafos en sus primeros dos libros. Pero no hay ninguno. (Enero/Febrero 1999)

Los desastres naturales y los creados por el hombre abundan, pero las profecías de cataclismos a escala mundial son exageradas. Proceden, a través de médiums, del 5º plano astral – colocados ahí deliberadamente por las 'fuerzas del mal', los Señores de la Materialidad, con el fin de asustar a la humanidad y así contribuir, si es posible, a provocar estas catástrofes mediante la creación de una masiva forma mental de expectación. Estas profecías deberían, por tanto, ser ignoradas y no se les debería dar energía.

Sobre el desastre ecológico ocurrido en España, ¿Cómo puede suceder tal desastre? Es el último lugar de Europa donde existen (quizás ya por poco tiempo) animales poco habituales y bellos ¿Qué significa? ¿Es culpa del hombre o un castigo? Yo aprecio mucho a la humanidad, pero los animales también se merecen respeto y amor. (Julio/Agosto 1998)

Fue enteramente causado por el hombre, como los desastres de vertidos de petróleo. No se trata de un 'castigo', sino sólo el funcionamiento de la ley de Causa y Efecto.

¿Qué es lo que provocó el terremoto de Turquía? ¿Fueron factores kármicos, el resultado de las pruebas nucleares indias y pakistaníes, una liberación de energías acumuladas por la guerra y bombardeos en Yugoslavia, o fue simplemente un movimiento natural y previsto de las placas teutónicas? (Octubre 1999)

Los factores kármicos que tienen que ver con las tensiones civiles en Turquía.

Se dice que los perros aullaron al unísono por toda la ciudad tres veces, la última 24 horas antes de que empezara el terremoto de Turquía. ¿Fue así porque escucharon o sintieron las vibraciones antes del terremoto, o fue intuición? (Octubre 1999)

Escucharon las – para nosotros – vibraciones ultrasónicas que precedieron al terremoto.

Se nos ha dicho que los terremotos siguen de forma natural a las pruebas nucleares. ¿Cuándo podremos ver esto ocurrir en la India? Cualquier otro comentario que pueda hacer sobre las repercusiones de las pruebas sería apreciado. (Septiembre 1998)

No todas las pruebas nucleares dan como resultado terremotos, pero muchas sí, a menudo a muchos miles de kilómetros de distancia del lugar de la prueba. Las recientes pruebas indias fueron la causa directa del terremoto ocurrido en Bolivia, que se siguió inmediatamente después de ellas.

¿Fue el reciente terremoto en Afganistán causado por las pruebas nucleares subterráneas de Pakistán? (Septiembre 1998)

No. Fue una continuación del terremoto que causó tanta destrucción en la misma zona a principios de este año.

(1) ¿Cuál fue la causa del reciente terremoto en Taiwan? (2) ¿Existe alguna conexión entre este y el también reciente terremoto de Turquía? (Noviembre 1999)

(1) Los movimientos naturales de las placas teutónicas de la tierra. (2) No.

Han habido grandes terremotos en todo Japón desde el terremoto de Kobe en enero de 1995. ¿Son advertencias de algo? (Septiembre 1997)

No. Son el resultado de los movimientos naturales de las placas tectónicas de la tierra. Japón, desgraciadamente, está en una zona de terremotos.

(1) ¿Fue la reciente (abril 1999) erupción del Monte Usu en la isla norte (Hokkaido) de Japón causada por una actividad volcánica natural? (2) ¿Qué hay de la erupción más reciente (agosto 2000) del Monte Mihara en la isla Miyakejima ubicada frente a la costa de Tokio? Los residentes de la isla se vieron forzados a evacuarla y no han podido regresar todavía a la isla después de cuatro meses.

(1) No. Maitreya utilizó el Monte Usu para 'desviar' energía que se estaba acumulando en la zona de Tokio y que hubiera resultado muy destructiva. Esto es similar a la ocasión (en mayo de 1998) cuando Maitreya utilizó el Monte Santa Helena en Washington para desviar energías acumuladas que de otra forma hubieran devastado gran parte de California.

(2) La erupción del Monte Mihara, por el contrario, fue una erupción profunda natural.

El medio ambiente del planeta y los Hermanos del Espacio

¿Ha habido alguna interferencia en los asuntos mundiales por parte de los extraterrestres? (Octubre 1998)

Todas las Jerarquías de todos los planetas en este sistema están en mútuo contacto, y todo lo que ocurre en un sentido extraterrestre ocurre bajo Ley. Todos los planetas de nuestro sistema están habitados, pero si fueras a Marte o Venus no verías a nadie porque están en cuerpos físicos de materia etérica, más fina, más sutil, que el gas. Si fueras allí y tuvieras visión etérica los verías tan reales como ellos se ven, pero si no se tiene visión etérica – y la inmensa mayoría de la humanidad aún no la tiene, a pesar de que algunas personas aquí y allí empiezan a experimentar sus inicios – estos planetas parecerían, a todos los efectos, deshabitados.

Existen muchas pruebas por las naves que llamamos ovnis que demuestran que ha habido una vigilancia de este planeta durante muchos años (al menos desde 1945, pero en realidad desde el principio de los tiempos). Esto significa que este planeta se mantiene intacto. Existe una enorme estrella en el espacio que está ejerciendo una 'atracción' magnética de nuestro planeta, y por eso ha habido una mayor incidencia de terremotos en los últimos 180 años.

Lo que nosotros llamamos los "Hermanos del Espacio", los que utilizan los vehículos que llamamos ovnis, que proceden principalmente de Marte y Venus pero también de Júpiter, Mercurio y unos cuantos planetas más, han dispuesto alrededor de nuestro planeta un anillo de luz que lo mantiene en su eje. Nuestro planeta está ligeramente fuera de su eje pero este anillo permite, dentro de los límites del karma, que se mantenga en su lugar para que los polos no se inviertan, que es lo que predicen muchos profetas apocalípticos. No ocurrirá. Nada puede cambiar ese anillo de luz colocado por nuestros Hermanos del Espacio. Sin su ayuda este planeta probablemente estaría en el caos.

Una de las principales actividades de los Hermanos del Espacio es neutralizar la contaminación con la que estamos destruyendo nuestro planeta – causada en su mayor parte por la radiación nuclear que emana de las centrales nucleares de todas partes del mundo. Cada explosión nuclear subterránea libera en la atmósfera un polvo que está totalmente contaminado por radiación nuclear, con una media de vida de miles y miles de años. Dentro de los límites del karma ellos absorben toda la radiación y contaminación posible. También trabajan en el fondo de los océanos y neutralizan los desechos que tiramos en ellos y que, de lo contrario, matarían toda vida marina y envenenarían aún más el planeta.

El planeta está ya contaminado a un extremo que resulta peligroso. La contaminación es el peor causante de todas las enfermedades de la humanidad, y la mayor parte de esa contaminación es por radiación nuclear. El consejo de Maitreya y de los Maestros será cerrar inmediatamente todas las centrales de fisión nuclear del mundo. Podrían sustituirse mañana mismo por un proceso seguro, de fusión nuclear, como medida intermedia antes de la futura Tecnología de la Luz.

Uno de los varios e importantes sucesos que tendrán lugar después del Día de la Declaración será que la humanidad prestará mucha atención a limpiar el medio ambiente y hacer que esta tierra sea viable otra vez. Cada ser humano, tenga la edad que tenga, se verá implicado en este proceso. Tan pronto como se satisfagan las necesidades de los millones de personas que mueren de hambre, tan pronto como el proceso de compartir ya esté en marcha, entonces la atención debe dirigirse al apoyo de nuestros ecosistemas, de lo contrario no habrá planeta.

Uno de los principales factores implicados en la conservación de nuestro ecosistema es nuestros Hermanos del Espacio: tenemos con ellos una deuda enorme. Se cuentan muchas historias en las revistas y periódicos de personas que dicen ser secuestradas, ser objeto de experimentos y de implantes en la piel, etc. Todo eso no es en absoluto cierto. No hay ni un solo ejemplo de este tipo de sucesos. Todas estas historias son el resultado de una imaginación astral enfermiza de personas que *quieren* sentir estas cosas y lo hacen en un sentido astral, que luego describen a otros y por tanto crean ese clima; o del trabajo de ciertas fuerzas negativas en el mundo cuyo objetivo es apartar del público la realidad de la relación extraterrestre con nuestro planeta.

Todos los planetas a nivel Jerárquico están interconectados y todos están en comunicación. Este sistema solar actúa como una *unidad* – no se trata de un planeta y una multitud de planetas muertos. Todos ellos interaccionan con la vida a distintos niveles. Nosotros nos encontramos a un nivel medio; Venus es increíblemente evolucionado en comparación con este planeta, al igual que Júpiter, Mercurio, Saturno y varios otros planetas. Estos *no tienen necesidad* de llevar a cabo experimentos con nosotros; ellos *saben*. Son tan avanzados que pueden crear las naves ovni, hechas de materia etérica. Ellos crean los círculos en las cosechas como forma para darnos a entender, indirectamente, que ellos están aquí – que los

Hermanos del Espacio son reales. Sólo *ellos* pueden crear en espacio de unos segundos, simultáneamente y en varios campos de todo el sur de Inglaterra, círculos increíblemente complejos y bellos. La técnica se programa dentro del vehículo; ellos sólo tienen que permanecer suspendidos en el aire sobre el lugar y en cuestión de segundos el trabajo ya está hecho.

¿Cómo se forman realmente los círculos en las cosechas? (Diciembre 1997)

Los ocupantes de los ovnis visualizan la forma que quieren crear. Con su mente enfocada deciden la forma del círculo – algunas veces añadiendo algo extra, como 'segundos pensamientos'.

Luego hacen descender sus máquinas hasta cerca de la superficie del campo. Utilizando su tecnología, que la hacen funcionar desde sus mentes, se crean los distintos dibujos. Es una combinación de tecnología avanzada y pensamiento; la maquinaria responde a su pensamiento. Todo el proceso tiene lugar en cuestión de segundos, incluso si se trata del dibujo más complicado.

Durante una conversación entre Sai Baba y Su biógrafo, el Dr. Hislop, Sai Baba dijo que los Ovnis están sólo en la imaginación. ¿Podría por favor comentar algo al respecto? (Julio/Agosto 1999)

En primer lugar, no me creo esa afirmación ni por un instante. Creo que eso es lo que el Dr. Hislop creía y, al igual que muchas otras personas, él ha dado una respuesta en boca de Sai Baba que parecería apoyar su propia opinión – aunque no es así.

Creo que Sai Baba sabe, probablemente mejor que nadie en el planeta, la realidad del fenómeno Ovni, pero no es Su trabajo darla a conocer. Si lo fuera, todas las personas que ven a Sai Baba como a un Avatar, que Le ven, como mínimo, como una expresión de la Divinidad en el plano físico o como el Creador del Universo, tomarían su palabra y esta conllevaría una autoridad que Él no quiere otorgarle: infringiría el libre albedrío de aquellos que preguntasen. De igual forma, si le preguntas a Sai Baba: "¿Es Maitreya una persona real y está viviendo en Londres?", también podría decir que todo eso es imaginación. Pero Él trabaja con Maitreya diariamente y sabe perfectamente bien que Él es una realidad y que vive en el mundo; pero no es función de Sai Baba decirlo.

Sai Baba tiene muchos millones de devotos; Su palabra, por tanto, conlleva una enorme autoridad, y si Él dijera de los Ovnis: "Sí; existen; son amistosos; proceden de los otros planetas de nuestro sistema solar," – información que yo sí puedo afirmar que es así – cada uno de estos devotos, y muchos que no lo son, Le creerían. No hay nada de malo en creer, pero eso sería una autoridad impuesta. Los Hermanos del Espacio, que utilizan ovnis, realizan su labor de salvamento, que es su trabajo real en este planeta, de una forma que no infringe nuestro libre albedrío. Ellos dejan pruebas tangenciales de su presencia. Crean los círculos en las cosechas, por ejemplo, en el trigo, que es un cultivo estacional y se tiene que segar. Los funcionarios del gobierno chantajean a los agricultores para que corten el trigo tan pronto como aparezcan los círculos. Esto está ocurriendo en todo el mundo: existe una enorme conspiración internacional contra la revelación de la verdadera naturaleza del fenómeno ovni. Sai Baba sabe con absoluta certeza que esto es cierto. No es Su labor decirlo, así que no lo dice.

Nave espacial ovni

Usted ha dicho que muchos de los hermanos del espacio que visitan nuestro planeta son seres altamente evolucionados – Maestros en la Jerarquía de sus planetas, o en el caso de Venus, son como Dioses. Podrían viajar a cualquier parte por medio del pensamiento. ¿Por qué necesitan, o utilizan, naves espaciales? (Diciembre 1997)

Porque la tecnología de las naves espaciales les permite ayudarnos de muchas y diversas maneras. Muchas de las grandes naves (pueden medir hasta 6 kilómetros de largo) son naves nodrizas, laboratorios, etcétera.

¿Fue la nave espacial que se estrelló cerca de Roswell, Nuevo México, en 1947, una nave de "seres extraterrestres" auténtica, con tripulación extraterrestre? (Septiembre 1997)

Los ocupantes de la nave espacial procedían de Marte. El accidente no fue por casualidad, sino un acto deliberado de sacrificio por parte de cada individuo de la nave. Normalmente estas naves espaciales no pueden estrellarse – están hechas de materia etérica, así que no tienen peso, no pueden ser destruidas. Los ocupantes descendieron deliberadamente el nivel vibracional de la materia hasta el físico denso e hicieron que la nave se estrellara, para que tuviéramos pruebas de la nave y cinco hombres del espacio que pudieran ser estudiados y se viera que eran ciertamente parecidos a los humanos de este planeta, si no idénticos.

Las autoridades americanas han sabido esto durante años, pero por supuesto las pruebas – el vehículo y sus ocupantes, por ser realmente etéricos – se desintegraron rápidamente de vuelta a materia etérica. No obstante, se llevaron a cabo autopsias de los cuerpos y existe una filmación de ello, así que tenemos una gran prueba de que toda esta cuestión de los ovnis es real.

Probablemente se requerirá a Maitreya para que confirme la realidad de estos visitantes del espacio exterior.

Durante la exploración del espacio en 1957, los científicos rusos enviaron a una perra [Laika] al espacio. ¿Qué le sucedió? (Abril 2000)

Los Hermanos del Espacio la rescataron.

En la provincia de Córdoba, Argentina, hay personas que afirman tener contacto físico con los Hermanos del Espacio. También aseguran que la experiencia con ellos no es traumática y que son inofensivos. Pueden hablar con ellos y cuando le preguntan quiénes son, ellos contestan: "Somos nosotros". (1) ¿Son estas experiencias reales? (2) ¿A qué se refieren cuando afirman "somos nosotros"? (Abril 2000)

(1) Sí. (2) Están evitando ser específicos sobre su identidad.

En otra ciudad de la misma provincia, Villa Carlos Paz, Argentina, famosa por sus bellas colinas verdes, existen historias de "plataformas de aterrizaje" para las visitas de los "Hermanos del Espacio". Esto también sucede en las provincias de La Pampa. Allí se espera en la cima de los montes para avistar ovnis y se llevan antorchas de luz para dibujar figuras en el aire para los visitantes – y los Hermanos del Espacio realizan los mismos diseños con sus ovnis. ¿Son estas experiencias reales? (Abril 2000)

Sí.

¿Fueron los Hermanos del Espacio (1) los que dibujaron las líneas en Nazca, Perú, y (2) los que esculpieron las estatuas de la Isla de Pascua? (Abril 2000)

(1) Sí. (2) No.

Seres en otros planetas

¿Cómo evolucionan los seres que no están en cuerpos físicos densos (por ejemplo, en Marte)? ¿Existe algo parecido a nuestra muerte o siempre evolucionan en el mismo estado? (Abril 1997)

Ellos conocen la muerte y la reencarnación como nosotros las conocemos. Sin embargo, los intervalos en la "vida" son mucho más largos que los nuestros y la encarnación es siempre en cuerpos etéricos-físicos.

¿Qué clase de seres viven en el planeta Plutón que es menos evolucionado que el planeta Tierra? (Abril 1997)

¡Seres que no le gustaría encontrar en medio de una noche oscura!

En la retransmisión televisada de los primeros pasos que Neil Armstrong dio en la luna, las imágenes se cortaron durante un período de dos minutos. Los radioaficionados de América dicen que Armstrong y la NASA tuvieron una conversación en un canal privado durante el cual Armstrong informó que había tres ovnis aterrizando cerca de donde él estaba. ¿Tuvieron nuestros Hermanos del Espacio un asiento en primera fila cuando el hombre aterrizó en la luna por primera vez? (Abril 1997)

Sí.

¿Existen otros "artefactos" en la luna (excepto los colocados por la NASA)? (Abril 1997)

No.

El planeta Vulcano fue descubierto por el astrónomo francés Le Verrier, pero los astrónomos actuales rechazan creer en su existencia. ¿Existe todavía este planeta, y si es así, qué función o propósito tiene? (Junio 1998)

El planeta de primer rayo Vulcano era conocido antiguamente y, desde luego, todavía sigue existiendo. Es el más avanzado de todos los planetas de nuestro sistema, aproximándose al final de su sexta 'ronda' (la Tierra está a la mitad de camino de la cuarta ronda).

Está muy próximo al sol, es pequeño, y por estos motivos su luz queda encubierta o tapada por el sol. No es posible especular acerca del propósito de un planeta, excepto proporcionar un entorno para sus Mónadas entrantes.

¿Puede ser que el cometa que se acerca a la tierra sea un portador de buenas nuevas para el planeta Tierra? (Mayo 1997)

La Tierra no es exactamente el planeta más importante en este sistema (ni en cualquier otro), sino que a largo plazo las energías cósmicas distribuidas en todo el espacio por el cometa beneficiarán esta Tierra. ¡Supongo que estas son buenas noticias!

Segunda Parte
El Gran Acercamiento

El Gran Acercamiento

El siguiente artículo es una versión editada de una charla impartida por Benjamin Creme en la Conferencia de Meditación de Transmisión celebrada cerca de San Francisco, EEUU, en julio de 2000.

Mi Maestro ha escrito un gran número de artículos para *Share International* sobre una amplia variedad de temas. Un tema recurrente, como en los Mensajes de Maitreya, es el Gran Acercamiento, el retorno de los Maestros de Sabiduría al mundo cotidiano. Hay muchos artículos en los cuales al menos una parte se dedica a la idea del regreso de los Maestros y lo que significará para la humanidad –la naturaleza, hasta cierto grado, de Su trabajo con los discípulos, y Su papel como guías e instructores.

Hubiera podido escoger quizás 20 o 30 de tales artículos para leer pero eso hubiera requerido una enorme cantidad de tiempo. Así que lo he reducido, pero aún y así hay muchos artículos que en una mayor o menor medida están dedicados a este tema. Mi propósito es leer un artículo, o parte de un artículo, y luego comentarlo, quizás extenderme con más detalles y explicar cosas que podrían no ser aparentes en el artículo mismo. Dada la naturaleza del contenido de los artículos, volveremos una y otra vez, en palabras del Maestro, a las mismas ideas, y quizás una realización más profunda nacerá en ti aparte de cualquier cosa que yo pudiera decir sobre este extraordinario suceso.

Cuando uno piensa sobre ello, el regreso de los Maestros al mundo cotidiano, el Gran Acercamiento, es el suceso más extraordinario que jamás ha tenido lugar porque está sucediendo por primera vez en 98.000 años. Es un acontecimiento culminante no sólo para la humanidad sino también para los mismos Maestros. La mayoría de los Instructores no han vivido abiertamente en el mundo. Han permanecido apartados, algunas veces totalmente solos, otras en pequeños grupos, reuniéndose cada 25 años aproximadamente y luego regresando a Sus retiros. Se han acostumbrado a este forma de vida silenciosa, enfocada, concentrada. Deben renunciar a ello y salir a este mundo cotidiano ruidoso donde 6.000 millones de personas están luchando, discutiendo, investigando, creando, viviendo y muriendo. Todo ello tiene lugar alrededor de Ellos en una situación que es enteramente nueva, escuchando sonidos que nunca han oído.

¿Os podéis imaginar sentados en los Himalayas, los Andes, o las Montañas Rocosas, con un clima maravilloso la mayor parte del tiempo y no viendo más que cielo y bellas formaciones de nubes, oyendo sólo al viento, el sonido de un ciervo que pasa silencioso por un prado de abajo, y la llamada de los pájaros? Existe una comunicación telepática constante pero es silenciosa y Ellos pueden apagarla o sintonizar con ella si lo desean.

Los Maestros tienen que aprender a vivir en el mundo cotidiano que para Ellos tiene que ser extremadamente doloroso. ¿Os podéis imaginar lo que significa para Ellos descender hasta el Sunset Boulevard en Los Angeles bien entrada la noche, y que cada coche que pasa tiene puesta música rap o rock duro a todo volumen? Durante años muchos de Ellos se han estado preparando, realizando salidas al mundo, desplazándose al Bronx, Piccadilly Circus y Times Square. Ellos han presenciado los horrores a los que nos adherimos, con los que convivimos y por los que vivimos, han llegado a conocernos y se han aclimatado a esta cacofonía. Ellos deben ahora asumir esta extraordinaria labor.

Para los Maestros esto tiene que ser algo terrible, para nada un picnic. Pienso que la mayoría de las personas imaginan que el retorno de los Maestros es para Ellos algo relativamente fácil. Ellos no necesitan cuidar del planeta Tierra tan intensamente. Dejan eso para aquellos que no se darán a conocer, pero deben cuidar de Su salud, Su respiración, Su oído interno. Deben someterse a todas las tensiones e impactos de nuestra sociedad discordante y desorientada, en muchos casos por primera vez en cientos de años. Algunos de los Maestros han estado haciendo estas incursiones durante mucho tiempo, por supuesto, y han contactado con discípulos y con varios dignatarios. De esta manera han llegado a saber qué pueden esperar. Pero para muchos de Ellos será obviamente un desafío extremo.

Se han estado preparando durante más de 500 años, al menos mental y psicológicamente, y también aprendiendo a hablar otra vez. Los Maestros no suelen hablar. Utilizan la telepatía como forma normal de comunicación entre Ellos, y también con aquellos discípulos que poseen esa capacidad. Tendrán que formular Sus ideas en palabras, ideas que ayudarán a la humanidad a reorganizarse y cambiar sus condiciones sociales, políticas y económicas.

Tienen obviamente una dura labor por delante, pero estoy seguro de que si llegaras a preguntarle a uno de Ellos, diría: "De cierta manera, no va a ser fácil, pero esperamos con ilusión ese momento". Estoy seguro de que lo esperan con ilusión de la forma que los Maestros, o las personas cercanas a Ellos, esperan con ilusión los desafíos. Tiene que ser un desafío tremendo para Ellos, aún cuando saben que están equipados espiritual y mentalmente para llevar a cabo esta labor trascendental de transformar los modos de vida humana en algo que se asemeje más al Plan de Dios, el modo destinado de vida según el Plan.

Hay incluso más que esto. Si uno da charlas o escribe artículos, uno tiende, por el bien del público, a enfatizar lo que los Maestros harán por la humanidad, qué gran regalo, qué gran experiencia será para la humanidad tener a estos hombres perfeccionados a nuestro servicio. Esta es la forma en que Maitreya lo ha expresado. Muchas personas tienen la idea de que la función de los Maestros es estar al servicio de los hombres y mujeres del mundo.

Con toda seguridad, eso es parte de Su trabajo. Podría no ser la razón por la que Ellos están regresando al mundo, pero al hacerlo Ellos por supuesto asumen la labor de servicio porque no saben hacer otra cosa. Sólo están preocupados por el servicio. Conocen el Plan de evolución –la fuente, alcance y profundidad de ese Plan– por lo que buscan servir al Plan. Su venida al mundo no se realiza con consternación sino con cierto *elán*, una espera con ilusión de un tiempo de serio esfuerzo. El propósito fundamental del regreso de los Maestros, sin embargo, no tiene que ver para nada con la humanidad. Tiene que ver en realidad con la evolución de la Jerarquía Espiritual como un Centro en el planeta Tierra.

La raza humana es el Centro donde la Inteligencia de Dios se manifiesta. La Jerarquía es el Centro donde el Amor de Dios es expresado. Éste se encuentra entre la humanidad y Shamballa, el Centro donde la Voluntad, y por tanto el Propósito, de Dios es conocido. Todo lo que los Maestros hacen está determinado por Su conocimiento del Plan, de la Voluntad, por tanto, de Dios desde Shamballa, y las necesidades del Centro por debajo de Ellos, la raza humana, y a la ulterior unión de estos tres Centros aún separados.

El plan a largo plazo de la voluntad de Dios, el Plan que surge de Shamballa, es que el Centro que denominamos humanidad gradualmente, paso a paso, se sintetice, se implique y forme parte del centro que llamamos la Jerarquía Espiritual. Finalmente estos dos juntos se sintetizarán con el Centro superior, Shamballa, el Centro donde la Voluntad, Propósito y Plan de Dios es conocido y de donde proviene.

Así, aunque los Maestros vienen al mundo con gusto, dispuestos y felices, esperando con ilusión servir a la humanidad de una forma en conjunto más estrecha, la razón fundamental tiene que ver realmente con la evolución de la Jerarquía como un Centro en este planeta, y no con pasar un buen momento sirviéndonos. Ese es un asunto complementario en lo que concierne a este movimiento desde los planos internos hacia el plano físico externo.

Durante más de 500 años los Maestros sabían que tarde o temprano tendría lugar Su regreso. Tarde o temprano Ellos y la humanidad estarían preparados para este suceso extraordinario –la recapitulación por Su parte de Su experiencia de vida como individuos, hombres y mujeres del mundo, que, a través de los mismos pasos que nosotros damos, han evolucionado hasta un punto de perfección que para Ellos podría ser relativo pero que para nosotros es realmente la perfección. No tienen nada más que aprender en el planeta Tierra. Deben volver a representar su experiencia de vida de tal manera que demuestre Su capacidad de funcionar simultáneamente en todos los planos, desde el físico denso hasta el plano espiritual superior que se nos tenga permitido en este planeta, y así demostrar Su preparación para lo que Ellos denominan el Camino de la Evolución Superior, del cual podemos saber poco o nada. Todos los Maestros han completado su labor de perfeccionamiento, pero ahora en formación grupal, deben demostrar Su capacidad de funcionar a voluntad con total control en todos los planos.

Existe un sendero en ese Camino Superior del cual podríamos tener una idea, pero en su mayor parte está más allá de nuestra percepción.

El Sendero del Servicio en la Tierra

Creo que es el único sendero de los siete del cual podríamos imaginarnos algo de él.

El Sendero del Trabajo Magnético

Aquí también podríamos quizás tener tan solo un vislumbre de lo que podría tratarse.

El Sendero de Adiestramiento para Logos Planetario

¿Hay alguien que comprenda de lo que trata? Es sobre el adiestramiento para enalmar un esquema planetario, como parte de un gran sistema solar. Debes adiestrarte para ello. Obviamente, no te levantas una mañana, incluso como Maestro, y afirmas: "Estoy preparado. Creo que podría hacerlo. Quizás no un planeta grande, más bien un pequeño planeta que comienza". Y durante unos cuantos millones de años te sientas en él o cerca del mismo, lo que sea, y lo enalmas. Te sientas e imaginas. Entras en una profunda meditación y entras en contacto con el Logos

Solar de ese sistema solar en particular y le dices: "Bien, ¿qué deseas que haga?" Y Él te delinea Sus planes para ese sistema solar. Él dice: "Bueno, puedes tener ese pequeño y nuevo planeta, y buena suerte, mi niño". Uno no debería bromear sobre estos temas, lo sé, pero están tan alejados de la conciencia humana.

¿Qué significa adiestrarse para Logos Planetario? ¿Qué libros tienes para leer? ¿Existen? No en este plano, estoy seguro. Un Logos Planetario. Eso significa que puedes visualizar todo sobre ese planeta, su relación con el sol y con los demás planetas, y cómo mantener esa relación. A qué velocidad de rotación, vertiginosa o no. Eso es, yo diría, un trabajo a tiempo completo por sí solo.

Luego tienes que visualizar todos los reinos de ese planeta. En primer lugar, debes producir agua. No puedes ir muy lejos sin agua. Muy bonito si tienes montañas, bosques y manantiales de agua que bajan por la montaña, y se ve bien. Es agradable para excursionistas.

Debes crear todos los reinos, comenzando por el inferior. Creas el reino mineral. Debes ser bueno a la hora de escoger joyas. ¿Creas muchos diamantes, zafiros, rubíes? ¿O sencillamente colocas piedras preciosas, de poco valor? Debes tomar todas estas decisiones por ti mismo. Si eres un Logos Planetario, no creo que nadie vaya a enseñarte durante tu etapa de adiestramiento cómo escoger entre una joya y otra. Estoy hablando a gran escala.

Más adelante cuando tengas a la humanidad, debes decidir qué tribus van a vivir en qué áreas en donde haya oro, plata, rubíes o diamantes, para que no necesariamente los extraigan todos de golpe y los compartan. Tendrás un tiempo en el cual lucharán por ellos, y luego tendrás discordia porque desde la desarmonía intentarás crear armonía. ¡No serías un buen Logos si no te hubieras encontrado con unos pocos obstáculos! No deseas que todo sea fácil, todos con todo lo que necesitan diseminado en su jardín de entrada, y simplemente salen fuera y recogen los diamantes si los necesitan.

Debes organizar tu esquema planetario de tal manera que las mayores dificultades se presenten en los diferentes reinos. Para el reino mineral, deberás proporcionar una serie de terremotos y erupciones volcánicas para revolverlo todo. Así el planeta se enfriaría de tal manera que resultaría absolutamente imposible para las generaciones siguientes utilizarlo.

Debes aprender cómo hacerlo de forma correcta, pero no lo conseguirás a la primera. ¿Quién ha conseguido hacer algo de esa magnitud y bien la primera vez que lo intentaron? Estoy seguro de que el adiestramiento es bueno; pero aún y así habrá obstáculos como las erupciones volcánicas y los terremotos de una magnitud que no podemos imaginar.

¿Y qué hay de los dinosaurios? Deberás decidir si habrá o no dinosaurios. ¿Qué será de las posteriores generaciones de niños pequeños? Querrán que hayan existido los dinosaurios como los que han visto en las películas. Un planeta sin dinosaurios no tiene mucho valor, ¿no es así? Querrán esos pequeños juguetes, el Tyrannosaurus Rex y el Pterodactyl volador.

Yo diría que probablemente es el sendero más difícil que cualquier Maestro pudiera escoger como acercamiento. Acabo de preguntar a mi Maestro si está de acuerdo con esto. Él dice: "¡Algo por el estilo!" Dice que gran parte del adiestramiento reside en determinar las dificultades que existen en los presentes sistemas solares, ¡por ejemplo en el nuestro propio! Uno no puede imaginar cómo podría ser tal adiestramiento. Yo diría que la mayor parte del adiestramiento tiene que ver con las matemáticas para mantener a tu planeta en el sitio que debe y no demasiado cerca del sol o de otros planetas. Aprender a conducir con consideración. Mientras diriges a tu planeta alrededor del sistema solar, lo haces de acuerdo a las leyes. Cuando mandan detenerte, te detienes.

El Sendero a Sirio

Ese es un sendero interesante. Este es un sendero que, si tienes un poco de sentido común, pondrías tu nombre allí lo antes posible. Cuando estés llamando a la puerta de la cuarta iniciación, apunta tu nombre rápidamente porque estoy seguro de que muchas personas muy ambiciosas quieren ir a Sirio. Habrá mucha competencia por un puesto. Inténtalo en la tercera iniciación. Quizás incluso es necesario hacerlo entonces porque la humanidad avanza todo el tiempo. Para cuando llegues a la tercera iniciación, quizás descubras que se te han adelantado y ya no quedan plazas en el autobús a Sirio. Si llegas a Sirio, encontrarás que es fantástico. Es absolutamente perfecto. Si buscas la perfección, entonces Sirio es el lugar a escoger.

Somos un sistema solar muy afortunado, no muy evolucionado. No está mal, es un pequeño sistema solar en los confines de la galaxia, no muy avanzado en términos reales. Pero vivimos al lado de uno de los sistemas solares más avanzados de toda la galaxia, uno de los Siete Sistemas Solares Sagrados. Debe ser beneficioso tener como vecino a un Ser así, una entidad tan extraordinaria, uno de los Siete Sistemas Solares Sagrados dentro de cientos de miles de sistemas solares. Nos encontramos al lado de Sirio.

Esa es la razón por la cual tenemos la Ley de Causa y Efecto, la Ley del Karma, por la cual las causas tiene efecto, y los efectos se resuelven en relación a las causas en perfecta simetría. Esa ley es dirigida hacia nosotros desde Sirio. Crea todo lo que conocemos sobre la Tierra, todo sobre la vida, porque es la ley principal que gobierna toda vida sobre este planeta. La Ley de Karma o Causa y Efecto es generada por Seres de Sirio. Esta es una ley que sólo un gran Ser cósmico puede crear.

El Sendero a Sirio significa que cuando se va allí se puede conseguir un progreso espectacular. Si eres realmente ambicioso en el sentido espiritual y quieres avanzar muy rápido, entonces intenta y ve a Sirio porque es muy veloz.

Permitidme poner un ejemplo. En Palestina hace 2.000 años Jesús era un iniciado de cuarto grado. Él tomó la cuarta iniciación en esa vida, que se demostró con la Crucifixión, la Gran Renunciación. Su primo, Juan el Bautista, era entonces un iniciado de tercer grado. Ahora el Maestro Jesús es un iniciado de sexto grado. Juan el Bautista se convirtió en Maestro relativamente pronto y se fue a Sirio. Si Él estuviera en este sistema solar, sería el equivalente a Maitreya, un iniciado de séptimo grado con dos niveles de conciencia cósmica. De hecho Él vendrá aquí dentro de unos 500 años como un avatar de Sirio. Ese es el tipo de evolución que uno puede realizar. Si un Maestro de quinto grado fuera a Sirio, sería como un novicio.

El Sendero del Rayo

Sabemos cosas sobre los rayos pero no sabemos nada sobre el sendero que denominamos el Sendero del Rayo. La capacidad de manejar estas grandes energías eléctricas, los siete rayos, y de distribuirlas científicamente a un nivel cósmico, es extraordinario. Los siete rayos provienen de las siete estrellas de la Osa Mayor. Están enfocadas a través de diversas constelaciones y planetas, y a través de Maestros avanzados del Sendero del Rayo que manipulan estas grandes energías de tal manera para crear todo lo que tenemos en nuestro sistema solar. Eso es, en pocas palabras, el trabajo del Maestro que escoge el Sendero del Rayo.

El Sendero en el que el Logos Mismo está

¿Cuál sería ese? Yo no sé como es el Logos, tú no sabes en que sendero se encuentra. Supongo que sólo puedes entrar en ese sendero si posees conciencia de logos. Maitreya es una Vida Planetaria así, que Él debería conocer los planes del Logos. Ese sendero se adapta a ti para ese tipo de conciencia, cualquiera que sea.

El Sendero de la Filiación Absoluta

Ese es el sendero que te conduce a ser un Cristo. El Hijo Absoluto es Aquel que puede encarnar el Principio Crístico, el Principio de Dios el Hijo. En nuestro planeta ese es el Señor Maitreya, y Él, por tanto, está en el Sendero de la Filiación Absoluta. Él es un Cristo, y ese sendero le conducirá finalmente a ser el Cristo Cósmico. Uno no cambia de sendero. Una vez que eres un Cristo, no vas al Sendero del Rayo o al Sendero de Adiestramiento para Logos Planetario. Continúas y te conviertes en una mayor manifestación de aquello que ya eres, el Cristo, el Hijo, y finalmente el Cristo Cósmico.

Maitreya vivirá en este planeta durante los próximos 2.500 años y luego continuará hacia un trabajo superior en el sistema. Al final de este esquema planetario, al final de todo el trabajo que nuestro Logos planetario ha programado, cuando todo se haya logrado y perfeccionado, Maitreya regresará. Es esa idea, que fue mencionada por Madame Blavatsky, que permite a algunos teósofos poco informados, seguidores de Blavatsky, creer que no es posible que Maitreya venga al mundo hasta ese momento. (Están poco informados porque no es incorrecto; es sólo parte de la verdad.) Eso es dentro de un tiempo tan desmesuradamente lejano, millones de años, que ese momento es pospuesto en sus mentes. Ellos piensan que no puede ser que Maitreya pueda estar en el mundo porque descartan completamente Su plan de venir Él mismo al principio de la Era de Acuario a la cabeza de Su grupo, los Maestros de Sabiduría. Como uno de los tres Grandes Señores, los Señores de la Compasión, Maitreya viene a conducir a Su grupo de regreso al mundo y llevar a la humanidad a un viaje de perfeccionamiento paralelo al de los Maestros. Los Maestros ayudan a la humanidad a convertirse en discípulos en los que finalmente todos nos convertiremos. Aquellos que ya son discípulos ascienden más. Algunos se convertirán en Maestros, algunos en iniciados de cuarto, tercer o segundo grado.

Un extraordinario suceso está en perspectiva para esta era. Aproximadamente en la primera mitad de esta era, el Principio Crístico será despertado en los corazones de tantas personas, literalmente millones, que la humanidad pasará *en masa* la primera iniciación, el 'nacimiento del Cristo en la cavidad del corazón'. Ese nacimiento, que se simboliza con el nacimiento de Jesús en Belén, la Casa del Pan, será la experiencia física real en plena conciencia en el plano físico para millones de seres humanos que ahora se están acercando a la primera iniciación. Varios millones de personas se encuentran en el umbral de esta gran experiencia culminante, no sólo para el individuo sino para la humanidad, el discípulo mundial. Por lo que respecta a la humanidad, eso es realmente lo que significa el regreso del Cristo.

Desde que trabajo públicamente, ha habido varios grupos que han afirmado que el Cristo no vendrá al mundo. Ellos creen que el nacimiento del Cristo es la manifestación del Principio o Conciencia Crística, y que sólo eso se necesita y provocará el gran cambio de conciencia en la humanidad. Eso no es del todo incorrecto. La verdadera reaparición del Cristo es el nacimiento del Principio Crístico en el corazón de la humanidad (el corazón en el lado derecho del pecho). Pero, por supuesto, eso ocurrirá finalmente *porque* el Cristo está realmente entre nosotros como un hombre físico.

Esto es extremadamente importante. La reaparición del Cristo en relación a la humanidad trata fundamentalmente del nacimiento del Principio Crístico en los corazones de toda la humanidad. Eso despierta el aspecto del amor, y por tanto del compartir y la justicia, correctas relaciones en otras palabras, está garantizado en esta era venidera. Las correctas relaciones no suceden por sí mismas. La humanidad debe hacer que ocurra. El despertar por Maitreya del Principio Crístico en los corazones de toda la humanidad es el método por el cual Su principal labor, que es en el plano astral, se lleva a cabo. Esto impulsará la respuesta del corazón de la humanidad y les despertará no sólo a la necesidad de fraternidad sino también a la expresión verdadera de la fraternidad, y por tanto de compartir, justicia, paz y libertad para todas las personas en cualquier lugar. Esto mostrará la realidad de la identidad de todos los individuos como Hijos de Dios potenciales, con iguales derechos al amor y la protección de Dios, y los dones de Dios, que son el alimento, las materias primas, la tecnología y todo lo que damos por hecho en el mundo desarrollado pero que tanto hace falta en el mundo en desarrollo. Cuando el Principio Crístico sea despertado suficientemente en los corazones de toda la humanidad, una tremenda transformación comenzará a tener lugar.

Dejadme leer unos trozos de los comentarios muchos más elocuentes de mi Maestro sobre este tema para alcanzar una comprensión más profunda de los tremendos sucesos que están teniendo lugar. Este artículo se titula 'El Día del Destino'.

El Día del Destino

"Existe una creciente evidencia, en los cambios que ahora están teniendo lugar a un ritmo acelerado, de que alguna fuerza (o fuerzas) guía el destino del mundo. Pocos pueden creer que las históricas transforma-

ciones, el aumento en la aspiración de libertad y participación de las que ahora somos testigos a una escala masiva, sean el resultado de una mera coincidencia y no tengan una causa interna. Pocos negarían que la velocidad por sí sola de estos cambios decisivos sugiera otra cosa, apunta a la creciente conciencia despierta de millones de que su día del destino ha llegado, y de que el poder, a partir de ahora, descansa en las personas y debe ser ejercido por su bien. Una nueva sensibilidad a las energías se está manifestando hoy, y es en nuevas y poderosas energías, científicamente mezcladas y dirigidas, en las que debemos buscar el origen de los sucesos externos; el estímulo energético precede al cambio, siempre y en todas partes.

"¿De dónde vienen estas energías y quién las dirige? Los estudiantes de la Enseñanza de Sabiduría sabrán que detrás de todos los acontecimientos externos está la Jerarquía Espiritual de Maestros bajo el liderazgo del Cristo. Son Ellos, en Su Sabiduría, quienes guían los destinos del mundo y gobiernan las energías y fuerzas que producen todo cambio. Suya es la labor de vigilar la actual situación climática mundial y de asegurar que del caos prevalezcan la armonía y el equilibrio.

"Mucho se ha escrito acerca de los Maestros y Su trabajo; mucho más, por ahora, espera aclaración. No todo lo que está escrito y se ha enseñado tiene el sello de la Verdad, pero, no obstante, un gran número hoy conoce Su existencia, reconocen Su divinidad, y les piden Su orientación y socorro. Buscan Su inspiración y valoran Su consejo.

"Se acerca rápidamente el momento cuando los mismos Maestros hagan Su aparición y, dispersando las nubes de la superstición y duda, se revelarán como hombres normales y humanos, aunque divinos y perfectos. El mundo espera la aparición del Cristo, y, pronto, las expectativas de incontables individuos se cumplirán. Su misión ya ha comenzado; los cambios que ocurren rápidamente atestiguan Su presencia. Las señales están ahí para que todos las vean, no sólo para los que disciernen, sino para aquellos que necesitan oír un trueno para sentir la tormenta.

"Pronto, los preparativos finales para Su emerger estarán en su sitio, esperando a los acontecimientos externos que deben preceder a Su declaración. Dignatarios de todo el mundo esperan Su llamada, preparados para revelar la propia experiencia de Su bendición. Muchos que ya Le conocen están preparados para hablar. De todas las naciones y pueblos vendrán los representantes de cada uno, ansiosos de añadir su voz a los hosannas de estima.

"La labor de Maitreya no ha hecho más que empezar sin embargo las naciones ya se libran del dominio del pasado. ¿Qué puede imaginarse entonces cuando Él esté en plena visión ante el mundo, Su enseñanza y consejo elevando los corazones y mentes de todos?" (Share International, Enero 1990)

La Nueva Revelación

"Siempre que el hombre se encuentra en una encrucijada, como actualmente lo está, se convierte en el receptor de una estrecha atención y ayuda de aquel grupo de Hermanos Mayores, la Jerarquía Espiritual, que, desde tiempos antiguos, ha protegido su bienestar y progreso.

"Así ocurre ahora mientras esperamos las formulaciones de las estructuras de la nueva era. Para ayudar y guiar al hombre en sus deliberaciones, los Maestros ocupan Sus puestos en las ciudades del mundo. Desconocidos, hasta ahora, para todos menos unos pocos, Ellos representan lo más elevado que el hombre puede alcanzar en este planeta: una perfecta expresión de la naturaleza del Amor de Dios, una conciencia y control de todos los planos y un conocimiento, probado y demostrado por una larga experiencia, del Plan de Evolución y el proceso de su ejecución.

"Nunca antes en la larga historia del hombre han sido las posibilidades para un avance rápido tan grandes. Nunca antes, en tal número, han habitado los Maestros entre los hombres. Esto en sí es extraordinario; presupone grandes cambios, que ya están ocurriendo y todavía están por venirShare International, Marzo 1988)

¿Podéis imaginaros cuando los Maestros estén realmente trabajando abiertamente, conocidos por lo que son y aconsejando a los líderes del mundo, los principales hombres de estado, profesores, educadores, los grandes financieros y administradores? Podéis imaginaros el efecto que el consejo de los Maestros tendrá en estos hombres y mujeres, capacitados en sus propias profesiones específicas, con toda la experiencia en la punta de sus dedos, aunque a veces una experiencia que ha conducido al mundo hasta el mismo borde de un precipicio. Esa experiencia se convertirá en bien, para las necesidades de toda la humanidad, y mostrará una perspicacia, una claridad y capacidad tecnológica que rápidamente, si lo deseamos, transformará el mundo.

Lo único que lo mantendrá en su lugar somos nosotros. Somos los que determinamos el ritmo de transformación. Si lo deseamos rápido, será rápido. Si queremos frenarlo, lo frenaremos. Los Maestros no nos presionarán. Ellos sencillamente nos presentarán la información y la orientación y dejarán que la opinión pública mundial decida qué camino tomar y a qué ritmo. De esta manera, el libre albedrío de la humanidad nunca será infringido. Ese es el plan. Esa es la forma en que los Maestros siempre han trabajado, pero ahora lo harán abiertamente.

Tan abiertamente que las personas comenzarán a dirigirse a Ellos para recibir respuestas a cada problema (al igual que las personas se dirigen a mí para preguntar a mi Maestro por respuestas a cada problema, ya sea personal o que tenga que ver con su grupo. ¿Si tienen que buscar un nuevo trabajo o no? ¿Si deben abandonar esa casa? ¿Están en el sitio que deberían estar? ¿Qué pienso de este libro? ¿Es auténtico, deberían comprarlo? La gente formula estas preguntas sabiendo en sus corazones que no son preguntas para Maestros. Los Maestros no tienen tiempo ni interés en contestar tales preguntas. Para ser honesto, tampoco yo.)

La nueva revelación, continuación

"El principal entre estos cambios es la disposición de los hombres para la nueva revelación. La sed de conocimiento ha llevado al hombre hasta la puerta del conocimiento ilimitado. Más allá de esa puerta, el hombre siente, se encuentra un tesoro de misterios por resolver, mundos de significado para conquistar, visiones de belleza para experimentar y conocer. El hombre comienza a cuestionarse el propósito de su existencia "y a buscar medios por los cuales se pueda cumplir ese propósito.

Así es en el amanecer de la nueva era. Como siempre en semejantes momentos, el hombre se acerca a la vida con una reverencia más profunda, sintiendo su base espiritual, y levanta sus ojos y su corazón hacia aquellos reinos desde donde surge toda revelación, invocando así la revelación que anhela.

"'Dios obra', dice el refrán, 'de forma misteriosa.' Sin embargo siempre ese misterio está abierto a la interpretación y la comprensión. Era tras era, se han revelado los misterios; nuevas percepciones han abierto la puerta a mayor conocimiento y una nueva luz ha entrado en las mentes de los hombres.

"Hoy, una nueva gran luz está despertando a la humanidad a su propósito y destino. Ese brillante esplendor revelará a los hombres el Propósito que subyace a la Voluntad de Dios, e impulsará a la humanidad hacia la creación de aquellas relaciones y formas que servirán para demostrar ese Propósito en toda su belleza y poder.

"Un tiempo semejante a éste rara vez ha existido. El hombre está en el umbral de una nueva comprensión de sí mismo y de aquellas fuerzas que

se encuentran detrás de todas las apariencias. Pronto sabrá, más allá de toda contradicción, que Dios existe, y que el hombre es Dios."

El Plan no es una vaga idea cósmica en la mente de una gran entidad cósmica, sino algo que tiene una relevancia exacta para nuestras vidas. Tiene que ver con correctas relaciones humanas, y por tanto con política, economía, religión, ciencia y educación, y si los pobres tienen lo suficiente para comer, si hay demasiados pobres y demasiados ricos, y si la brecha entre ellos es demasiado grande.

Todo eso es parte del Plan de Dios. El Plan de Dios no es un conjunto de normas que deben obedecerse, sino ideas que en ellas guardan una belleza interna, una relevancia interna porque constituyen el mismo corazón de la base espiritual de nuestras vidas. Cuando apuntamos hacia correctas relaciones, automáticamente creamos estructuras –políticas, económicas y sociales– que permitan que ello tenga lugar. No sucede en abstracto; debe funcionar en el mundo denso físico. Por tanto necesitamos conexiones entre nosotros. Estas conexiones podrían ser de ideas, planes y esperanzas, pero son conexiones porque las relaciones crean conexiones. No estamos separados. Esta es la realidad de la condición humana tanto si nos percatamos de ello como si no. Si no estamos separados entonces estamos todos conectados.

Estas conexiones tienen lugar en todos los diferentes departamentos de la vida, en la forma en que vivimos nuestras vidas. Tanto si vivimos en la ciudad o en el campo, lo hacemos de una forma que nos relaciona con otras personas. Eso podría significar muchas personas o muy pocas, pero en un sentido planetario estamos relacionados con cada persona del planeta. Actualmente hay 6.000 millones de persona encarnadas con las cuales estamos relacionados consciente o inconscientemente. (Con el tiempo habrá menos, entre 3.500 y 4.000 como el número ideal para el planeta Tierra.)

No puedes estar relacionado conscientemente con cada individuo en el mundo en cada momento del día, ni siquiera por radio, televisión e internet. A causa de las diferentes estructuras de rayo que poseen las naciones, encuentran más fácil, o menos, vivir juntos en armonía y por tanto en paz. Las relaciones estrechas son necesarias para asegurar de que prevalezca la armonía y la paz en lugar de lo opuesto.

Las correctas relaciones humanas tienen lugar cuando reconocemos que somos uno. Es la necesidad fundamental de toda la humanidad comprender que la raza humana es un grupo, diferentes colores, diferentes trasfondos e historias, pero un solo grupo que surge de la misma fuente, todas almas en encarnación. Como almas somos divinas y perfectas, y en un viaje evolutivo para demostrar esa perfección.

Ya que somos almas en encarnación, todo lo que hacemos, en última instancia, es el resultado de ser un alma. Si está en línea con el Plan de Dios para la evolución de la humanidad, entonces todo lo que hagamos como almas será correcto para ese individuo y para su entorno, que comprende a todo y a todos los demás, tanto en términos del planeta como de todas las criaturas del mismo. En este momento, por supuesto, éste no es el caso.

La humanidad lamentablemente carece de todos los modos de conducta requeridos: en relación al prójimo; a lo que llamamos Dios, al propósito de nuestras vidas; y en relación a los reinos inferiores como el reino animal, mucho del cual abusamos y matamos sin ninguna buena razón y les forzamos a llevar vidas horribles y contra natura; el reino vegetal, la mismísima sustancia del planeta donde vivimos, que contaminamos y destruimos hasta que en unos relativamente pocos años será imposible vivir en el planeta Tierra a menos que cambiemos de rumbo.

La venida al mundo de los Maestros es una señal de que Ellos tienen algo que darnos, de que tenemos algo que aprender, y de que Ellos vienen a tiempo para apartarnos del peligro de la autodestrucción. Podemos destruirnos en la guerra o por saquear nuestro planeta que ya no puede mantener la vida humana e infrahumana si continuamos con las formas actuales.

El Plan

"Paso a paso y etapa tras etapa, la humanidad está consiguiendo un grado de Unidad. Cada día que pasa trae un nuevo atisbo o acontecimiento que resalta este proceso y muestra concluyentemente que el Plan se está desarrollando.

"El Plan del que hablo encarna los Propósitos de Aquel que llamamos Dios y centra Su intención para todos los reinos de la Creación. Nadie puede conocer, en su integridad, los múltiples aspectos de este Proyecto de Evolución, pero el trazado general, al menos, ha sido desde hace mucho la ocupación y el servicio privilegiado de la Jerarquía Espiritual bajo el liderazgo del Cristo. Con los muchos aspectos de este Plan Ellos trabajan a diario, buscando inspirar, a través de la humanidad, su cumplimiento gradual.

"El momento ha llegado para que la humanidad penetre más profundamente en el conocimiento del Plan, y de esta manera, con plena concien-

cia, evolucione de acuerdo con la Voluntad de Dios. Donde la voluntad del hombre y la Voluntad de Dios coinciden, todo procede normalmente y bien. Cuando falta esta consonancia todo tipo de enfermedades afligen al hombre, cada una engendrada por él mismo. Así se puede decir verdaderamente que el hombre crea su propio destino; sus vacilaciones y temores son suyos, su sufrimiento es autocreado.

"Hoy, el Plan se desenvuelve a un ritmo sin precedentes. Los milagros del cambio están ocurriendo a una escala global, confundiendo las esperanzas de aquellos que para siempre dominarían a los pueblos, manteniéndolos sumisos a un malvado enemigo. Nuevas energías saturan al mundo, despertando al hombre a nuevas posibilidades y relaciones. Nuevas enseñanzas e instructores se presentan a los hombres, cada uno a su propia manera iluminando una hebra del complejo patrón del Plan.

Así el Plan obra a través de la mutación y el cambio, conduciendo todo gradualmente al objetivo previsto. Dondequiera que los hombres pongan su mirada hoy pueden ser testigos de este acontecimiento; un paroxismo del cambio sumerge al mundo.

"La labor de la atenta Fraternidad es supervisar estos cambios y mantenerlos legítimamente dentro de los confines del Plan. Así los Maestros trabajan, relacionando el Plan a las posibilidades presentadas por los hombres.

Cada paso hacia la síntesis dado por los hombres proporciona una oportunidad para una nueva revelación bajo ley. Así los hombres, por sí mismos, controlan el progreso del Plan." (Share International, Abril 1989)

"La labor de la atenta Fraternidad es supervisar estos cambios y mantenerlos legítimamente dentro de los confines del Plan". La gente no comprende realmente lo que significa y cuán importante es. Existen actualmente dos grandes fuerzas en el mundo. Las fuerzas conservadoras y reaccionarias están respondiendo y son los exponentes de la energía pisciana de los últimos 2.000 años que ha creado las divisiones y las separaciones que son tan evidentes ahora. Son idealistas en exceso y profundamente enraizadas en su propia interpretación individual de esa visión idealista. Las fuerzas más progresistas son los que miran hacia adelante, respondiendo al cambio, buscando nuevas formas, nuevas maneras de pensar y relacionarse. Tienden a ser personas jóvenes, pero no necesariamente. Existen muchas personas mayores que son jóvenes en el corazón y vanguardistas; muchos de los jóvenes son personas mayores antes de quitarse sus pantalones cortos.

Si las fuerzas del progreso siguieran, con demasiado ímpetu, su deseo por el cambio, arrasarían con todo, tanto bueno como malo, que existe en la actualidad. Al principio de cada nueva era este proceso tiene lugar, porque las viejas energías están menguando, las estructuras están cristalizadas e inevitablemente comienzan a desmoronarse. Los conservadores quieren mantener esas estructuras en pie, las partes buenas como también las malas, y se resisten al cambio todo cuanto pueden. No todas las estructuras son malas sencillamente porque vienen del pasado. Debemos mantener lo mejor del pasado y construir lo nuevo sobre ello.

Si se las dejara solas, habría muchas fuerzas progresistas que destruirían todo a su paso, todo lo que se resista a sus ideales. Pueden estar tan fanáticamente imbuidas con el ideal de cambio, y la forma en que ese cambio tiene que suceder, como los intransigentes que se aferran a las viejas estructuras, como sea, impidiendo cualquier tipo de reconstrucción o regeneración. Así que la Jerarquía debe supervisar y equilibrar este proceso.

Grandes ideas divinas –fraternidad, igualdad, compartir, liberación y libertad– han impulsado a las personas desde que fueran enunciadas claramente en la Revolución Francesa, un suceso que fue inspirado por los Maestros. Estas ideas, por supuesto, fueron enunciadas con algo de antelación, por ejemplo en los tiempos griegos con el nacimiento de un tipo de democracia. Pero de una forma muy poderosa encendieron en Francia la idea de la libertad humana individual. Esto también se respiró mucho en Norteamérica y fue seguido de cerca. Hubo muchos contactos entre el gobierno norteamericano y el francés.

Si los Maestros no hubieran intervenido, como lo hacen en muchas ocasiones, hubiera habido un baño de sangre incluso mayor en Francia a causa de la revolución. Como sucedió, hubo un extraordinario derramamiento de sangre. Esos maravillosos ideales de fraternidad, libertad, justicia, compartir e igualdad se fueron 'por el desagüe'. También lo hizo la sangre de miles de personas. Fue como si todo el dolor y el sufrimiento de las clases bajas hubiera sido liberado, y se dejó que se demostrara la meta de matar a todos los que, ellos pensaban, habían obstaculizado su camino y les habían oprimido. Fue una gran venganza sumarial que influenció profundamente a Europa y Norteamérica.

Lo mismo ocurrió en la Revolución Rusa cuando la Jerarquía tuvo que intervenir para evitar un baño de sangre similar. Muchos aristócratas, hombres de gran riqueza y poder, fueron asesinados. Nuevamente, esto fue el levantamiento del pueblo, que permitió que su odio y sentido de injusticia reprimido se desbordara en violencia, barriéndolo todo en su ideal por lo nuevo, la nueva fraternidad y justicia. Por supuesto, no funcionó. No hubo más fraternidad o justicia que en la Revolución Francesa. Sin embargo, estas revoluciones dejaron a la humanidad con las formas mentales de libertad, fraternidad, igualdad, compartir y una mejor relación entre las personas de cualquier país.

La Jerarquía intervino nuevamente en la Guerra Civil Norteamericana. Esa guerra fue un asunto espantoso en el cual los hermanos pelearon entre ellos, los primos hicieron lo mismo, y las personas lucharon con aquellos que vivían en el otro lado del campo. Cientos de miles de personas murieron porque vestían un uniforme de un color específico. La Guerra Civil fue devastadora y aún tiene un profundo efecto en la psique de Norteamérica. Es una enfermedad que nunca se marchó, y Norteamérica desde ese punto de vista todavía sigue siendo una nación profundamente dividida. La Jerarquía tuvo que intervenir y limitar la matanza a un mínimo.

De esta manera los Maestros evitan un mayor arrebato de odio y violencia e impulsan hacia adelante el Plan de una forma razonable.

El Plan, continuación

"Entrando en nuestra vida hoy existen fuerzas enteramente nuevas, anunciando una civilización basada en la Fraternidad y el Amor. Estas fuerzas igualmente anuncian la vuelta del Cristo entre los hombres, aceptando el reto como Instructor para el nuevo tiempo. Trabajando con pleno conocimiento del Plan, Su labor es la de llevar a la humanidad en la dirección de su destino establecido: el cumplimiento de la Voluntad de Dios para la perfección de todos los hombres.

"Así trabaja actualmente el Cristo para completar Su labor como el Gran Mediador, el Representante y Conocedor de Dios."

Pienso que la gente no es muy consciente de la precisa relación científica de cómo vivimos, de la relación entre nosotros y las naciones, si tenemos paz o guerra, y que tiene que ver eso con el Plan o la Voluntad de Dios. Ellos no ven la conexión. Para comenzar, la mayoría de personas no saben que existe un Plan, y que es el resultado de la Voluntad, el Propósito de Dios. Ellos no ven a Dios, ¿así que cómo pueden conocer sobre un propósito? No ven a los Custodios del Plan, pero de ahora en adelante lo harán. Desde ahora, los Custodios del Plan, los Maestros de Sabiduría y uno de los Señores de la Compasión vivirán abiertamente en el mundo, accesibles a todas las personas para Su consejo y adiestramiento, y Su iluminado punto de vista no sólo del Plan mismo sino también de los procedimientos que ayudarán a la humanidad a llevar a cabo el Plan en el plano exterior físico.

Estamos atravesando una crisis espiritual: no sabemos quiénes somos; no conocemos nuestra divinidad; no sabemos porqué estamos aquí o nuestra relación con lo que llamamos Dios. Decimos: "¿Si existen guerras y niños mueren de cáncer, cómo puede existir un Dios?" Como si las guerras fueran creadas por Dios. No decimos: "Si hay guerras, y los niños mueren de cáncer, no estamos llevando a cabo la Voluntad de Dios". Eso es decir algo completamente diferente. No es la Voluntad de Dios. Dios crea condiciones perfectas y nosotros las destruimos.

Cuando la humanidad comprenda que existe un Plan, que la evolución avanza según un Plan, que existe un proceso científico, la gente comenzará a pensar sobre su parte en el Plan. Entonces los Maestros podrán darnos Su consejo, y podremos ver el buen sentido de ese consejo. Debería ser obvio para la humanidad inteligente que vivir en paz y armonía es más útil para la evolución que vivir en guerra o la amenaza de guerra, compitiendo todo el tiempo, una mitad consiguiéndolo todo y la otra mitad no recibiendo nada. Eso no parece sano ni lógico, ni tampoco una buena idea. Estoy seguro de que el Plan de Dios para la Tierra es una muy buena idea. Si está basado, en su origen, en compartir y justicia, y por tanto en algo que podemos manejar, que es práctico, entonces creo que es una buena idea. Pienso que la mayoría de la gente lo verá así.

Presentado por Maitreya en lugar se ser sermoneado por los defensores del fundamentalismo cristiano, creo que la gente por millones se girarán hacia ese tipo de Dios, tanto si lo llaman o no Dios. La gente se girará hacia las *ideas* que son divinas –fraternidad, justicia, compartir, correctas relaciones, paz, armonía, creatividad– un mundo en el que "nadie carezca de nada", como Maitreya lo dice, "donde cada día sea diferente". ¿Podéis imaginaros un mundo así donde cada día sea diferente? Las únicas personas que tienen acceso a ese tipo de mundo son aquellos que tienen el dinero suficiente para vivir sin verse forzados a trabajar en la dura rutina de una fábrica u oficina u campo, donde la mayoría de días son iguales. Cuanto más abajo del escalafón te encuentras más parecidos son todos los días: duros, aburridos, rutinarios, y la misma rutina día tras día. Esa es la realidad de incontables millones de personas.

¿Os podéis imaginar, cuando Maitreya dice "donde cada día sea diferente", cuando cada día es una revelación, cada día una nueva experiencia? Y no sólo cada día sino cada momento; momento a momento durante todo el día una nueva experiencia, cuando el mundo esté cambiando tan deprisa para mejor que apenas puedes seguirlo. Cuando cada noticiario emitido por radio y televisión os muestren lo que se ha hecho cada día por el mundo. Sólo buenas noticias. ¿Os podéis imaginar? Por supuesto, existirán los accidentes ocasionales, pero buenas noticias todos los días. El Show de las Buenas Noticias. "Damas y caballeros, esta noche tengo buenas noticias".

De esta manera, la humanidad recibirá un gráfico de cómo está evolucionando y cambiando, cómo la política exterior y las formas económicas están cambiando, las condiciones que están unificando, sintetizando a la humanidad hasta que realmente nos consideremos hermanos y hermanas de una sociedad. Esa es la meta. Lo puedo ver, por supuesto, no como un suceso de la noche a la mañana, pero relativamente muy rápido.

El Representante de Dios

"Siempre que el hombre se encuentra privado de esperanza, sin ver ningún camino hacia delante, ninguna manera de resolver sus problemas, lanza un grito instintivo de socorro, una apelación a Dios para que le ayude en su angustia. Así fue durante los años de guerra a principios de este siglo que el dolor por el cual pasaba la humanidad invocó al Cristo, Le llamó una vez más al mundo. Nunca antes, a través de todas las vicisitudes, tanto ha dependido de Su llegada, pues nunca antes el hombre ha controlado semejantes fuerzas de destrucción." (Share International, Julio 1987)

Por primera vez en nuestra historia podemos literalmente destruir toda vida, humana y infrahumana, una y otra vez. Poseemos un poder destructivo ahora a nuestra disposición que podría poner fin al experimento humano en el planeta Tierra. Si fuera utilizado, y está en manos de algunos individuos muy peligrosos –en particular en el Pentágono, el equivalente ruso del Pentágono y varios países pequeños– la humanidad no tendría ninguna posibilidad contra estas armas nucleares, y las armas bioquímicas y biológicas de una cualidad de destrucción más siniestra. Nada podría salvar a la humanidad. No existe el antídoto para ninguna de esas armas destructivas que serían arrojadas al aire por misiles balísticos en todos los países. Sería más devastador de lo que el Pentágono o el Pentágono ruso puedan imaginar.

Si la gente piensa: "Las personas están vivas y bien y viven en Hiroshima y Nagasaki donde se arrojaron dos bombas atómicas", no saben lo que están diciendo. Estas fueron dos pequeñas bombas atómicas que comparadas con ellas, los equivalentes modernos son monstruos gigantescos. Esas bombas atómicas mataron cientos de miles de personas en un instante. Las bombas creadas en la actualidad podrían causar literalmente la muerte a millones de personas. Y el suficiente ántrax u otro agente químico, un agente biológico, podría destruir todo lo que no murió con los primeros lanzamientos de bombas de hidrógeno.

Podéis ver, por tanto, cuanto depende de la capacidad de Maitreya de hacer cambiar la marea, de cambiar el pensamiento humano. Los Maestros dicen, mi Maestro lo ha dicho varias veces, que la marea está cambiando, que la humanidad está pasando el examen para entrar en la Jerarquía, tomando la primera iniciación. Se está haciendo mediante el cambio gradual de su punto de vista de las cosas, al recobrar su juicio, al reducir, hablando en general, sus reivindicaciones de poder y dominación.

Existen todavía grupos en Estados Unidos, Rusia, diversos países de Europa y otros sitio, donde al dominación económica y militar son de suma importancia. No obstante, la mayor parte de la humanidad, desde el punto de vista de los Maestros, se están alejando de ello. La marea realmente está cambiando, y no antes de tiempo, ya que si fuera de otro modo estaríamos actualmente sentados en realidad al borde de un precipicio.

El gobierno norteamericano está hablando públicamente de invertir 60.000 millones de dólares para un paraguas contra un ataque de ese tipo pero todos las pruebas realizadas hasta la fecha han demostrado que ese paraguas no funciona. No existe una garantía del 100 por ciento contra los misiles balísticos. En lo que respecta al armamento biológico y químico, esto es algo completamente devastador. Pueden lanzarse de muchas maneras, desde un submarino y no a través de un enorme misil balístico internacional. Un pequeño cohete podría caer en Nueva York o Boston o cualquier ciudad costera y paralizar a muchos millones de personas, literalmente en minutos. Es demasiado devastador incluso para hablar de ello.

El Representante de Dios, continuación

"Hoy, las naciones están divididas, como siempre. Cada una afirma ser la depositaria de la sabiduría del mundo, ofreciendo a los hombres la elección entre la libertad y la justicia. Qué absurdo es que a los hombres se les ofrezca semejante elección. La libertad y la justicia son divinas y esa divinidad es indivisible. No puede haber libertad sin justicia, ninguna justicia privada de libertad. En breve, se ofrecerá a los hombres la oportunidad de acabar para siempre con esta parodia de la verdad y sanar así la brecha entre las naciones. Sólo se requiere la simple realización de que todos los hombres son divinos y que tienen el mismo derecho divino a compartir los dones y planes de Dios. Sin semejante realización, los hombres no conocerían la paz."

Este es el simple secreto. Todos los hombres son hermanos, todos los hombres son divinos y tienen el mismo derecho divino a los dones y planes de Dios. Los recursos del planeta no pertenecen a Norteamérica, Gran Bretaña, Francia, Rusia, Japón o a ningún otro, sino a todo el mundo. La divina providencia, según el Plan del Logos, proporciona lo que el planeta necesita para su supervivencia.

Ya que existen personas, ellas tienen que comer. Esa es la forma en que funciona. Tenemos que comer para vivir, para mantener la fuente de energía que mantendrá la vida en la forma. Debemos comer dos o tres veces al día. Sin embargo, no todas la personas comen, muchas mueren de hambre. Es parte del Plan divino que los recursos sean proporcionados a todas las criaturas para que coman. Hay suficiente alimento en el mundo actualmente para que nadie padezca hambre. La comida no se distribuye, no se comparte, porque no vemos la necesidad. No vemos que somos iguales, que la igualdad según Dios es una realidad. No es que todos necesitemos tantos gramos de pan y tantos de azúcar. Pero todos necesitamos lo que necesitamos, lo que eso resulte ser. Para los norteamericanos parece ser platos muy grandes. Con los japoneses, pequeños platos diminutos. ¡Creo que los ingleses tienen la medida correcta!

El Representante de Dios, continuación

"Cuando los hombres vean al Cristo se darán cuenta de que no están solos, que el Representante de Dios ha respondido a su llamada y ha vuelto para ayudarles. Él les recordará de su origen en la Divinidad y de su parentesco, hermanos todos. Él les planteará las distintas elecciones del futuro y ejercerá Su derecho a aconsejar. Esbozará los pasos hacia una vida mejor para todos, una vida más en consonancia con la naturaleza espiritual del hombre. Él enseñará y guiará y de esta manera cambiará al mundo mediante las acciones de los hombres.

"Al principio, puede que el progreso sea lento a medida que los hombres se acostumbran a los beneficios del cambio pero a su debido tiempo el ritmo se acelerará hasta que todo se encuentre envuelto en una ebullición de cambio. Nada puede detener este proceso, ya que tiene su origen en la Mente de Dios. Nada puede por mucho tiempo resistirse al imán del Plan de Dios."

Esto no es algo casual, sin planificar, esperado pero improbable. Es algo que se tiene la certeza absoluta de que va a suceder. El Cristo está ahora en el mundo, aunque no se ha revelado abiertamente, porque forma parte de un Plan. Es un Plan Jerárquico y la Jerarquía conoce el Plan de Dios. Por Dios, me refiero al Logos planetario. Ellos conocen el Plan del Logos, y que Su trabajo es poner en acción ese Plan a través de la humanidad y de los reinos inferiores. Ellos buscan extender ese Plan a todos los aspectos de su naturaleza. Uno de ellos es guiar a la humanidad de tal forma que nos mantengamos en una correcta relación respecto al Plan. No son capataces. Puedes sacar el pie de la línea de vez en cuando, pero finalmente se te estimula a que te alinees y sigas el sendero trazado porque es el sendero seguro. Es el sendero que lleva a las correctas relaciones, la armonía, la justicia y a la expresión del amor y la inteligencia en el mundo.

Realmente se trata de inteligencia amorosa, amor inteligente, interés propio, si le quieres dar otro nombre. Es el interés propio humano lo que nos llevará a aceptar el consejo de Maitreya y a ponerlo en práctica. Nada puede resistirse a esto durante mucho tiempo porque tiene su origen en la mente de nuestro Logos planetario.

El Representante de Dios, continuación

"Sin duda, el mayor impedimento al funcionamiento exitoso del Plan es la actual inseguridad de los hombres. Ven a su alrededor un mundo hostil, se sienten amenazados en todos lados por la penuria y la necesidad. La amenaza nuclear se cierne sobre todos. El consejo de Maitreya mostrará a los hombres que no tienen nada que temer excepto a su temor. Que un bendito futuro le espera al hombre si tan sólo actuara en el mejor de sus propios intereses. Que la Intención de Dios es el mayor bien del hombre. Mostrará que los hombres deben actuar para crear el mundo que quieren; que Él viene no para salvar sino para señalar el camino. Él facultará a todos los que tomen sobre sí la carga y la alegría del servicio. Él ungirá a todos los que compartan Su carga. Los defensores de lo viejo sienten el peligro pero libran una batalla perdida. Buscan fortalecer los muros de su ciudadela en vano. Sus murallas se debilitan a medida que cambia la marea de la justicia. Sus apoyos les traicionan a medida que los hombres luchan por la libertad. A este desorden ha llegado Maitreya, para poner Sus recursos divinos al servicio del hombre."

En todo el mundo los desposeídos están saltando a los botes, mendigando, pidiendo prestado, robando una forma de llegar a los países desarrollados. Refugiados de todas las naciones subdesarrolladas encuentran su camino hacia el mundo desarrollado legal o ilegalmente, y esto continuará. Como lo expresa mi Maestro: "Sus murallas se debilitan... sus apoyos les traicionan". El mundo desarrollado ya no puede cerrar sus puertas a los desposeídos y esperar que todo marche bien de una forma amable y agradable como lo ha sido hasta ahora.

Las naciones del G8 se reúnen ahora en Okinawa, y entre ellas por vez primera se encuentran cuatro presidentes que representan al mundo en desarrollo. Esto cuatro darán a conocer enérgicamente las necesidades de aquellos que representan, no sólo sus propios países sino más de 130 naciones en desarrollo. Son simplemente representantes y no pueden hacer resoluciones o votar, pero pueden aconsejar, hablar y presentar sus puntos de vista. Esta es la primera vez que esto ocurre.

Cada año las naciones del G8 se reúnen y aprueban una resolución detrás de otra para hacer algo por las naciones en desarrollo, normalmente muy poco, pero nunca llevan a cabo incluso ese poco. Nunca cumplen ni una sola resolución. Todo tiene que ver con los apoyos, las murallas, para que las personas del Tercer Mundo sigan siendo pobres y débiles, con el 17 por ciento de los recursos, contra el 83 por ciento que controlan las naciones del G8.

Todo lo que está sucediendo está forzando al mundo desarrollado a abandonar sus planes de dominación del mundo a una escala que en comparación la situación presente parecería realmente benévola. Ellos no quieren el desarrollo del Tercer Mundo. Les agrada la forma en que está todo porque es más fácil controlar países que son pobres y que sufren. Puedes controlar el precio de sus productos. Lo puedes comprar 'regalado' en el mercado mundial y controlar casi todos los precios porque has invertido dinero en primer lugar para desarrollarlo.

La globalización está asegurando de que el control del mundo se aleje de Naciones Unidas y de los gobiernos a las grandes multinacionales controladoras del mundo, la mayoría de las cuales son norteamericanas, europeas y japonesas. Se han vuelto cada vez más enfocadas y expertas en lo que hacen pero las personas se están rebelando ahora. Reivindican que ya no quieren más esto. La globalización no está haciendo ningún bien al Tercer Mundo. Sólo hace bien a las multinacionales.

En realidad, la globalización, si las grandes multinacionales lo supieran, está facilitando el acceso a la redistribución de los recursos mundiales, pero ellas no piensan de esa manera. Ellas la conciben como un medio para la producción y distribución barata de sus productos manufacturados. Han construido una gran red de métodos de distribución. Internet y su tecnología hacen que su control sea incluso más completo. Por tanto, el Tercer Mundo parecería que estuviera a su merced.

Con el Avatar aquí esto no funcionará como ellos esperan.

El Avatar

"Con la respiración contenida, la humanidad espera la aparición del Avatar. Sabiéndolo o no, millones están ahora preparados para recibir al Instructor, el Revelador de nuevas Verdades y la garantía del futuro y de la divinidad de los hombres.

"Todo ahora concurre para producir este bendito acontecimiento. Cósmicas y planetarias, las Fuerzas de la Regeneración recogen ahora la cosecha de Su siembra y crean la condición que permite a Maitreya aparecer. Forzado por la fuerza de la ley a retener, por un tiempo, Su abierta misión, sabe que la ley está siendo cumplida, las deudas se están pagando, las oportunidades se están tomando; y que ahora en pleno esplendor puede aparecer, y recibir el amor y servicio que, muchos reconocerán, están preparados para ofrecerle.

"Su Gracia ya abraza al mundo. Su Amor envuelve a las naciones, este y oeste, norte y sur. Nadie escapa a la flecha de Su Amor. A diario, Su rayo despierta a los hombres a su verdadero destino, y evoca de nuevo su esperanza y confianza.

"De todas partes los representantes de los pueblos se reúnen a Su lado, y Él les dota con una sabiduría enteramente nueva. Pronto, este grupo de hombres y mujeres iluminados presentarán su historia y experiencia, y probarán más allá de toda contradicción que el Cristo está entre nosotros. Millones entonces escucharán esta promesa y demandarán ver al Representante de Dios. Bajo muchos nombres Él entonces se presentará y así cumplirá con las esperanzas de cada creencia. Su llamada a la Justicia, la Paz y la Fraternidad se oirá entonces entre las naciones, declarando la preocupación de Dios por el bienestar de los hombres en todas partes. Su voz recordará a los pueblos su origen y destino, y les conducirá, en confianza, a los pies de Dios.

"Que Su labor está bien preparada podéis estar seguros. Sus discípulos, entrenados interiormente, se han comprometido hace mucho en este trabajo de preparación y conocen bien sus diversos papeles. Llamados a la acción, llevarán el trabajo de reconstrucción a cada rincón del mundo y reemplazarán miseria por alegría, separación por unión, odio y malicia por amor altruista. Así será. Así entrará el Nuevo Tiempo en su curso de esplendor, y así la humanidad realizará la promesa que Su presencia trae.

"Que no todos darán testimonio de Su Gloria es seguro; para algunos, el Manto de Dios tiene una luz demasiado brillante. Pero la mayoría ve-

rán en Él el cumplimiento de sus esperanzas y sueños de justicia y amor, sensatez y libertad. Y hacia Él dirigirán sus ojos y corazones, buscando guía y consuelo, inspiración y propósito, iluminación y amor. Estos en abundancia Él concederá al mundo. Un vasto Río de Verdad es Él, nutriendo a todos aquellos que beban profundamente de estas aguas. Una Fuente de Amor es Él, conteniendo a todos dentro de Su corazón. Un Avatar como ninguno anterior es Él, venido para conducir a los hombres a la comprensión de que ellos, también, son Dioses." (Share International, Octubre 1988)

Con tal Avatar trabajando abiertamente, haciendo resonar Su llamada de justicia y compartir, uno puede imaginar que este mundo pronto cambiará para bien y que la humanidad responderá. Lo que le conducirá a esa realización será el colapso de las bolsas que Maitreya está esperando. Cuando los mercados financieros se derrumben, no tendremos más opciones que regenerar nuestras vidas, reconstruir nuestras estructuras políticas y en especial las económicas, y crear esas sencillas correctas relaciones entre nosotros que cumplirán el Plan en la Mente del Logos Planetario, el Plan conocido para Maitreya y los Maestros.

Quizás te preguntes cómo será Maitreya cuando te lo encuentres. No me refiero a las cartas al editor en *Share International* que describen los encuentros de personas con Él. Allí es una persona realmente divertida. Él es joven o anciano. Él es una mujer. Él es un hombre. Él es un niño. Él es travieso. Él es serio. Todas estas cosas. ¿Pero cómo es Él en esencia? Cómo se aparecerá ante la humanidad, porque no lo hará a través de las travesuras de los dobles familiares que Él crea. Veamos lo que mi Maestro dice al respecto. Es bastante extraordinario.

El Proyecto del futuro

"Cuando los hombres vean a Maitreya de forma total y abierta, encontrarán mucho que admirar: Su gracia y alegría; Su modesta sabiduría y su amor que todo lo abarca; Su prontitud de compartir todo lo que tiene y es con los hombres de cada posición. Su humildad asombrará, Su conocimiento, inconmensurablemente amplio y profundo, revelará a los hombres la insuficiencia propia. Así se girarán hacia Él para orientación y, seguros de Su preocupación, se convertirán otra vez en los estudiantes y serios buscadores que una vez fueron. Así será, y así el Gran Señor presentará a los hombres el Proyecto del futuro. Ese futuro que guarda para los hombres tales maravillas que pocos hoy pueden comprenderlas.

"Imaginad entonces un futuro en el que ningún hombre carezca de nada. Donde los talentos y las creatividad de todos los hombres demuestran su origen divino. Donde la guerra no tiene lugar en sus pensamientos y donde la buena voluntad proyecta su benévola red por los corazones y mentes de todos.

"Imaginad ciudades de luz iluminadas por la Luz misma; en ningún sitio se podrá encontrar la miseria y la privación actual; imaginad el transporte, rápido y silencioso, propulsado sólo por luz, los mundos lejanos e incluso las estrellas estarán a nuestro alcance. Tal futuro aguarda a los hombres y mujeres que tienen el coraje de compartir. Tal futuro aguarda a aquellos valientes que aman la Libertad. Tal glorioso futuro aguarda a aquellos que anhelan comprender el significado y propósito de la vida.

"Maitreya, también, espera Su oportunidad para emerger y comenzar, abiertamente, Su Misión. Él, también, se impacienta con la larga espera. Pero la Ley lo gobierna todo y Maitreya la cumple amorosamente por su sabiduría. Sin embargo, el momento está muy cerca en el cual el Gran Señor pueda emerger y hablar directamente a los hombres. Siendo esto así, aquellos cuya labor es preparar Su camino tienen poco tiempo para hacerlo. Haced pues de esto vuestra primera prioridad, dejando todo lo demás a un lado.

"Como siempre, el libre albedrío de los hombres no puede ponerse en peligro. Así es que Su nombre no acompañará Sus primeras apariciones, permitiendo a los hombres mismos establecer Su valía. Como un hombre entre los hombres Él aparecerá, expresando en voz alta las necesidades y pensamientos de Sus hermanos.

"Con el tiempo, tantos responderán que Su verdadera identidad y talla podrán ser confirmadas. Este momento se espera que sea corto pero el ritmo de reconocimiento yace en manos de los hombres mismos. La actual fase de milagros, ahora mundial, continuará y acompañará este proceso hasta que nadie pueda negar su trascendencia en este tiempo.

"Así el mundo será convencido y preparado para el cambio. Así la llamada saldrá de las personas de todas las naciones para que el Avatar hable, y así Maitreya responderá a esa llamada y declarará Su misión y propósito. Esa declaración silenciosa anunciará el comienzo de la Nueva Era: de paz, de compartir, justicia y libertad; el despertar de los hombres a su divinidad, y la creación por los hombres de una civilización forjada en la forma del Plan de Dios." (Share International, Octubre 1999)

Preguntas y Respuestas

La forma de trabajo de los Maestros

"Su humildad asombrará," dice su Maestro. ¿Cómo podría ser la humildad del "Maestro de todos los Maestros y el Instructor de Ángeles y de Hombres por igual? ¿Y cómo podría servir de ejemplo para nosotros? ¿Qué podemos aprender de ello? (Enero/Febrero 2001)

No habéis visto, a Su nivel, las cualidades de la divinidad. Una de las principales cualidades de la divinidad es la humildad porque la mayor expresión de la divinidad es la falta de yo o ego. No existe nadie para sentir orgullo. Es tan simple como eso. No es como si Maitreya anduviera siendo humilde. Eres humilde si no tienes ego. Es el ego el que produce la vanidad y el espejismo del orgullo. Maitreya no posee ningún espejismo; Él no tiene orgullo. Él dice: "No me adoréis... Si me adoráis, estáis tratando de rebajaros. No quiero esto. Quiero que seáis iguales. Sois una chispa del Ser Supremo. No penséis que estáis por debajo de Mí". La gente quizás lo encuentra difícil de creer pero es la verdad. Existe sólo una divinidad y es compartida por todos, por ti y Maitreya y todos los demás. En ese nivel de la divinidad, no existe ni arriba ni abajo. Existe sencillamente la divinidad. Existe una diferencia, por supuesto, entre nosotros y Maitreya. No hemos *demostrado* la divinidad que es tan sólo un potencial dentro de nosotros. Él la ha demostrado plenamente y así no ha quedado nada para alterar la humildad instintiva y natural de la divinidad. Lo opuesto de la humildad es el orgullo, la arrogancia. Si no existe ego para enorgullecerse o ser arrogante o vanidoso, ¿entonces qué es lo que queda?

La humildad permanece cuando el orgullo y el egoísmo no están presentes. Es un estado natural determinado, no algo que adquirir. Tu adquieres arrogancia, vanidad y espejismos de todo tipo, pero no puedes adquirir humildad. Puedes adquirir una actitud humilde, pero eso es algo bastante diferente. Existe el tipo de humildad de Uriah Heep [personaje de Charles Dickens] que es totalmente irreal. Abarca todos los espejismos de su opuesto.

Cuando veáis a un Maestro, os daréis cuenta de que es el estado determinado lo que véis porque él no se está evaluando a Sí mismo. No se le ocurriría decir: "¿Cómo lo estoy haciendo en relación a esto? ¿Lo estoy dando a entender? ¿Estoy haciéndome sentir? ¿Les he impresionado cuando dije eso?" Nunca se le ocurriría a un Maestro hacer eso; Él no tiene sentido del Ser separado. No existe ninguna persona en el camino del Ser elevado. Estáis viendo a una persona que es el Ser Divino Inmortal, y por tanto lo que nosotros llamamos humildad es la total expresión natural de ese Ser. La humildad es la expresión natural del alma. Si el ser con 's' minúscula, el ego, se pone en el camino entonces vemos algo falso. El suyo es el estado natural, y las personas quedarán asombradas de que Él no se coloque por encima de la humanidad. Esa es probablemente la razón por que quedaréis completamente sobrecogidos por la simplicidad, la total y sagrada simplicidad de ese Ser. Eso puede servir de ejemplo. Los ejemplos son magníficos, pero no los imites simplemente.

¿Qué significa ser ungido por Maitreya? (Enero/Febrero 2001)

Ser ungido por Maitreya es recibir la bendición de Maitreya, el Principio Crístico, a través del corazón.

¿Qué significa el Plan de los Maestros de unir los tres centros – Shamballa, la Jerarquía y la humanidad? (Enero/Febrero 2001)

No es el Plan de los Maestros. Es el Plan del Señor del Mundo que con el tiempo los tres Centros –Shamballa, el Centro donde la Voluntad de Dios es conocida, la Jerarquía, el Centro donde le Amor de Dios es expresado, y la humanidad, el Centro donde la Inteligencia de Dios se manifiesta– sean algún día un Centro integrado. Paso a paso, el Centro que llamamos Jerarquía y el Centro que llamamos humanidad se unirán. El comienzo se está llevando a cabo. De cierto modo se ha hecho hace tiempo, pero tendrá lugar abiertamente, exteriormente, desde ahora en adelante. Las personas entrarán en la Jerarquía a través de la puerta de la iniciación hasta que tantas personas estén trabajando conscientemente en la Jerarquía que los Maestros juzguen que los dos Centros están integrados.

Entonces estos dos Centros inferiores integrados se unirán con el Centro superior, que es Shamballa. Entonces la Voluntad, el Amor y la Inteligencia de Dios se manifestarán poderosa y correctamente a través de estos tres Centros integrados.

¿Cuál es el mecanismo por el cual los Maestros darán el anteproyecto del Plan? (Enero/Febrero 2000)

El Plan está en la mente del Logos. La labor de los Maestros es traerlo a la manifestación a través de la humanidad y su funcionamiento con los reinos inferiores. Ellos lo llevan a cabo estimulando la conciencia propia de todos los Seres y la conciencia de los reinos inferiores. Con el tiempo la relación entre el reino humano y los reinos animal, vegetal, e incluso mineral evolucionará hasta el punto en que uno no será capaz de reconocerlo.

La humanidad está a cargo de la evolución de los reinos inferiores. Deberá enderezar su propio mundo, limpiar la casa y madurar, para poder hacerlo, pero la humanidad vigilará la evolución de estos reinos. La mente de la humanidad tiene un gran impacto en el reino animal, y esto crecerá con el avance de la era. Una relación telepática se establecerá entre la humanidad y el reino animal y muchos de los animales serán juntados, agrupados y puestos a trabajar a través de la comunicación telepática. Ciertos animales demostrarán una respuesta extraordinaria a esto y se convertirán en médiums, trayendo información de los mundos sutiles. Acabaremos con la experimentación con cuerpos de animales y pondremos fin a las terribles condiciones de la industria agropecuaria. Todo eso se irá, y rápidamente, y esto creará una relación kármica muchísimo mejor entre los reinos humano y animal.

(1) ¿Cuál es el camino que siguen los Maestros después de la 5ª iniciación? (2) ¿Mueren o permanecen en ese cuerpo? (3) ¿Pueden decidir libremente si quieren vivir en Su cuerpo de materia densa o en un cuerpo de luz? (4) ¿Depende esto de Su futura labor? (Abril 1977)

(1) Muchos Maestros continúan viviendo en el cuerpo en que tomaron la 5ª iniciación, mientras que (2) otros retienen sólo un cuerpo etérico, apareciendo, cuando lo hacen, en un vehículo autocreado, "mayavirupa". (3) Algunos Maestros van a planetas superiores o directamente a Sirio, y desechan el vehículo físico que, en cualquier caso, es *en ese momento* un cuerpo de luz. (4) Su destino individual decide esta cuestión.

Los Maestros manifiestan el Amor de Dios. ¿Siempre les *gustan* Sus discípulos? (Marzo 1998)

Los Maestros tienen un amor total, completo, incondicional. ¿Les *gustan* todas las personas? Yo creo que los Maestros deben encontrar muy difícil sentir *agrado* por algunos discípulos (¡mi Maestro me llama Su karma!). Ellos deben mover Sus cabezas y decir: "Desearía que este me gustara. Oh, desearía que me gustara. Pero le amo, le amo."

¿Por qué los Maestros no evitan las guerras? (Mayo 1997)

Sí que lo intentan – Lo intentaron mucho para evitar la Primera y Segunda Guerra Mundial. Pero no pueden infringir el libre albedrío de la humanidad. Intentan trabajar a través de líderes mundiales. Si un líder, como Gorbachov, por ejemplo, responde, entonces podemos tener el final de la Guerra Fría, pero Ellos sólo pueden hacerlo dentro de la Ley del Karma. El libre albedrío de la humanidad es sacrosanto y gobierna Sus acciones.

Tenemos el derecho a hacer cualquier cosa hasta el punto de destruir el planeta. Podríamos destruirnos *a nosotros mismos*, pero no el planeta. No obstante, este es un mensaje de esperanza. Maitreya sabe ya que aceptaremos el principio de compartir y, por tanto, que crearemos justicia y paz. Maitreya no ha venido aquí para perder Su tiempo y regresar a los Himalayas; El está aquí para quedarse, y durante toda la Era de Acuario.

Según el Maestro de Benjamin Creme, Jesús trabajará con las iglesias Cristianas. (1) ¿Trabajarán otros Maestros con algunas de las otras grandes religiones mundiales? (2) ¿Será el objetivo unificarlas pronto en una, o (3) ¿Es más probable que estas tradiciones (hindú, católica romana, budista, etc.) continúen a lo largo de la Era de Acuario? Parecen guardar unas cuantas diferencias importantes casi insuperables. (Diciembre 1999)

(1) Sí. (2) No. (3) Sí, pero emergerá un nuevo enfoque a lo divino y la gente lo acogerá, procedente de todas las distintas tradiciones existentes.

¿Podría ser más específico sobre los campos en los cuales los Maestros están trabajando en la actualidad? (Enero/Febrero 2001)

En todos los departamentos, dependiendo en el Maestro en particular. Sobre todo, en el campo político y económico.

Maestros individuales

En el libro de Alice Bailey *Iniciación Humana y Solar*, se dice que el maestro Morya y el Maestro KH son "figuras muy conocidas para los habitantes de Shigatse", un pueblo en los Himalayas, y que Djwhal Khul "vive en una pequeña casa no muy lejos del Maestro KH". (1) ¿Es eso todavía cierto hoy en día? Si es así, (2) si fuéramos al Tíbet, a Shigatse, podríamos verles? (Enero/Febrero 1999)

(1) No. Los Maestros se han trasladado desde la invasión china.

(1) He leído que los Maestros Koot Hoomi y Morya frecuentaban, y quizás vivieron, en Shigatse. Esto me deja perplejo. Shigatse incluso en aquella época era una ciudad bastante grande. No cabía considerarlo un "remoto rincón montañoso". (2) ¿Asumieron Ellos en ese lugar los primeros y breves pasos de la exteriorización? (Octubre 1999)

(1) Los Maestros no vivían en realidad en la ciudad sino en las afueras. Eran, no obstante, figuras muy conocidas en la ciudad. (2) No.

¿Es el Maestro que ha estado en Tokio desde 1975 un hombre o una mujer, y cuántos años tiene? (Septiembre 1999)

Es un hombre. Todos los Maestros están en cuerpos masculinos en la actualidad. Tiene cerca de 200 años, y se le considera joven según como los Maestros ven la edad. Su trabajo se hará saber con el tiempo. Actúa realmente como el estímulo, el inspirador de grupos de discípulos que viven en Japón pero no sólo en Japón, también en Asia, norte y sur.

¿Existe algún discípulo en Japón, como Abraham Lincoln, que se presentará abiertamente para ofrecer su poder, visión y gran experiencia al grupo? ¿Cómo trabaja el Maestro de Tokio? (Mayo 1997)

Usted habrá oído de un nuevo grupo en el mundo denominado el Nuevo Grupo de Servidores del Mundo que fue formado en 1922 por Maitreya. Está constituido por hombres y mujeres de diversos grados que están dedicados a la mejora de la humanidad en sus líneas de trabajo específicas. Es muy extenso, y está dividido en dos grupos. Hay un grupo mayor externo constituido de tres o cuatro millones de personas que se encuentran en todos los países del mundo sin excepción. Trabajan bajo la inspiración y orientación de sus propias almas. Normalmente no tienen una experiencia consciente de la Jerarquía o de cualquier papel consciente a desarrollar en relación con la Jerarquía. Se encuentran en todos los campos: político, económico, religioso, social y científico. Trabajan bajo impresión del alma. También existe un grupo interno mucho más reducido que trabaja directamente bajo la impresión de ciertos Maestros. Son conscientes de su conexión con la Jerarquía como discípulos y buscan llevar a cabo el Plan en la medida en que lo conocen. Todos tienen en común un deseo altruista de servir al planeta.

En 1975, un Maestro vino a Tokio. Otro vino a Nueva York, otro a Londres, otro a Ginebra, otro a Darjeeling y otro a Tokio. Desde 1975 el Maestro de Tokio ha estado trabajando con el Nuevo Grupo de Servidores del Mundo en Japón, e indirectamente con aquellos que están abiertos a Su impresión mental, pero en menor grado, en el grupo externo, con aquellos que sólo pueden responder a la impresión a través de su propia alma. Él trabaja con unos pocos directamente y con un número más grande indirectamente, a través de sus propias almas.

Abraham Lincoln fue un avatar humano, un iniciado de cuarto grado. En Tokio no hay todavía iniciados de esa estatura, pero existen elevados de la primera (1.5 hasta 2), y de segunda y tercera que están trabajando de la misma manera en todos los centros. Existen discípulos en Japón similares a los de otros varios centros que están trabajando directa o indirectamente con los Maestros, o han sido entrenados por Ellos.

Cuando tengamos unas cuantas solicitudes, ¿podremos preguntar al Maestro de Tokio, y será esa solicitud contestada? [pregunta de Japón] (Septiembre 1999)

Bien, podéis intentarlo. No sé si recibiréis respuesta o no. Supongo que depende de tu karma y de la naturaleza de la solicitud. Quiero decir que si es para tener un coche más grande, dudo que se otorgue. Si es para obtener una mayor comprensión, es posible que se te conteste. Maitreya mismo ha dicho: "Mi ayuda está a vuestra disposición: sólo tenéis que pedirla."

Conozco muchos casos en los que las personas han rezado a Maitreya para pedirle algún tipo de ayuda y la han recibido de una forma muy concreta. Las oraciones a menudo se contestan, pero tienes que reconocer la respuesta, y esta puede ser que no te guste. Si le pides ayuda a un Maestro, ese Maestro bien puede ayudarte, pero quizás no te guste la naturaleza de esa ayuda. La ayuda siempre será por tu bien, para tu mejora, aunque quizás no es lo que realmente quieres. La gente normalmente pide ayuda material a los Maestros. Pero estos no son las clases de asuntos de los que se ocupan.

¿Dispensan los Maestros 'gracia'? Por ejemplo, si uno rezara a un Maestro brevemente, pidiendo 'gracia' para mejorar la capacidad de realizar efectivamente Meditación de Transmisión: (1) ¿Sería escuchada la petición? (2) ¿Es capaz el Maestro de hacer esa bendición? (3) ¿Es probable que Él la otorgue? (Septiembre 2000)

(1) Sí. (2) Sí. (3) Sí.

¿Podría decir algo sobre el Maestro en Moscú? (Julio/Agosto 1999)

El Maestro en Moscú ha estado viviendo ahí desde 1923 pero de forma absolutamente oculta, no conocida, detrás de la escena, trabajando para mitigar los efectos totalitarios del régimen bajo el cual el pueblo ruso vivió desde 1917. En 1975 vinieron al mundo cinco Maestros, y después dos más: uno se estableció en Moscú y el otro en Roma, siendo este último el Maestro Jesús. El Maestro en Moscú ya estaba ahí pero su actividad se hizo mucho más 'abierta' en 1978, trabajando directamente con ciertos discípulos avanzados en Rusia a quien podía preparar personalmente e impresionar mentalmente, y también con aquellos que estaban abiertos a la impresión astral. No puedo dar Su nombre.

¿Es posible que el Maestro de Moscú haya inspirado algunas de las acciones de Gorbachov? (julio/agosto 1999)

En realidad no. Fue el mismo Maitreya quien se apareció a Gorbachov y le inspiró a ir a América a iniciar conversaciones de paz con el presidente Reagan, y abrir Rusia al 'glasnost'. Estados Unidos dice que fue el triunfo del capitalismo sobre el comunismo lo que puso fin a la guerra fría, pero en verdad fue Maitreya quien llevó a su fin a esa 'guerra' – un acontecimiento que Él había predicho en 1988.

¿Podría decirnos algo sobre el trabajo del Maestro Serapis? (Julio/Agosto 1999)

El Maestro Serapis es un Maestro muy avanzados, 'ascendido', un iniciado de sexto grado, a la cabeza (Chohan) del ashram del 4º rayo en la Jerarquía. (Existen siete ashrams principales y, de cada uno de ellos salen seis ashrams subsidiarios, así que existen 49 ashrams en total). El Maestro Serapis es uno de los Maestros que más activo está en la reaparición del Cristo, y trabaja con la evolución angélica o dévica. Él es también un gran inspirador del arte y la música.

Ángeles, o *devas*, varían, en su evolución, de sub-humanos a humanos a superhumanos. Tiene contactos con la evolución humana, con toda seguridad, pero Su trabajo principal es con la evolución dévica o angélica, una amplia evolución paralela a la humana. Todo en el cosmos está en camino de convertirse en humano, es humano, o ha sobrepasado lo humano; nosotros somos el punto medio donde se encuentran la materia y el espíritu, y a través de la cual avanza toda la evolución.

Hay miles de millones de *devas*, de todos tipos, superiores e inferiores. Maitreya ha sido llamado por el Buddha, y posteriormente por San Pablo: "El Instructor por igual de ángeles y de hombres". Él es el Instructor del Mundo, y ha introducido en el mundo ciertos grandes ángeles que con el tiempo trabajarán con la humanidad. Muchas personas imaginan que están en contacto con ángeles. Mi información es que eso no es correcto. Los ángeles no trabajan aún con la humanidad; trabajan para la humanidad pero no con la humanidad. En el futuro, a medida que la humanidad avance y se eleve su vibración, cada vez más personas serán capaces de trabajar con la evolución *dévica* y se aprenderán muchos aspectos relacionados con la curación. Ese es el principal aspecto del trabajo de Serapis en este momento.

Se menciona en *Iniciación Humana y Solar*, por Alice A. Bailey, que por mediación del reino de los *devas* y el Maestro Serapis, se dará una gran revelación a la humanidad en música y pintura. Actualmente, la principal tendencia es hacia la electrónica y la informática. (1) ¿Cree usted que esos medios se volverán extremadamente dominantes en el futuro? (2) ¿Y constituyen estos una preparación para la gran revelación? (Julio/Agosto 1998)

(1) En relación a la música y a la pintura, no. (2) No. La revelación será sobre el verdadero significado y propósito del arte y la música, y el Arte de Vivir.

¿Tiene permitido revelar en qué país aparecerá el Maestro relacionado con el Islam? (Mayo 2000)

Egipto.

(1) ¿Es el profeta Mahoma ahora un Maestro? (2) ¿Está en un cuerpo físico? (3) ¿Tiene alguna responsabilidad con el Islam? (Enero/Febrero 2000)

(1) Sí. (2) Sí. (3) No.

(1) ¿Es María Magdalena ahora un Maestro? (2) ¿Trabaja este Maestro ahora con Jesús y el Señor Maitreya? (Enero/Febrero 2000)

(1) Sí. (2) Sí.

¿Podría decirme si hay un Maestro en Eslovenia? (Marzo 1997)

Según mi Maestro (que debe saberlo) no hay ningún Maestro en Eslovenia. De los 13 Maestros que hay ahora en el mundo (aparte de Maitreya), uno está en Londres y tres en el continente europeo: Ginebra, París y Roma (el Maestro Jesús). No hay planes de que haya un Maestro en Eslovenia.

(1) ¿Existe algún Maestro en Holanda? (2) Si todavía no lo hay, ¿existen planes para que un Maestro venga a Holanda? (3) ¿Esto ocurrirá sólo después del Día de la Declaración? (Enero/Febrero 2000)

(1) No. (2) No. (3) No.

En *Share International*, octubre 1998, usted contestó a una pregunta sobre cómo la sabia del sur de la India Amma [Mata Amritanandamayi] encaja dentro del círculo de los Maestros de la Logia del Sur de la India. La respuesta decía que ella es una discípula de uno de los Maestros de esta Logia. ¿Por qué se sabe tanto sobre los Maestros de la Logia Trans-Himalaya y de sus estructura y trabajo, mientras que se da tan poca información sobre su contraparte del sur? (Junio 2000)

Los Maestros de la Logia Trans-Himalaya han vivido esotéricamente durante milenios y se necesitó de los escritos de H.P. Blavatsky y Alice Bailey para que Su trabajo llegará a nuestro conocimiento. Los Maestros de la Logia del Sur de la India, por contra, han vivido y trabajado abiertamente, dando Sus enseñanzas a y a través de un gran número de discípulos muy conocidos.

(1) ¿Forman parte de la Jerarquía Espiritual los Maestros de la Logia del Sur de la India? (2) ¿Forman parte de los 63 Maestros de la Jerarquía que están involucrados en la evolución humana? (3) ¿Son Maestros de Sabiduría que han tomado la quinta iniciación y más? (4) ¿Si la respuesta a lo anterior es negativa, ¿cuál es su relación con los Maestros de la Logia Trans-Himalaya?

(1) Sí. (2) Sí. (3) Sí. Los Maestros de la Logia del Sur de la India han trabajado más abiertamente, pero un grado de apertura es algo relativo. No son conocidos por el público en general. Algunos de Ellos todavía trabajan pero ya no en el cuerpo físico. Ellos escogen Sus alumnos cuidadosamente y algunos de ellos llegan a ser muy conocidos, como Maharishi. Su maestro, Guru Dev, es un Maestro de la Logia del Sur de la India.

¿Podría aclararnos algo sobre el debate de si las obras de William Shakespeare fueron escritas por Francis Bacon y si, en cualquier caso, fue Francis Bacon el Maestro 'R'? (Marzo 1998)

Francis Bacon *se convirtió* en el Maestro 'R'. Él fue Francis Bacon el filósofo y estadista, y es ahora el Maestro Racoczi. En el siglo XVIII fue conocido como el Conde de St.Germain. Él tiene un cuerpo húngaro, Su centro está en los Cárpatos, y es el Regente de Europa. Él es uno de los Maestros que saldrá al mundo ahora. Se le podría llamar el 'Consejero Delegado' de la Jerarquía; intenta poner en práctica, a través de la humanidad, los planes de los Maestros. Mi información es que William Shakespeare, que era un gran iniciado, y que ahora está en Sirio, fue en verdad quien escribió las obras de Shakespeare; no tienen nada que ver con Francis Bacon.

El Maestro Jesús

Me enseñaron que el uno y único Dios era Jesucristo. ¿Es eso cierto? (Septiembre 1999)

Bien, a Jesucristo normalmente se le llama el uno y único Hijo de Dios en vez de el uno y único Dios. El Ser que fue Jesús en Palestina hace 2.000 años es ahora uno de los Maestros, un Maestro muy avanzado, que trabaja con Maitreya en todo momento. El Maestro Jesús, tal como se le conoce en la actualidad, ha estado viviendo en las afueras de Roma durante varios años. Si le preguntaras al Maestro Jesús: "¿Eres el uno y único Hijo de Dios o el uno y único Dios?" Él te contestaría: "No, no existe ninguna persona así". No hay ninguna persona en todo el universo que sea el uno y único Dios o el uno y único Hijo de Dios. Cada uno de nosotros, sin excepción, es un Hijo de Dios. La diferencia entre nosotros y los Maestros, como Jesús o cualquier otro Maestro, es que Ellos saben que son hijos de Dios. Ellos experimentan esa divinidad y la demuestran. Ellos demuestran la inteligencia, el amor, y la voluntad de Dios mientras que nosotros a un nivel muy reducido. Pero cada Maestro fue un ser humano normal y corriente como nosotros. Ellos han completado el proceso evolutivo antes que nosotros y demostraron el potencial divino, que todos nosotros tenemos, de forma que un día seremos como los Maestros. Es inevitable.

La humanidad está muy mal educada. No quiero decir sólo por las escuelas sino por las iglesias, las religiones. El propósito de las iglesias es enseñar y curar. Han enseñado muy mal y casi no han curado. Muchas han enseñado que Dios es un gran ser trascendental a quien no podemos conocer, que nosotros aquí abajo somos miserables pecadores, y que apenas nos merecemos levantar la cabeza hacia Dios. Eso no es cierto. Es lo opuesto a la verdad. Cada ser humano es potencialmente un Dios. Los Maestros son nuestra garantía de que algún día expresaremos nuestra divinidad tal como ellos expresan Su divinidad. Esa es la razón por la cual estamos aquí. Ese es el propósito de nuestra vida.

La crisis espiritual que atraviesa la humanidad, enfocada a través de los campos político y económico, es la crisis de identidad. No sabemos quiénes somos. No sabemos por qué estamos aquí, el propósito de la vida, hacia dónde vamos. Tampoco sabemos, por tanto, cómo relacionarnos unos a otros. Si nosotros verdaderamente, internamente, nos reconociéramos como divinos y a los otros seres humanos también como divinos, obviamente nos relacionaríamos de una forma distinta. No permitiríamos la separación destructiva que caracteriza el mundo actual.

En una interesante sección sobre la exteriorización de la Jerarquía en *Tratado sobre Fuego Cósmico*, **Alice Bailey menciona que el Maestro DK afirma "El Maestro Jesús tomará un vehículo físico..." (pág. 608). ¿Sería esto un lapsus por parte de Bailey, en vista de su infor-**

mación de que el Maestro Jesús está, en realidad, en un cuerpo Sirio que ahora tiene ya 660 años? (Abril 1997)

No es exactamente un 'lapsus'. Significa que Él aparecerá físicamente.

¿Es posible para alguien ponerse en contacto con el Maestro Jesús? (Abril 2000)

Ciertas personas lo hacen, pero yo no tengo control sobre ello. Existe una muy interesante monja africana, la Hermana Anna, que vive en Roma. Yo no la conozco personalmente pero si lo he hecho con su obispo que es un cardenal en Roma. Ella ha escrito un libro titulado *La Llamada Divina*, y en él muestra fotografías del Maestro Jesús que Él permitió que le tomara. Ella le ve todos los jueves y el miércoles por la noche comienzan a salirle estigmas. El jueves él viene y la visita. Una de las monjas le prestó una cámara de fotos y ella le preguntó al Maestro Jesús si podía sacarle una foto. Él asintió y ella la hizo, e incluyó la fotografía en el libro. (Una buena tienda católica debería tenerlo.) Los Maestros, y el Maestro Jesús en particular, visitan a personas todo el tiempo. No están distantes respecto a la humanidad. Realmente se aparecen en casa de la gente. Conozco a personas que han visto al Maestro Jesús o a Maitreya muchas veces, normalmente disfrazados pero no siempre. Sucede todo el tiempo.

Por favor, explique: El Maestro Jesús, un alma de 6º rayo, es un discípulo de Maitreya y fue adumbrado por Él, un alma de 2º rayo, hace 2.000 años. (Mayo 1999)

La energía de Amor de 2º rayo, el Principio Crístico, fue liberada por Maitreya – pues Él la encarna – a través de Jesús. La energía de Piscis – inaugurada por Jesús – es esencialmente la energía del 6º rayo.

En un libro neozelandés, titulado *Song of Waitaha* (Canción de Waitaha), del autor Barry Brailsford, los Waitaha dicen que un ser, a quien ellos llaman Rongo Marae Roa, plantó la semilla de la paz entre su pueblo. Es decir, abandonaron las guerras y vivieron armoniosamente como una nación confederada de tribus. ¿Era este "Dios de Paz" el Maestro Jesús? (Diciembre 1998)

Sí.

Recientemente un miembro de nuestro grupo de Meditación de Transmisión descubrió una reproducción de un cuadro* del artista J.R. Wehle (1848-1936) que se parecía mucho al cuadro mencionado en el ejemplar de *Share International* de Julio/Agosto de 1996 tal

como se manifestó por el Maestro Jesús como un negativo en blanco y negro de un rollo en color. El hecho de que usted lo descubriera como un autoretrato por el Maestro Jesús implica que Wehle estuvo impresionado o inspirado por el Maestro Jesús cuando pintaba el cuadro?

*Título: '"Y ellos le siguieron" – Jesús y Sus discípulos caminando por los campos de trigo' (Abril 2000)

J.R. Wehle fue impresionado por el Maestro Jesús mientras pintaba el cuadro. El Maestro Jesús utilizó el cuadro como base para la forma pensamiento en blanco y negro que apareció en el rollo de película a color.

Avatares

En la página 61 de su libro *La Misión de Maitreya, Tomo III*, usted dice que "...Los avatares no son en realidad miembros de la Jerarquía Espiritual de este planeta. Ellos 'llegan' de fuera del planeta". Pero en la página 141 del mismo libro, usted describe a Moisés como "no era un hombre corriente, sino un avatar (humano)". (1)¿Cómo puede alguien ser "humano" y un "Avatar" al mismo tiempo? Yo creía que ser humano significa venir de este planeta. Pero en cambio usted dice que ser un Avatar significa venir de fuera del planeta. (2) Si Moisés era un Avatar (humano), ¿de qué planeta vino? (Abril 1999)

Moisés 'cayó' de Marte a la Tierra y por tanto se convirtió en un miembro de la humanidad terrestre, pero también un Avatar (humano).

Leyendo sobre Helena Petrovna Blavatsky tengo entendido que ella fue acusada constantemente de fraude y su figura fue frecuentemente difamada. En la actualidad existen críticas y acusaciones similares vertidas sobre dos grandes avatares – Sathya Sai Baba y Swami Premananda. En Internet muchos de los antiguos devotos de Sai Baba han aparecido para acusarle de fraude y abuso sexual, incluso asesinato, documentados desde los años 70 en adelante. ¿Por qué les ocurre esto a seres tan evolucionados? (Junio 2000)

Es un problema de siempre. Muchos de los grandes Instructores han sido difamados y atacados de esta manera: por ejemplo, Gautama Buddha, Jesús, Mahoma, Shirdi Baba (la anterior encarnación de Sathya Sai Baba) y probablemente muchos más con anterioridad. Parecen ser gajes del oficio.

Sai Baba es un Avatar Cósmico, como Maitreya es un Avatar Planetario. Él vino al mundo bajo la Ley de los Avatares, la Doctrina de los Avatares, y vino bajo el patrocinio del Señor del Mundo, Aquel que representa a nuestro Logos planetario. Él ha sido traído según la ley. ¿Ahora usted cree que una ley como esa ha traído a un abusador de menores, un timador, un prestidigitador, un fraude, un abusador sexual o un asesino? ¿Usted piensa que los Señores que organizan la venida de los avatares, que Les conocen, que les ven como grandes entidades cósmicas por derecho propio, que se sacrifican a sí mismos para venir a este planeta durante tantos años para ayudar a la evolución del planeta, harían tal cosa? No es sólo improbable, en realidad es literalmente imposible. Es imposible para un avatar, para cualquier avatar, en particular un avatar de la talla de Sai Baba, cuya talla exacta te asombraría, si supieras cuál es. Es imposible para Él hacer lo que se afirma hizo, el creador de todo tipo de fraude, haciendo trucos como la producción de media tonelada de *vibhuti* de la nada. Usted muéstreme al prestidigitador que pueda hacerlo y me hará volver a pensarlo.

Parecería como si existiera una ley de que cuanto mayor grandeza tenga un ser, atrae más vileza, envidia y capricho, el malsano deseo negativo del poder, de otros que buscan acabar con la grandeza. Sucede una y otra vez. El Buddha sufrió lo mismo, al igual que Jesús, como también todos los grandes instructores que han venido al mundo. Sin duda, la gente dirá que Maitreya es un abusador de niños y un prestidigitador, un timador, sólo porque Él puede desaparecer a voluntad.

Existe un antiguo dicho que los mejores y más altos árboles, con la mejor fruta, son precisamente los que reciben la mayor cantidad de piedras. No se arrojan piedras a pequeños árboles normales y corrientes en los cuales la fruta está bien pero no es muy buena, o está demasiado madura, o agria. Es a los grandes árboles, los árboles grandiosos, con fruta espléndida, a los que vale la pena perseguir. Son ellos los que recogen las piedras, al igual que con los grandes instructores. Aquellos que poseen algo grandioso, algo único y maravilloso para dar al mundo son los que atraen esta calumnia.

Actualmente, encarcelado en una prisión está otro avatar, Swami Premananda. Ha estado en prisión durante años, acusado exactamente de las mismas cosas, abuso sexual, asesinato, fraudes de todo tipo. Él es tan inocente como las margaritas e igualmente lo es Sai Baba. Parecería que fuera una ley. Sai Baba mismo ha dicho que todavía empeorará antes de mejorar. Así que buscad más de lo mismo. La gente mediocre parecen poseer el mayor odio – supongo que les hace sentirse aún más mediocres.

Un gurú del sur de la India llamado Bala Sai Baba es el vivo retrato de Sathya Sai Baba cuando era joven. (1) ¿Es Él un Avatar? (2) ¿Cuál es Su relación con Sathya Sai Baba? (Septiembre 2000)

(1) Sí. (2) Alumno.

¿Es el Logos Planetario a quien nos referimos cuando decimos "Dios"? (Octubre 1999)

En un sentido inmediato, sí. Existe un 'Dios' a cada nivel. Nuestro Dios inmediato es el Logos Planetario. Jehová del Antiguo Testamento, el Anciano de los Días, es el reflejo en el plano físico etérico del Logos. Es un hombre joven, Sanat Kumara, el Señor del Mundo, que vino de Venus hace 18 millones y medio de años. Él es nuestro equivalente más cercano a Dios. Pero el Logos Solar, en el centro del sistema solar, es Dios: nosotros somos parte de Su conciencia, también. El Logos Solar se relaciona con el sistema de Sirio. La relación de este sistema solar con la de Sirio es parecida a la de nuestra personalidad con nuestra alma. Ya que somos reflejos de nuestra alma, de igual manera este sistema solar es un reflejo de Sirio. Luego existe 'Dios' en el centro de la Galaxia.

He oído que Sai Baba ha dicho que sólo una persona que cree en Dios está protegida por Dios. ¿Es eso cierto? Si lo es, ¿no da Dios igualmente amor a todas las personas? (Octubre 1999)

Bien, hay que entender lo que Sai Baba quería decir con esto. Es una cuestión de lo que se entienda por creencia. Es realmente una cuestión de experiencia y no de creencia. Creencia no hace nada en realidad; la experiencia lo hace todo. Mientras experimentas te haces consciente, y es la conciencia despierta de Dios la que te protege. Es sencillo decir: "Creo en Dios", pero eso no tiene necesariamente nada que ver con la experiencia de Dios. La mayoría de gente religiosa dirá: "Creo en Dios, o creo en Alá", o "Creo en el Origen Divino", pero a menos que esa creencia sea una experiencia no cambiará nada en la persona. Dios está en todas partes. No hay ningún lugar en que Dios no esté. En cierto sentido, y según lo creo, no hay nada más que Dios. Eso es todo lo que hay en el Cosmos. Y todo lo que vemos, incluidos a nosotros mismos, es una forma que adopta la Divinidad para expresarse a sí misma a un nivel en particular. Cuanto más cercano a Dios, más vas a experimentar y saber de Dios.

La segunda parte de la pregunta es: "Si esto es cierto, ¿no da Dios amor a todas las personas por igual?" Dios da amor, pero tú tomas lo que puedes. Tomas mucho o poco.

En la Biblia cristiana, se dice que Jesús afirmó: "Porque a todo el que tiene, se le dará y le sobrará; pero al que no tiene, aún lo que tiene se le quitará". (Mateo 25 v. 29). Esta frase ha sido completamente distorsionada, para permitir a los codiciosos y egoístas del mundo decir: "Oh, en la Biblia dice, 'Al que tiene se le dará más'. Así que cuanto más tenga más se me dará" Pero eso es a nivel material, algo a lo que Jesús no se refería en absoluto. Más bien significa que ahí donde esté activo el amor de Dios en ti, el Principio Crístico, más se te podrá dar de este amor. Y cuanto más esté en ti, más se te podrá dar porque los iguales se atraen. Si posees una gran cantidad de amor atraerá una mayor cantidad de amor. Si tienes poca cantidad, sólo podrá atraer una pequeña cantidad de amor. El amor no tiene fronteras, y sólo puedes tomar de él en relación a lo que ya tienes.

¿Quién es la Madre del Mundo? (Septiembre 1999)

La Madre del Mundo es la 'Shakti' (contraparte femenina) del Señor del Mundo. Ella es el Principio Femenino, manifestándose a lo largo de los siglos como María en el evangelio, como Ishtar de Asiria y Babilonia, y como Isis en el antiguo Egipto. A través de la historia, la Madre del Mundo ha adoptado una manifestación externa como el Principio Divino Femenino. Nuestro Dios es masculino/femenino, y estos dos aspectos de la divinidad funcionando juntos crean el universo.

El Jesús histórico

¿Qué tipo de preparación recibió Jesús para capacitarle en su labor de ser el vehículo de Maitreya? (Noviembre 1998)

El adumbramiento gradual por parte de Maitreya.

¿Cómo sabe que Maitreya adumbró a Jesús? (Julio 2000)

Es algo básico en las enseñanzas de la Sabiduría Eterna que fueron, en el caso de las enseñanzas de Alice Bailey, dadas por el Maestro Djwhal Khul. Él dijo expresamente que, durante tres años desde el bautismo hasta la crucifixión, Maitreya adumbró a Jesús. Yo se más por mi propio Maestro de que el adumbramiento comenzó cuando Jesús tenía 12 años, cuando comenzó creíblemente a discutir con los rabinos del templo al mismo nivel. Esto continuó hasta que cumplió los 24 años. Su misión comenzó a los 30. Durante tres años desde los 30 hasta los 33 años el adumbramiento no fue sencillamente un adumbramiento a medias sino un proceso perpetuo. Él estaba allí, no en cada momento del día, pero constantemente.

Parte del tiempo sólo Maitreya estaba en el cuerpo de Jesús. En otros momentos sólo Jesús estaba en Su cuerpo. Otras veces y la mayoría del tiempo Maitreya y Jesús estaban en el mismo cuerpo juntos. La conciencia de Jesús se hizo consciente de todo lo que sucedió alrededor y a través Suyo. Él sabía con total conocimiento y conciencia que era Maitreya el que trabajaba a través Suyo. Por supuesto, sucedió con Su completa cooperación y libre albedrío, que nunca es infringido por los Maestros.

La Biblia recoge que Jesús pidió a algunos de sus discípulos, como Pedro el pescador y Mateo el recaudador de impuestos, que fueran sus discípulos. Indica que a nadie de los que preguntó, declinó. (1) ¿Hubo algunos a quienes se preguntó y declinaron? (2) ¿Era el plan contar con exactamente 12 discípulos (el número de la realización), o (3) ¿hubiera Jesús acogido un mayor número de discípulos si hubiera podido contar con más? (Diciembre 1999)

(1) No. (2) Sí. (3) No.

(1) ¿Dijo Jesús en realidad que él estaría con nosotros al final de la era? (2) Si así fue, ¿de qué era? (3) ¿Qué quería decir exactamente? (4) ¿Fue esa una promesa de Jesús, de Maitreya, o de ambos? (Diciembre 1999)

(1) Sí. (2) La era de Piscis. (3) Que Él no dejaría el mundo. (4) Ambos.

Por lo que parece, habían muchas personas que realizaban milagros o trucos en la época de Jesús. (1) ¿Había algo que resultara obviamente distinto en los suyos? (2) ¿Por qué los hacía? (3) ¿Por qué le pidió a sus discípulos que no le explicaran a otros sobre sus curaciones y milagros? (Diciembre 1999)

No eran milagros sino trucos de magia. (1) Muchos de los "milagros" atribuidos a Jesús fueron sólo simbólicos. Algunos eran milagros genuinos. (2) Cada uno tiene su propio propósito. (3) Porque todos ellos no eran "milagros", y no quería darles una publicidad indebida.

¿Anduvo realmente Jesús en Palestina sobre el agua, o es sólo una especie de frase simbólica en la Biblia? (Abril 1997)

No, la afirmación es simbólica. No obstante, lo podía haber hecho, pero no lo hizo.

Estoy un poco confundido con el nombre de San Juan. La gente se refiere a San Juan y no sabes si es Juan el Bautista o Juan el Amado. (1) ¿Por qué Jesús amaba especialmente a Juan? (2) ¿Qué Maestro fue Juan el Amado y cuál Juan el Bautista? (Enero/Febrero 1997)

(1) Juan el Amado era uno de los Discípulos más avanzados que estuvo junto a Jesús, y uno de los "tres íntimos". (2) El es ahora el Maestro Koot Hoomi, el Chohan del Ashram del Segundo Rayo en la Jerarquía espiritual. Juan el Bautista está ahora en Sirio.

¿Se refiere la visión de Daniel, tal como es descrita en la Biblia (Viejo Testamento, Daniel 7:13-14) a Maitreya?: "Yo seguía contemplando en las visiones de la noche, y he aquí que en las nubes del cielo venía como un Hijo de hombre. Se dirigió hacia el Anciano y fue llevado a su presencia. A él se le dio imperio, honor y reino, y todos los pueblos, naciones y lenguas le sirvieron. Su imperio es un imperio eterno, que nunca pasará. Y su reino no será destruido jamás." (Enero/Febrero 1999)

Sí. Es, naturalmente, un reino espiritual lo que aquí significa: la Jerarquía Espiritual o Esotérica de la cual Maitreya está a la Cabeza.

Cuando Daniel habla de los Santos en el verso 18, ¿está refiriéndose a los Maestros de Sabiduría?: "Los que han de recibir el reino de los santos del Altísimo, que poseerán el reino eternamente, por los siglos de los siglos". (Enero/Febrero 1999)

Sí.

¿Qué ocurrió con el Sudario de Turín inmediatamente después de la muerte de Jesús? (Enero/Febrero 1998)

Fue recuperado de la tumba en la que Jesús había permanecido por tres de Sus más estrechos seguidores y ocultado durante dos años. Posteriormente se mostró, de forma irregular, a los peregrinos cristianos que venían a Jerusalén. En el siglo VI era bastante conocido como el auténtico sudario de Jesús y una santa reliquia.

En un reciente artículo de la revista *Time* sobre el Sudario de Turín, menciona otra tela: "Según el Evangelio de Juan, Jesús dejó no sólo su sudario en la tumba...sino también un 'pañuelo, que lo había llevado puesto sobre su cabeza, y que no estaba colocado junto con las telas de hilo, sino enrollado sobre sí mismo en otro lugar.' En un cofre plateado de madera de cedro en la Catedral de Oviedo, España, hay una tela, que mide 83 por 53 cm., que algunos creen que es ese pañuelo. Los archivos históricos apuntan que la tela de Oviedo fue sacada misteriosamente de Jerusalén hacia el año 614 cuando la ciudad fue atacada por Persia, luego viajó por el Norte de África hasta llegar a Oviedo, donde ha permanecido desde 1113". ¿Perteneció realmente este pañuelo/tela a Jesús? (Julio/Agosto 1998)

Sí

Varias fuentes indican que el Jesús bíblico fue una creación de la época del Concilio de Nicea. ¿Qué porcentaje de lo que se registra en el Nuevo Testamento como palabras de Jesús es una versión exacta de lo que Él en realidad dijo/hizo/enseñó? (Marzo 1999)

Un sesenta por ciento.

Se ha dicho también que Jesús no era de Nazaret, que la ciudad de Nazaret ni siquiera existía en esa época, y que la confusión proviene a raíz de que él pertenecía a una orden mística, un grupo conocido como los Nazarenos o Nazares; ¿Es eso cierto? (Marzo 1999)

Sí.

¿Quién fue Jesús después de Su encarnación como Apolonio de Tiana y antes de que tomara el cuerpo sirio en el cual vive ahora? (Abril 1997)

Conservó el nombre de Jesús, y en los siglos VI-VII visitó y enseñó a los nativos americanos y los polinesios del Pacífico. Este hecho es conocido por los mormones.

¿Podría por favor comentar algo sobre la vida de Apolonio de Tiana: murió de forma natural o abandonó su cuerpo, y a qué edad? (Octubre 1998)

Abandonó Su cuerpo a la edad de 400 años.

Me gustaría saber cuán importante es bautizarse –en lo que concierne a la experiencia cristiana. ¿Es el bautismo por agua, tal como lo realizan los cristianos, necesario para el crecimiento espiritual de una persona? (Octubre 1998)

El bautismo es un ritual simbólico y su efecto es puramente psicológico. Simboliza la purificación de la naturaleza astral necesaria para tomar la segunda de las cinco iniciaciones hasta la Maestría en este planeta. Ciertamente no es necesaria –como inmersión en agua– para el crecimiento espiritual de una persona. De lo contrario millones de personas no-cristianas no podrían lograr ese crecimiento –lo que obviamente no es el caso.

María, la Madre de Jesús

Existen varias versiones en relación al lugar donde María, la madre de Jesús, fue enterrada, se habla de Jerusalén (Capilla de la Dormi-

ción, Israel), Glastonbury (Inglaterra) y Mari (Paquistán). ¿Podría decirnos dónde fue realmente enterrada? (Diciembre 1997)

En Egipto.

María, la madre de Jesús, debía haber sido extraordinaria para aquellos tiempos. (1) ¿Sabía conscientemente que su hijo sería el Mesías? (2) ¿Trataron ella y José a su hijo y le enseñaron con aquel futuro consagrado en mente? (3) ¿Podría por favor describir algo de su naturaleza y carácter? Siempre fueron descritos de una forma tan idealizada pero quizás es una descripción precisa en su caso. (Junio 2000)

(1) Cuando se lo dijeron, sí. (2) Sí. (3) Las descripciones dadas son bastante precisas; ellos eran miembros de la comunidad esenia y tomaban la vida religiosa con mucha seriedad.

¿Será visto y conocido el Maestro que fue la Virgen como uno de los Maestros que emerjan con el Señor Maitreya? (Junio 2000)

No. No durante unos 200 años, cuando Él/Ella se reencarne como el primer Maestro que utilice un cuerpo femenino.

(1) ¿Está el Maestro que fue la Virgen al frente de un Ashram? (2) ¿Tiene discípulos trabajando en el mundo? (3) ¿En qué tipo de campo de servicio trabajan estos discípulos? (Junio 2000)

(1) Sí. (2) Sí. (3) Principalmente en los campos religioso y humanitario.

¿Fue alguna de las otras encarnaciones del Maestro que fue la Virgen muy conocida? (Junio 2000)

No.

Exteriorización de los Ashrams de los Maestros

¿Cómo podemos aplicar directamente la información de esta charla en nuestro trabajo de la Reaparición? (Enero/Febrero 2001)

Una forma que yo sugeriría es enseñar. Hazlo saber, difunde la información sobre la Reaparición. La Reaparición del Cristo es algo difícil de lo que hablar, pero también es la reaparición de la Jerarquía de Maestros. No es sólo el Cristo, un gran suceso como es. Es el retorno por primera vez en casi 100.000 años de la Jerarquía Espiritual de nuestro planeta, ese grupo interno que realmente controla el destino del planeta. Esto es trascendental, y el mundo no sabe sobre ello. Es vuestra labor, si os encargáis de ello, de hacerlo saber. Cada vez que mencionáis el hecho de la venida del Instructor del Mundo o del Cristo, recordad que Él no viene solo sino con un gran grupo y que Su influencia será *crucial*.

La exteriorización real no es sólo que los Maestros aparezcan abiertamente, saludando a las multitudes y siendo muy amigables y simpáticos. Tiene que ver con la exteriorización de los ashrams internos en el plano físico exterior. Lo que se intenta, y se llevará a cabo, es la réplica en el plano físico exterior de los ashrams que han existido durante milenios, todavía existen y continuarán existiendo en los planos internos. Es crear una réplica para que las dos áreas trabajen simultáneamente. Los discípulos trabajando en los ashrams en el mundo exterior serán las mismas personas que ya trabajan en los ashrams internos. Aún se sustentarán en sus propios Maestros.

Los ashrams son los puntos focales de energía del Maestro, la energía de un rayo específico. Habrá siete ashrams principales y 42 ashrams subsidiarios en el plano externo al igual que sucede en el plano interno. Cada uno encontrará su relación con un ashram, pero ahora, abiertamente, en el plano externo, y la meta será tomar la iniciación. Por el momento, la meta de mucha gente es tener unas vacaciones maravillosas, ir alrededor del mundo y ver cosas que nadie ha visto. Son metas dignas, no hay nada de malo en ellas, ¿pero os podéis imaginar que la meta se convierta en tomar la primera iniciación? Irán a escuelas y universidades para capacitarse, luego a las escuelas de misterio, y así encontrarán su camino hacia la puerta de la iniciación. Esto por último se convertirá en la meta común de millones de personas. Eso es de lo que trata realmente la exteriorización de la Jerarquía. Hacedlo saber. Contad a las personas lo que sabéis.

¿Tendrán los discípulos con el tiempo un contacto consciente con sus ashrams para entrenamiento y servicio? (Enero/Febrero 2001)

Sí. Como he dicho, será una réplica en el plano físico de los ashrams que ya existen en los planos internos.

¿Podría clarificarlo? Usted dice que ahora hay 14 Maestros más un Señor de la Compasión en el mundo ¿De quién se trata? (Enero/Febrero 2001)

Maitreya es uno de los tres Señores de la Compasión. Él es el que está en el mundo, y así hay 14 Maestros de diversos grados –quinto y sexto, y el Señor de la Compasión que es Maitreya. Con el tiempo habrá unos 40 Maestros en el mundo.

Control de las Fuerzas de la Destrucción

Su Maestro dice: "Nunca antes tanto ha dependido de la llegada de Maitreya". ¿Existen algunas circunstancias en las cuales la Jerarquía infringiría nuestro libre albedrío para conseguir que los acontecimientos se muevan, por ejemplo hacer que las bolsas caigan con más rapidez? (Enero/Febrero 2001)

No, eso infringiría nuestro libre albedrío. Lo que el Maestro quería decir con: "Nunca antes tanto ha dependido de la llegada de Maitreya" es que nunca antes en la historia del mundo tuvo la humanidad el control de tales fuerzas de destrucción. El descubrimiento de la fisión atómica ha alterado espectacularmente la posición de la humanidad. Le ha proporcionado un poder destructor sin la disciplina y las intenciones pacíficas que garantizarían la armonía. De hecho es todo lo contrario. Incluso la posesión de esas armas se realiza dentro de un sistema, un grupo de elite, países poderosos y un número de países más pequeños que todos lo poseen, y otros tienen prohibido tenerlo.

EEUU ha armado un gran revuelo sobre la capacidad atómica de Corea del Norte, ¿pero por qué debería ser excluida? ¿Por qué Norteamérica, Rusia, China, Francia, Gran Bretaña, India, Pakistán y muchos otros la tienen pero no Corea del Norte? Es una tergiversación de la lógica. EEUU decide quién debe tener la bomba y a quién debe evitarse que la tenga. Así que convierte en enemigo a aquellos que quieren la bomba, y aquellos que preferiblemente no deberían tenerla. No tienen la menor preocupación de que Corea del Norte enviara un misil balístico a Washington o Nueva York. No atacará a Estados Unidos. Sería suicida y ellos lo saben. Están preocupados de que le proporcione al gobierno de Corea del Norte una paridad con el gobierno de Corea del Sur, que está avalada por EEUU. Es un problema interno, no un problema internacional. Estados Unidos lo ha convertido en un problema internacional. Están complicando más de lo debido el problema de quién posee misiles nucleares y quiénes no.

Existe un club, pero deben o cerrar por completo el club y deshacerse de todas las armas, o admitir a todos los pueblos que deseen desperdiciar su tiempo, dinero y energía, en crear estas armas. Unas pocas naciones lo querrían, pero otras se negarían a construirlas. Son naciones sensibles que nunca intentarían tener bombas atómicas.

Esa es la 'lógica' de las relaciones internacionales. Norteamérica es una nación joven. Hace tan sólo un corto espacio de tiempo desde que se convirtió en una nación. Es como alguien grande de 18 años con inmensos y robustos brazos que va diciéndole a los demás lo que hacer. EEUU no puede seguir haciendo eso y luego extrañarse porqué no es querida. Norteamérica es temida y no gusta en todo el mundo. No me refiero a todos los países –a los británicos le gusta Norteamérica– pero en todo el mundo árabe por su apoyo a Israel; por China y otros, por el mundo ex-comunista, EEUU no gusta y se desconfía de ella porque es grande, fuerte y matona. Ha invadido más países que cualquier otra nación desde la Segunda Guerra Mundial. Se cree que ha sido la defensora del 'mundo libre' pero no es la única nación 'libre' del mundo. Norteamérica se considera como la única nación que trabaja y lucha por la libertad. No es verdad. Entre otros, Rusia luchó por la libertad y perdió a 25 millones de personas luchando por esa libertad, pero tan pronto como lo consiguió, se convirtió en el enemigo de Estados Unidos. Es como mi Maestro lo explica: al mundo se le presenta la absurda elección entre libertad y justicia. Escoge cuál quieres tener. Escoge el mundo moderno, desarrollado, competitivo tipo americano y tendrás un grado de libertad. No te preocupes por la justicia, no es importante. Eso es una tergiversación de la verdad. No puedes tener libertad a menos que luches y trabajes por la justicia. Eso es lo que Norteamérica debería hacer. Eso es lo que deberíais hacer. Eso es lo que Maitreya hará.

La humanidad, en su conjunto, deberá retroceder y comenzar nuevamente todo desde el principio. ¿Dónde nos equivocamos? Comenzad desde inicio de la Era Industrial, por ejemplo, y pensad nuevamente sobre la distribución de los alimentos y las materias primas. Pensad cómo lo podríamos hacer más equitativo. El consejo estará allí, las técnicas están preparadas para ser dadas. Todo lo que debemos hacer es decir sí. Pero pienso que los norteamericanos lo encontrarán bastante dificultoso.

En el libro *La exteriorización de la Jerarquía*, por Alice A.Bailey, el Maestro Djwhal Khul enumera lo siguiente: "El momento del fin. El juicio de las personas. Este periodo de juicio es un intervalo grupal hasta el emerger pleno de las influencias de la Nueva Era." (1) ¿La "experiencia del desierto" que se menciona en el libro *La Reaparición del Cristo y los Maestros de la Sabiduría* se refiere a este suceso? (2) ¿Está cercano dicho suceso? (3) ¿Es el Efecto 2.000 parte de ello? (Septiembre 1999)

(1) No. Eso será el resultado del correcto 'juicio de las personas'. (2) Estamos en mitad de ello. (3) No.

¿Ya nos encontramos en la 'experiencia del desierto'? (Enero/ Febrero 2001)

No, para Norteamérica, la 'experiencia del desierto' será probablemente más dura que para los demás porque se ha acostumbrado a tanta comodidad, tanto abuso y derroche de recursos.

El mundo desarrollado, en particular, debe aprender a vivir de forma más sencilla. Además de las desigualdades de los estándares de vida alrededor del mundo, no podemos sostener el asalto a los recursos mundiales con el ritmo actual. Si seguimos, la ecología se colapsará completamente en este planeta. Quedará despojado de árboles, el agua estará aún más contaminada, el aire y la tierra lo mismo, y moriremos de envenenamiento. Mi Maestro afirma que la contaminación ya es la principal causa de muerte en todo el mundo. Destruye el sistema inmune y conduce a la muerte por diferentes enfermedades como resultado. En 10 o 15 años este planeta será casi inhabitable, tan mortífero es el abuso de los recursos, a menos que cambiemos de rumbo.

Norteamérica tiene más la culpa que cualquier otro porque es grande y codiciosa y posee los recursos para hacerlo. Tiene 250 millones de ciudadanos y la mayoría vive a un nivel más elevado que nadie en el mundo en masa. (No me refiero a cada individuo; Norteamérica tiene a 30 millones de personas viviendo por debajo del nivel de pobreza de EEUU.) Existen sitios en Gran Bretaña, Francia, Alemania y Japón donde la gente vive tan extravagantemente como las personas en Norteamérica. Sin embargo, los niveles más elevados de vida están en EEUU, no más elevados en calidad sino en el uso de recursos. EEUU utiliza más recursos que cualquier otra nación, un 40 por ciento por una población que representa el 5 por ciento del total.

Peor que esto, los recursos se almacenan. En las montañas de EEUU existen túneles que conducen a cavernas donde se almacenan constantemente productos. Todas las así llamadas 'reservas estratégicas' guardadas en cámaras prácticamente indestructibles en el medio de las montañas donde incluso una bomba atómica no podría llegar a penetrar. Están todos los productos químicos, los diversos metales, como titanio, y los materiales científicos que podrían utilizarse en una emergencia. Algo que no va a tener lugar, pero el gobierno no lo sabe. Han invertido billones de dólares en estas reservas que hace tiempo podrían haber cambiado las vidas de las millones de personas que padecen hambre y proporcionarles agua potable y alimentación continua. Estos productos se amontonan en grandes cantidades que nunca serán utilizadas.

Si hubiera una guerra en el futuro, sería realmente muy corta. No necesitarías reservas estratégicas. Probablemente acabaría en dos semanas, y el mundo ya no sería habitable. Habríamos muerto todos, si no en los primeros ataques nucleares, luego con las nubes tóxicas de la guerra química y biológica que acompañaría o le seguiría a las primeras explosiones atómicas. Significaría una total y completa devastación de toda vida sobre este planeta. Ha habido la amenaza varias veces. Hemos sido salvados de ella en varias ocasiones por los Hermanos del Espacio.

No tengo la menor duda de que si vuelve a haber una amenaza, los Maestros, y si es necesario los Hermanos del Espacio, intervendrían para evitar esa catástrofe. La información para construir las bombas atómicas que fueron lanzadas en Hiroshima y Nagasaki fue dada por la Jerarquía y dada a conocer a los científicos del bando Aliado. La autoridad para hacer esto fue otorgada por Sanat Kumara, el Señor del Mundo, y se hizo para poner fin a la guerra y asegurar una victoria Aliada. Los dos bandos estuvieron avanzando uno muy cerca del otro durante varios meses en 1942 para obtener los secretos que controlaban el proceso atómico. Sanat Kumara fue abordado por la Jerarquía y Él dio Su consentimiento. Así Sanat Kumara, el Señor del Mundo, estaría involucrado en cualquier uso de ese tipo de la energía atómica.

¿Si existiera algún país o países o grupos que amenazaran al mundo con terror atómico, intervendría la Jerarquía? (Enero/Febrero 2001)

Mi información es que la Jerarquía intervendría. La amenaza no se dejaría que fuera demasiado lejos. Se tomarían medidas para evitar su detonación. Yo no sé cómo podría hacerse, pero se haría. El peligro es la capacidad destructora que la humanidad tiene bajo su control. Esa es la razón por la que es tan imperativo que Maitreya se dé a conocer y nos aleje del precipicio. Nunca se le había necesitado tanto como ahora porque los problemas, que son problemas de vida o muerte, nunca se habían concentrado tanto como en la actualidad.

Usted ha descrito tres revoluciones previas que se volvieron sangrientas a pesar de la intervención de los Maestros para atenuar los cambios. (Enero/Febrero 2001)

No. Creo que no lo ha entendido bien. Los Maestros no intervinieron antes de que tuviera lugar el derramamiento de sangre. Fue para limitar ese grado de derramamiento de sangre que los Maestros intervinieron, no para atenuar los cambios.

¿Harán los Maestros algo diferente esta vez para intervenir cuando las tensiones entre los 'que tienen' y los 'que no tienen' se acentúe? (Enero/Febrero 2001)

Ellos están interviniendo todo el tiempo, Están acelerando todo este proceso, Puedes llamar eso intervención.

Las tres guerras de revolución fueron inspiradas por los Maestros y se descontrolaron. En el momento de estos cambios venideros, ¿habrá más matanzas? ¿Cómo podemos ayudar a evitarlo, mantener un equilibrio entre las fuerzas progresistas y conservar lo útil del sistema? (Enero/Febrero 2001)

Esa es la labor de los Maestros. Dudo de que estés lo suficientemente equipado para hacer eso para todo el mundo en su conjunto. Probablemente lo puedes hacer en tu propio dominio, en tu cocina. ¡No queremos matanzas en las cocinas!

Cómo comunicarse con el público

Su charla enfatizó el profundo impacto en todos los aspectos de nuestras vidas que el emerger de Maitreya y los Maestros tendrá. ¿Cómo podemos comunicar y expresar mejor este hecho profundo en nuestros esfuerzos públicos? La reacción de la mayoría de personas es: "¿Cómo me afectará a mí y a lo mío?" (Enero/Febrero 2001)

Sólo puedes tratar a las personas en su propio nivel. Le puedes decir que esto causará un impacto profundo en todos los aspectos de la vida e intentar contestar sus preguntas. No puedes saber todas las respuestas, no puedes hablar para la reacción de cada persona. Cuando digan: "¿Cómo me afectará?" Le puedes decir que afectará a las personas de muchas maneras. Nosotros en Occidente debemos simplificar nuestras vidas para que todas las personas puedan vivir. Con el tiempo cambiarán completamente los sistemas educativos, y esto afectará a nuestros hijos. Tendrá un efecto en cada aspecto de la vida.

Si tienen algo de imaginación, pueden ver que un Maestro como el Cristo, como los otros Maestros que son similares, aunque no tan extraordinarios, deberán tener un profundo efecto, una nota constante en la humanidad. La gente se lo pensará dos veces antes de ser profundamente codiciosa y egoísta, y consecuentemente destructiva.

El Principio Crístico comenzará a funcionar cada vez más en nuestros corazones. Esto nos reorientará hacia un punto de vista más profundo y respetuoso de la vida. Trataremos a la vida y las personas con más estima, y comenzaremos a considerar a las personas que conocemos, personas al otro lado del mundo, más verdaderamente como parte de nosotros, como hermanos y hermanas. Esto creará nuestra disposición a compartir, considerándolo como una forma de tratar los recursos del mundo con sentido común. El interés propio inteligente demanda el compartir de los recursos. Debe ser de esta manera porque es de sentido común y cada vez más personas verán esto.

Puedes ayudar a expresar esto de la forma en que te diriges al público. No infravalores al público en general. Maitreya está en el mundo porque ha sido invocado. El mundo ha invocado al Cristo, le ha traído al mundo. Él no lo ha hecho en contra de nuestro libre albedrío. La masa de la humanidad (incluidos vosotros) le ha llamado al mundo, pero Él no os pertenece. Él ha venido para todos, y cada uno tiene el derecho a expresar su disposición de lo que Él tenga que decir. Cada uno es un alma. Debes aprender a ver a las personas como almas y considerarlas más elevadas de lo que quizás ellas se consideran a sí mismas en ese momento.

Por favor, aclare un poco el comentario que usted ha realizado en el pasado sobre el hecho de que deberíamos actuar 'como si' supiéramos que Maitreya y los Maestros están en el mundo, y preparar el camino. (Enero/Febrero 1998)

Actuar 'como si', es más bien como aceptar sin tener pruebas de que Maitreya y los Maestros están en el mundo. Tú tienes la intuición interna de que esto es así, o si tu mente te lo dice con tantas expresiones externas y ejemplos de ello, de que debe ser así. Quizás Creme no lo sabe todo, pero debe haber algo en lo que él dice que me hace creer que es así. ¿Qué hago al respecto? ¿Espero hasta que se demuestre? Si quieres hacer algo de provecho, tienes que tomar una decisión. Mi consejo (y ese es el consejo de los Maestros sobre cualquier punto relacionado con esta aceptación) es aceptarlo sin tener pruebas por el momento, como una hipótesis. "Podría ser cierto, parece posible". Aceptadlo a ese nivel por el momento hasta que se demuestre lo contrario, y luego *actuad* sobre la hipótesis de que eso es cierto. Actuad, por tanto, 'como si' esto fuera así; no disminuyendo vuestra actividad en el caso de que te esté sobrepasando y luego se demuestre que no es cierto, habiendo perdido todo ese tiempo y energía. Eso es algo que muchas personas hacen. Vacilan y dicen: 'Bien, si lo supiera, me involucraría, pero no puedo comprometerme a darlo todo porque, al fin y al cabo, puede no ser cierto". No están impulsados. Si tu intuición te impulsa, realmente lo sabes, incluso si no puedes demostrarlo. Saber y demostrar son dos cosas distintas.

Recuerdo ese momento en marzo de 1959, cuando Maitreya me habló y me dijo: "Tendrás un papel a desempeñar en Mi venida, si tú lo aceptas", y me dijo mi Maestro: "Tú has escuchado algo hoy que ha cambiado tu perspectiva de las cosas. Llega el momento en el que se espera que *actúes* al respecto y afirmes Su venida". Al cabo de un día o dos Él me dio una larga disertación sobre la fe, la necesidad de la fe – no la fe ciega, sino la verdadera fe interna, *fe en tu propia experiencia*. Él acabó diciendo: "Por falta de ese único ingrediente, la fe, muchos discípulos prometedores han fallado. Ten fe, y afirma Su venida".

Tan grande es la necesidad de la fe que sin ella nunca harás nada. Si no tienes fe en ti mismo, nunca harás nada personal u original. Si no tienes fe en la realidad de tu punto de vista, nunca lograrás nada. Incluso si después se demuestra que no tienes razón, es mejor actuar con fe, cometer errores y aprender de ellos, que no hacer nada en absoluto porque no tienes la convicción interna de tu fe. Tú piensas: "Puede que sea cierto, puede que no. Oh, no lo sé, no sé qué hacer", porque no tienes fe. Si tienes fe en ti mismo, incluso si después se demuestra que no tenías razón, es mejor actuar que no actuar. Tan sólo puedes cometer errores, y los errores pueden remediarse. Si no los cometes, no sabrás si son errores o no.

Mi profesor de pintura solía decir: "Los peores cuadros que haces son lo que no haces". Nunca olvidaré esta frase. Si no haces algo, nada pasa en la vida, tan solo vas recorriéndola sin esfuerzo. Es mejor cometer errores realmente graves y aprender de ellos, que no hacer nada en absoluto. (Siempre dentro de un límite razonable. ¡No os pido que robéis bancos!)

Actuar 'como si' es, precisamente, actuar con fe – fe en tu propio juicio – y no hacer algo si realmente crees que es incorrecto, pero si crees que podría ser cierto y que merece la pena, como por ejemplo preparar el camino para Maitreya, sin pruebas externas o experiencias personales. Si simplemente esperas tener una prueba puede que pierdas la mayor oportunidad de todas tus vidas. Tal como Maitreya dice una y otra vez en Sus mensajes: esta oportunidad de servir es el mayor regalo que se os ha ofrecido en todas vuestras vidas. [Ver Mensajes de Maitreya números 26 y 27]. Y recordad, es corta. No va a volver a presentarse hasta de aquí 2.000 años, incluso en ese momento será distinta. De aquí a 2.000 años es posible que os veáis implicados en organizar grupos de discípulos, preparando el camino para el próximo Instructor del Mundo. Por supuesto será una humanidad muy distinta, increíblemente más avanzada, en todos los aspectos un nuevo mundo, pero el camino tendrá que ser preparado. Actúa como su supieras que es verdad, y demuéstralo con los hechos.

¿Tiene algún consejo de cómo aproximarse o tratar mejor con personas que conocemos que encarnan la energía conservadora de Piscis que es tan resistente al cambio? (Enero/Febrero 2001)

Si se refiere a los fundamentalistas –cristianos, judíos o musulmanes– entonces sé a lo que se refiere. Probablemente llevará los primeros 50 años de Acuario para que muchos de ellos cambien, para reconocer a Maitreya. Digo probablemente, no lo sé con seguridad. Quizás sólo sean 25 minutos. Las personas son lo que son, y no existe una sola forma de acercamiento.

Aproxímate a las personas inteligentemente. Si eres inteligente, no te acercarás a un fundamentalista y dirás: "Estás tan equivocado. Eres tan estúpido. ¿Cómo puedes ir creyendo las cosas que crees? Te diré dónde te equivocas" –y luego contarle sobre Maitreya. No puedes hacer eso, es grosero e infructuoso. Eso es lo que ellos hacen contigo y muestran su falta de tolerancia y cortesía común, por no decir algo peor. Debes ser más diplomático.

"Aquellos que encarnan la energía conservadora de Piscis." Pocos son todo una cosa o la otra. Cada uno es un poco progresista y un poco conservador. Algunos son tan conservadores que son intolerables, y algunos son tan progresistas, con 'P' mayúscula, que son completamente insoportables en cualquier contexto. Conoce personas intermedias y sé respetuoso con sus derechos, su derecho a mantener su ideal, porque es el resultado de su experiencia y estructura de rayos. Tenderán a ser más mayores que la media, aunque no todos –existen conservadores muy jóvenes. Son los conservadores jóvenes los que yo encuentro más difíciles. Me sorprendo cómo jóvenes como ellos pueden creer cosas que sus abuelos apenas creen en ellas. Pero lo hacen cada vez más. Cuando la presión del cambio tiene lugar, inevitablemente existe una reacción, un contraataque, y así hay un giro hacia la derecha.

Existe un fuerte elemento de tipo fascista en EEUU que está observando los sucesos y esperando su oportunidad. Esa oportunidad vendrá cuando los cambios estén teniendo lugar hasta cierto grado, pero descubrirán que los individuos más educados del público se pondrán de parte de lo que ellos no se esperaban. Ellos se pondrán de parte del cambio. Descubrirás en los sucesos que la cualidad del alma de Norteamérica, que es el segundo rayo de Amor-Sabiduría, será evocada por Maitreya, y entrará en vigor como lo hizo después de la Segunda Guerra Mundial con el Plan Marshall. El Plan Marshall es el mayor logro de la Norteamérica moderna, sin excepción. Desafortunadamente se detuvo cuando había realizado su trabajo más urgente en Europa, y se cambió por el plan de la CIA, que fue el de mantener el status quo, desestabilizar a los países de orientación izquierdista, y mantener a EEUU a la cabeza. Todavía es una agencia muy poderosa, pero ella también tiene una fecha de caducidad.

Cuando Maitreya sea más aceptado y la opinión pública mundial esté galvanizada, aquellos que se resistan al cambio se encontrarán en minoría. Millones de norteamericanos de buena voluntad se pondrán del lado de Maitreya por el cambio y la justicia. Un nuevo tipo de acción como el Plan Marshall será puesto en funcionamiento y salvará a los millones de personas que padecen hambre en el mundo. Un gran y espectacular esfuerzo de ayuda como nunca antes se haya agrupado será organizado y distribuido a través de los organismos de Naciones Unidas. Esto tendrá un profundo efecto en la opinión mundial incluida la opinión norteamericana. Aquellos que estén contra el cambio se encontrarán cada vez más limitados, cada vez más confinados a sus baluartes que no podrán durante mucho tiempo resistir las decisiones de la mayoría.

Usted realizó un comentario interesante en una conferencia sobre la diferencia entre preparar al público y simplemente dar información. ¿Cuál es la principal diferencia entre estas dos acciones similares? Si la gente da a otra la información sobre el Emerger de Maitreya, el Instructor del Mundo, ¿no es ya suficiente? ¿Se refiere el Sr. Creme a un diferencia en el tipo de información? (Enero/Febrero 2000)

Uno pude dar los hechos básicos de los sucesos y uno puede delinear los problemas que afronta la humanidad y cómo podrían ser abordados y resueltos con ciertas acciones, preparando así al público a *su* papel en la transformación del mundo. Los cambios necesarios saldrán de los cambios que ocurran en los corazones y mentes de la humanidad. Esto requiere una larga preparación. La información sigue siendo la misma pero las implicaciones que surgen de ello deben ser comprendidas y puestas en práctica por cada uno.

El efecto en los grupos de la Reaparición

¿Afectará la exteriorización a la actividad y el trabajo de este grupo en su conjunto, y afectará la evolución del grupo y la iniciación grupal? (Enero/Febrero 2001)

Afectará a todo lo que sucede en el mundo, a todas las personas del mundo, en gran medida, incluyendo a este grupo, al trabajo de este grupo, y a la eventual posibilidad de la iniciación grupal. Pero la posibilidad de la iniciación grupal no depende tanto de la exteriorización de la Jerarquía, sino de la superación por parte del grupo mismo de sus espejismos individuales y grupales.

Eso es retener la creación de un grupo adecuado para la iniciación grupal. No tiene que ver con el retorno de los Maestros o el trabajo de los Maestros en este momento. Existe un amplio estímulo, orientación e información dado que nos puede ayudar a reorganizar nuestras prioridades y alcanzar correctas relaciones grupales. Las hemos abordado muchas veces y los grupos individuales las estudian. Están en los trabajos del Maestro Djwhal Khul. El problema reside en que los grupos no hacen nada al respecto. No existe ni un solo grupo que invierta realmente ninguna energía, esfuerzo, inteligencia y trabajo en superar los espejismos de su grupo. Muy pocas personas en cualquier grupo se esfuerzan para superar sus espejismos individuales que están tan arraigados, la niebla es tan densa, que incluso no llegan a verlos. No comprenden las razones de estas normas de conducta para que sean aceptadas, se actúe sobre ellas, formen parte de las relaciones grupales. No ven la necesidad. Todo tiene que ver con esto, nada que ver con la exteriorización de la Jerarquía. Eso no lo hará más fácil o menos fácil.

Sencillamente es que los grupos no hacen lo que pueden y deberían hacer por ellos mismos, las personas individualmente, y los grupos como una unidad. Tiene que ver con las relaciones grupales impersonales; con la capacidad de utilizar las energías de destrucción de una forma constructiva; tiene que ver con la capacidad de trabajar como una mini-jerarquía, y aprender la ley del silencio oculto. Prácticamente nadie en ningún grupo del mundo toma esto seriamente hasta el punto de trabajar intensamente en ello. Podrían pensar que lo hacen, pero mi información es que no lo hacen, y ningún grupo ha avanzado más en el sendero hacia la iniciación grupal de donde estaban cuando el tema fue planteado hace años. Se ha estudiado, presentado en *Share International* (y en *La Misión de Maitreya, Tomo II*), se ha perfilado y entrado en detalles muchas veces. Algunas personas incluso pretenden que las correctas relaciones grupales carecen de importancia y trabajan contra ellas.

Así que la respuesta a la pregunta es que la Exteriorización ciertamente no tiene trascendencia en la iniciación grupal a menos que los grupos cambien y se lo tomen seriamente. Respecto al efecto en el trabajo grupal, el trabajo de este grupo, en este momento, es preparar el camino para el emerger del Cristo y los Maestros en el mundo. Esa labor casi ha terminado. Los Maestros emergerán en un futuro muy cercano, así que esa parte del trabajo estará hecha. Lo que se necesita es una interpretación del trabajo de los Maestros, una explicación de Sus razones para regresar y de la relación particular que Ellos mantienen o no con la humanidad. Eso es algo que uno ya debería saber o estar estudiando y ser capaz de dar una interpretación para el público en general. Yo lo consideraría como un trabajo continuo de este grupo.

El trabajo fundamental de todos los discípulos, no sólo este grupo, es superar sus espejismos, polarizarse mentalmente, y si es posible polarizarse espiritualmente. Es liberar algunas partes de los planos astrales de la nube oscura y lúgubre que los satura, que está causada por los espejismos de todos nosotros. El espejismo, la ilusión, crea esta nube, esta falsa realidad de la humanidad, que incluye a los discípulos hasta un cierto grado. Es lo que retiene a la humanidad.

La venida al mundo cotidiano, abiertamente, de los Maestros ayudará hasta cierto punto a disipar esa densa nube de espejismo. Pero lo que lo hará con mayor potencia de todo será el flujo de la energía Crística. La Reaparición del Cristo esencialmente es la manifestación del Principio Crístico en el corazón humano, en los individuos, incluyendo los individuos de estos grupos. En cuanto esa energía esté anclada en tu chakra del corazón, Maitreya puede trabajar a través de ti, y a través de ti Él puede cambiar el mundo en cierto grado. Es así como Él trabajará. Él sólo puede hacerlo si el Principio Crístico está activo y fuerte en ti. Cuantos menos espejismos tengas, más pura será esa reacción, más pura será la vibración de amor del corazón y más útil serás, junto con, uno cabría esperar, la educación que la mayoría de vosotros ha tenido a lo largo de los años, tanto de reuniones como éstas o de haber leído las enseñanzas.

La respuesta a esta pregunta de cómo afectará a los grupos depende en gran medida en la actividad de los individuos de los diferentes grupos. Abordad vuestros espejismos. Libraos de ellos, los espejismos que nunca parecen desaparecer, que parecen fortalecerse en lugar de debilitarse; las relaciones deshaciéndose y deshilachándose más en los bordes, en lugar de trabajar simple y armónicamente juntos por la necesidad del trabajo.

Está en conjunto demasiado basado en la personalidad. Incluso aquellos que hacen el trabajo, lo realizan desde un creciente nivel de identificación con la personalidad. Debes librarte de 'ti' en frente de vosotros mismos.

El trabajo debe estar frente a vosotros y vosotros en ningún lugar a la vista, sencillamente haciendo lo que se necesita hacer. Pero cuando las personas trabajan y reciben cierta respuesta de los demás, quizás un grado de elogio, esto tiende a realzar su ego, y en lugar de volverse menos egoístas se vuelvan más, imbuidos cada vez más en el espejismo del logro. Esto sucede en todos los grupos, allí donde los haya, que sienten que están teniendo éxito.

Las personas buscan resultados por lo que están haciendo. ¿Cuán exitoso ha sido? No es una cuestión de "¿Cuán exitoso ha sido?" Es una cuestión de "¿Valió la pena hacerlo?" Y habiéndolo hecho, distánciate y deja que haga su trabajo. Si valió la pena hacerlo, portará la energía de su valía. No debéis buscar una tasa de éxito, cuántas personas te aplaudieron por haberlo hecho, o cuántas personas se fueron a casa con lágrimas. Es una cuestión de hacer el trabajo porque ha de hacerse, porque está allí, al igual que se escala el Everest porque está allí. El trabajo está allí; debe hacerse. Si en verdad quieres ser un discípulo, eso debería ser suficiente, sin identificarte con él, sin aplaudirse unos a los otros, sin introducir para nada las reacciones personales.

No es la primera vez que he dicho esto, pero siempre se encuentra en la base del logro. El logro es como el no-logro. Es el logro de lo invisible. Lo invisible es el cemento que creas en el grupo, que une al grupo pero nunca es mencionado, nunca se habla de ello, nunca se lo enfatiza en lo más mínimo. Es un flujo invisible desde el grupo en contacto con el público, impartiendo información, portando una luz, iluminando ciertas áreas de pensamiento. Ese es el logro. No puedes medirlo, y no debes medirlo. Dejad que los Maestros lo midan si Ellos se interesan por ello. Todo lo que necesitas saber es que el trabajo está realizándose.

¿Cuánto facilita la Meditación de Transmisión al Acercamiento? ¿Mejoran las energías de la Meditación de Transmisión el ambiente para los Maestros? (Enero/Febrero 2001)

Me pregunto qué significa "mejorar el entorno". ¿Mejorar la calidad del aire, el clima o la cantidad de humedad en el aire? ¿Significa a rasgos generales hacer más agradable para los Maestros su presencia en el mundo? Si esa es la pregunta, entonces la respuesta es no, no lo hace.

La Meditación de Transmisión trae energías de la Jerarquía al público en general a una escala masiva, principalmente para el Nuevo Grupo de Servidores del Mundo. Ellos son, por encima de todo, aquellos que responden a estas energías distribuidas por Maitreya y los Maestros. Altamente potenciadas, estas energías impactan las mentes y corazones de los varios millones de personas que trabajan en el Nuevo Grupo de Servidores del Mundo, que fue formado por Maitreya en 1922.

Son los que más reciben el estímulo, más se galvanizan, por las energías que los Maestros transmiten a través de los grupos de Meditación de Transmisión. Son los primeros en recibirlas y utilizarlas. Como resultado de ello, su trabajo e impacto en la sociedad es aumentado e intensificado, así que tiene una trascendencia real en la masa de la gente.

Cada departamento de la vida –político, económico, religioso, científico, cultural, educativo y social– tiene miembros del Nuevo Grupo de Servidores del Mundo que lo representa. En estas variadas líneas de trabajo, ellos responden a estas energías aunque podrían no saber que las energías están allí. Podrían no haber escuchado nunca sobre la Jerarquía pero directa, como parte de un pequeño grupo interno, o indirectamente, en un grupo externo mucho más numeroso, están respondiendo a la impresión de las energías y las ideas de los Maestros, a través de sus propias almas. Realizan su trabajo porque creen en él, porque ese es su ideal. Ellos están proponiendo conjuntos de valores que creen que son necesarios para el mundo, lo único que podrá arreglar el mundo. En gran medida están en lo cierto en su valoración. En casos individuales podría existir un énfasis excesivo en un modo u otro.

Ninguno de estos individuos es un Maestro perfeccionado. Son personas normales y corrientes, en algún lugar entre 1.5 hasta un iniciado de tercer grado, así que se trata de un amplio espectro. En cada caso están motivados por el altruismo, por una sincera devoción a las necesidades del mundo como ellos lo ven. Se encuentran en todos los partidos políticos y en ninguno, no sólo en los partidos progresistas, ciertamente no tan bien representados en los grupos conservadores. Algunos son políticamente poderosos; otros son apolíticos poderosos. Algunos son religiosos; algunos están en contra de la religión. Ellos representan su propia línea particular de trabajo con lo mejor de sus capacidades, y es a través de ellos que el mundo es cambiado. Las ideas, las formas mentales, de las condiciones de vida futuras están siendo presentadas al público en general, que cada vez más se pone de su parte.

¿Facilita la Meditación de Transmisión el Acercamiento en ese aspecto? Sí. ¿Facilita el Acercamiento en el sentido de acelerar el día en el cual

Maitreya establece en realidad los ashrams en el plano físico? No pienso que ese sea el caso excepto en un sentido general muy amplio. ¿Facilita que Maitreya se aparezca públicamente? No. Él está esperando, como nosotros, la caída de las bolsas. Maitreya no necesita que se acorte la fecha por medio de algún trabajo por nuestra parte antes de que Él se dé a conocer abiertamente. Nuestro trabajo en la Meditación de Transmisión produce su efecto en el mundo principalmente a través del Nuevo Grupo de Servidores del Mundo, y menos directamente en la masa de la humanidad. Pero si eso condiciona la velocidad del emerger de Maitreya, lo hace a través de acontecimientos en el mundo y sobre todo el gran suceso, aquel que Él está esperando, que es la gran caída de la bolsa que predijo en 1988.

¿Cómo podemos trasladar la unidad que sentimos durante los adumbramientos grupales al mundo? Por favor hable un poco sobre cómo podemos derribar las barreras hacia nuestra percepción de que somos uno y uno con Dios. (Enero/Febrero 2001)

Es algo que debes descubrir por ti mismo porque tú eres tú. Lo harás de forma diferente de cualquier otra persona incluido yo. Se más tú mismo. Sabes que eres un alma divina en encarnación. Intenta serlo. Intenta demostrarlo. Medita más, mantén los resultados de la meditación. No enciendas inmediatamente la televisión para ver lo que está sucediendo en el partido de fútbol o béisbol. No existe una respuesta simple para esto. Es como preguntar: "¿Cómo puedo volverme espiritual? ¿Cómo podemos acercarnos a Dios?" Medita más y sirve más, pero hazlo sin ego. Hazlo manteniéndote apartado del camino, detrás tuyo en vez de frente a ti. La única cosa que te retiene es tu propio ego. Todo lo demás es posible si quitas al ego del medio. Si quitas al ego del medio, ¿qué es lo que queda de ti? Nada, pensarían algunos. Ese es el temor. "Si me aparto, no soy nadie. Tan solo soy un zángano haciendo todo el trabajo sin recibir el reconocimiento por ello, sin ser felicitado".

¿Valoras el agradecimiento de los demás? ¿Valoras ser justo y bueno? ¿Es todo para satisfacer al ego? Mientras produzca eso, no estás sirviendo. El servicio sólo comienza cuando el ego no está involucrado, cuando no se emiten juicios sobre el resultado, cuando no estás identificado con ello, cuando no estás apegado a ello. Debes estar más desapegado con todo lo que haces. Si lo hicieras con desapego, estas preguntas nunca surgirían. No entrarían en tu mente.

Le estaba contando anoche a un pequeño grupo: "Todo el mundo me pregunta '¿Por qué?'" Y de pronto me di cuenta que yo nunca pregunto a mi Maestro '¿por qué?' Tengo la oportunidad de preguntar a mi Maestro la mayoría de las cosas, y la pregunta que nunca pensé en formular es '¿por qué?' Él normalmente no dice nada, pero si lo hace, yo nunca digo: "¿Por qué es así?" Pero cuando yo digo algo, todos preguntan: "¿Por qué? ¿Por qué piensas así, por qué es así y no de otra manera? ¿Por qué las cosas son diferentes a lo que yo pensaba? ¿Por qué?"

Es una pregunta sinfín. ¿Por qué, por qué, por qué? Dejad a un lado el "por qué" y simplemente haz lo que se te pide, o no lo hagas, tienes libre albedrío. Nunca se me ocurriría cuestionar la sabiduría de los Maestros al hacer algo en particular. Por eso nunca pregunto por qué, sencillamente lo acepto. Ellos lo dicen y el trabajo se realiza porque es, desde Su punto de vista más elevado, lo correcto y necesario que se debe hacer. Esa es la forma en que deberías abordarlo. Si un Maestro sugiere que yo debería leer cierto libro, yo nunca diría: "¿Por qué?" Sé que será para mi beneficio. Sencillamente lo leeré, y no me preguntaré porqué tuve que leerlo. Si lo leo, algo pasará. Cambiaré de alguna forma por haber leído el libro. Si fue un Maestro el que sugirió leerlo, entonces Él obviamente tenía una buena razón, y yo no lo cuestionaría. No querría saberlo. No necesito saberlo. Simplemente tengo que hacer el trabajo. Esa es la forma en que deberías ver este trabajo, sencillamente que debe realizarse. El mundo debe ser informado. Estás creando la forma mental, el clima de esperanza y expectación. Dejad de preguntar porqué estás haciendo esto o porqué no estás haciendo esto y porqué, porqué, porqué. ¡Quitad la palabra "por qué" del diccionario!

¿Tenemos nosotros como grupo un papel a desempeñar en mitigar el temor, el caos, etc., que pueda resultar de un colapso económico? (Enero/Febrero 2001)

Sí, si puedes hacerlo, pero no como un grupo. No es nuestra labor como un grupo. Es tu papel como un individuo que piensa que sabe cómo mitigar el temor, el caos, etc, que podría resultar. No puedes hacer mucho sobre el caos, pero el temor puedes preverlo y mitigarlo, naturalmente.

Tercera Parte
La llegada de una nueva luz

Que haya luz

Por el Maestro —, a través de Benjamin Creme

Cada siglo lleva al hombre más cerca de su meta: la manifestación, en toda su perfección, de la Luz de Dios. De esta manera el hombre se convierte en aquello que es potencialmente – un Dios viviente. Cada encarnación marca un escalón labrado en la montaña del ascenso. Con cada experiencia semejante el hombre agrega a sus vehículos una pequeña cantidad de luz, cambiando sutilmente de este modo la vibración de sus cuerpos. Cuando todos sus cuerpos estén así vibrando a la frecuencia de la luz, la labor se ha completado, el viaje finalizado. Desde el punto de vista del hombre, el viaje ha terminado; desde el punto de vista de Aquellos que lo han logrado, el viaje no ha hecho más que empezar.

Así cada hombre y mujer hace la metamorfosis de hombre a Dios. Desde la crisálida de la materia, con todas sus limitaciones, emerge el Maestro liberado, irradiando la Luz de Dios.

Sin forma

A través de la inmensidad del universo, esta Luz persiste; en todas las dimensiones y planos ella expresa su naturaleza, condicionada únicamente por las formas en las que se muestra a sí misma. Estas formas dan acceso a la Luz a aquellos cuya conciencia descansa en el mundo de la materia, pero en esencia la Luz no tiene forma, no necesita ninguna estructura para mantener su Ser.

Muy profundo en cada uno de nosotros mora semejante luz, esperando la oportunidad de irradiar al exterior. Dentro de cada uno brilla el potencial de todo el Cosmos. Dentro de cada uno, también, está la voluntad para exteriorizar esa luz y así manifestar la naturaleza de Dios. Esa luz y esa voluntad están relacionadas con al alma y entran en actividad como resultado del alineamiento del alma. Buscad, por tanto, el alineamiento con el alma y traed a la manifestación el propósito de Dios. Buscad en vuestro interior y encontrad el origen de todo conocimiento y amor. Revelad al mundo la Luz del alma e incorporaos a las filas de aquellos que sirven.

Era de Luz

El mundo está preparado para más luz. Los pueblos en todas partes están sedientos de conocimientos nuevos sobre sí mismos y de Dios. Debido a está disposición, los Maestros se han preparado a Sí mismos para inaugurar una nueva era de Luz. Se ofrecerá a la humanidad ilimitadas oportunidades para el progreso: el hombre se maravillará con los descubrimientos que abrirán la puerta al dominio de las fuerzas naturales; permanecerá atónito ante los prodigios y la belleza así revelados; conocerá con certeza absoluta el hecho de Dios y su relación con esa divinidad, y accederá de buen grado a cooperar con el Plan Divino.

Todo esto espera a la humanidad mientras permanece ante el umbral de la Era Acuariana. Esta será una era en la que el Plan Divino florecerá una vez más, conduciendo por fin al hombre a la aceptación consciente de su destino.

Muchos hoy dudarían de esto, al contemplar un mundo de división y tensión. Los problemas parecen demasiado complejos, las divisiones demasiado extremas. Pero precisamente entonces, en el momento de mayor necesidad, viene el Instructor, dispuesto a traer nueva Luz. Uno semejante está ahora entre vosotros, esperando detrás de la escena, pacientemente, la invitación para servir.

Liberad la Luz que El trae y envolved todo en santidad. Acoged Sus Enseñanzas y traed socorro a todos los necesitados. Manifiestad Su Luz y cread de nuevo este mundo.

Naturaleza de la Luz

El siguiente artículo es una versión editada de la charla temática ofrecida por Benjamin Creme en la Conferencia de Meditación de Transmisión de 1998 celebrada en San Francisco, EEUU, y en Kerkrade, Holanda. La charla se basó en un artículo del Maestro de Benjamin Creme, titulado "Que haya luz", que se reproduce arriba.

"Cada siglo lleva al hombre más cerca de su meta: la manifestación, en toda su perfección, de la Luz de Dios. De esta manera el hombre se convierte en aquello que es potencialmente – un Dios viviente."

Es interesante que el Maestro diga "cada siglo". Los Maestros piensan y trabajan en periodos de 2.000 años y en periodos de 25 y 75 años. Un periodo de 25 años, de los que encontramos cuatro en un siglo, es como un par de semanas para un Maestro en la escala temporal, a pesar de que Ellos no tienen un sentido del tiempo en absoluto. Trabajan fuera del tiempo. Se reúnen y debaten varias posibilidades y evalúan los avances de algunas líneas de trabajo cada 25 años. Estos hitos de 25 y 75 años determinan puntos focales cruciales para los Maestros y para la entrada y salida de grandes energías cósmicas.

Por ejemplo, la energía de Piscis empezó a retirarse en 1625, no en 1624 o en 1626, y la energía de Acuario empezó a hacer efecto en este planeta en 1675. Se tratan de indicadores cruciales de la manera en que trabajan los Maestros: Ellos consideran el trabajo por delante y los logros conseguidos en los últimos 25 años. Cada siglo se reúnen otra vez y estudian cómo ha avanzado Su plan encaminado a llevar a la humanidad un paso más adelante; evalúan cuántos discípulos están trabajando conscientemente con el plan – buscando de esta manera la mejor forma posible de lograr Su plan, Su esperanza para la humanidad. El Maestro lo dice muy claramente: "Cada siglo lleva al hombre más cerca de su meta: la manifestación, en toda su perfección, de la Luz de Dios".

La Tríada Espiritual

La gente se pregunta: "¿Por qué estamos aquí? ¿Cuál es el propósito de nuestros ciclos reencarnatorios?" La respuesta es que estos proporcionan al alma la oportunidad de servir al plan de Dios. Es el alma la que se encarna una y otra vez en una serie de vehículos que gradualmente va invistiendo con su propia naturaleza, su propio Ser, hasta que el hombre o la mujer está totalmente infundido por el alma y puede trabajar consciente e inteligentemente con el plan. El alma realiza el gran sacrificio de descender de su estado de perfección en el plano causal para trabajar en los planos físico, emocional y mental a través de los vehículos que ella misma se facilita para este propósito. El alma trae la Luz de Dios procedente de la Tríada Espiritual, el Ser, el Ser Espiritual que se refleja a través del alma, y del alma a la personalidad. La Tríada Espiritual encarna el atma (voluntad), buddhi (amor/sabiduría), y manas (mente). Estos tres aspectos de la tríada se enfocan en el alma, y uno por uno – empezando normalmente con el manásico, luego el búddhico y finalmente el átmico o el aspecto de voluntad o propósito – se convierten en elementos poderosos en la vida de la personalidad al ir incorporando la Luz de Dios. Gradualmente nos convertimos en lo que somos potencialmente: un Dios viviente.

El largo viaje de la evolución

El Maestro dice: *"Cada encarnación marca un escalón labrado en la montaña del ascenso"*. Se trata de una afirmación muy general. Es cierta en esencia, naturalmente, porque incluso una encarnación inútil, relativamente hablando (y la mayoría de nosotros habremos tenido muchas de estas encarnaciones), es al menos un alto en el camino en este largo viaje de evolución.

A pesar de que es probablemente cierto en la mente del Maestro que cada encarnación "marca un escalón labrado en la montaña del ascenso", la afirmación tiene que tomarse, a mi entender, como un hecho relativo. Todos nosotros malgastamos encarnaciones. No tiene por qué ser un hecho inevitable, ya que Maitreya nunca malgastó una encarnación. Esa es la razón por la cual Él es el Alfa y el Omega, por la cual nunca ha fracasado en ningún esfuerzo encarnatorio. Esa es la razón por la cual Él es el Cristo. Esa es la razón por la cual un hombre de la Tierra, un planeta no muy evolucionado, ha sido capaz de encarnar el Principio Crístico. Este planeta Tierra ha creado un Cristo, algo que, por ejemplo, Marte nunca ha hecho. Aunque Marte posea una tecnología y una conciencia despierta del significado y propósito de la vida que por ahora la mayoría de habitantes de la Tierra no tienen, no ha logrado la creación de un Cristo.

"Con cada experiencia semejante el hombre agrega a sus vehículos una pequeña cantidad de luz, cambiando sutilmente de este modo la vibración de sus cuerpos".

La sustancia natural de nuestros vehículos, físicos y etéricos, es la materia atómica. Nuestro cuerpo etérico que constituye la contraparte del cuerpo físico también está compuesto de materia atómica, y tiene su propia vibración, su propia luz. No hay nada que no sea luz. Con cada experiencia encarnatoria, si no hay reincidencia o chapuceo, si existe un mínimo de esfuerzo, un movimiento hacia adelante y ascendente, añadimos a nuestros vehículos un poco de sustancia de partículas subatómicas, que son luz, elevando así la vibración de los vehículos. Esto se incrementa hasta que se equipara al nivel vibracional de la luz misma. Cuando este proceso se termina y todos los cuerpos están vibrando al mismo nivel, el trabajo está hecho. Tú eres el Maestro liberado. Esto, por supuesto, lleva tiempo; no pasa de la noche a la mañana. Se tardan muchísimas encarnaciones hasta llegar al inicio de este proceso.

El Principio Crístico

Durante largo tiempo las encarnaciones se suceden sin que el alma preste mucha atención a su vehículo, el hombre o la mujer, porque no hay nada en la vida del individuo que justifique su atención. Con el tiempo, por el proceso de la vida misma, los vehículos – primero el físico, después el astral y luego el mental – van cambiando gradualmente su cualidad. Cada vez más cantidad de materia subatómica es atraída magnéticamente a lo que está ahí, y por tanto empieza a brillar una luz. Cuando esta alcanza una cierta frecuencia, el alma vuelve su atención hacia abajo. Hasta ese momento el alma prestaba atención a lo inmediatamente más alto, hacia la Mónada, o Ser, o Chispa de Dios, de la cual el alma es el reflejo. El alma cambia la dirección de su atención – no de forma permanente pero con más o menos frecuencia – invistiendo gradualmente a su reflejo con su propia naturaleza. El Principio Crístico nace como una luz en la cavidad del corazón, el centro del corazón a la derecha del cuerpo, al mismo nivel que el corazón físico. Estimula ese centro hasta que empieza a irradiar. La persona entonces cambia espectacularmente.

Llega un momento en el que todo lo que sabía, todo lo que disfrutaba, empieza a perder su encanto. La vida de antaño empieza a parecer aburrida, inútil, sin sentido. Hay una amplitud de ideas. La persona se siente interesada, quizás, en varias enseñanzas espirituales – todo lo que le conduzca fuera de ese punto muerto de lo que, hasta ese momento, constituía su vida y conciencia.

El alma es el primer Maestro en este sentido. Cuando se alcanza un cierto punto, un cierto grado de absorción de luz, es posible que un Maestro se implique en la consecución de los esfuerzos de ese individuo en esa vida en particular. Esto continúa hasta que la persona está preparada para la primera de las cinco iniciaciones planetarias que comprenden las últimas pocas vidas del proceso evolutivo.

Iniciaciones

La primera iniciación se hace posible cuando se establece un control, a un nivel considerable, del elemental físico, de los diminutos elementales dévicos cuya actividad constituye nuestra forma o cuerpo. Ellos crean la forma de la humanidad, y controlan, a través de su actividad, la naturaleza de deseo del individuo hasta que nosotros, por nosotros mismos, alcanzamos un punto de disciplina y control que nos permite controlar su acción. Este conflicto al final lleva a los centros de fuerza, los chakras del iniciado, la luz del Cetro de Iniciación. En las dos primeras iniciaciones es el Cetro Menor lo que Maitreya empuña. En la tercera iniciación y superiores es el Diamante Flamígero, el Cetro Mayor, activado por la luz del sol y enfocado hacia los chakras del individuo por el Señor del Mundo, el mismo Sanat Kumara.

Las dos primeras iniciaciones constituyen un proceso de transformación extraordinario. Es tan espectacular que la vida entera del individuo se transforma. Casi siempre él o ella se vuelve vegetariano. Pensad en todos los jóvenes de todas partes del mundo que espontáneamente se vuelven vegetarianos. Esto es parte de la purificación de luz del cuerpo físico. La luz funciona de distintas maneras: actúa como un gran purificador, y también como un gran estímulo portador de vida a la evolución porque esa es nuestra naturaleza. La luz es evolución, y la naturaleza de la vida es luz o electricidad.

Universo eléctrico

Conocemos muchas formas de luz. En un pasado lejano, antes de que existieran los interruptores de la luz, los primeros hombres y mujeres no tenían más alternativa que hacer un fuego. De esta forma conseguían un poco de luz. Esa luz les permitía verse unos a otros, mostrar el camino de salida a la cueva, y mantener alejados a los animales. Siempre había un gran fuego en el centro de las primeras sociedades humanas. Esto fue así durante muchos miles de años. En todas las cavernas donde se sabe que la humanidad vivió, se encuentran rastros de fuegos que los humanos utilizarían para calentarse. El calor es otra forma de luz.

El calor es la luz del sol físico. Existen en realidad tres soles, y cada uno emite una clase distinta de luz. Del *sol físico* se produce luz y calor por fricción; el calor se produce por fricción. La radicación del sol, combinándose con la radiación infrarroja de la Tierra, o por su fricción, produce calor. Si subes a la cima del Everest, descubrirás que en vez de hacer más calor (porque está más cerca del sol) es el lugar más frío de la

Tierra porque está muy lejos del punto de encuentro vibracional Tierra/Sol en la atmósfera donde tiene lugar la fricción. Si la atmósfera es muy fina, como lo es en el Everest, hace más frío porque hay carencia de fricción. El *Corazón del Sol* irradia fuego solar; y el *Sol Central Espiritual* irradia fuego eléctrico. Vivimos en un universo eléctrico; la naturaleza del universo, todo el cosmos, es luz o electricidad.

Cuando encendemos la luz eléctrica lo que estamos accionando en realidad es el nivel de luz más bajo del mundo, la del plano físico. El descubrimiento de la electricidad ha abierto los ojos de la humanidad a la posibilidad de conocer quiénes somos, de convertirnos en los dioses que esencialmente somos. Cuando comprendamos la verdadera naturaleza interna de la electricidad, lograremos un control de las fuerzas del universo. Sólo hemos tocado, por ahora, la parte superficial de la electricidad. La manejamos más o menos diestramente a medida que avanza el tiempo; podemos hacer que accione todo tipo de cosas. Ha creado nuestra tecnología. La utilizamos para calentar, para iluminar, para crear movimiento, etc. Pero aún así no entendemos el misterio interno que encierra la electricidad. Este, cuando se descubra, nos conducirá hacia un control de la luz misma.

La electricidad tiene estos distintos niveles: el fuego eléctrico del Sol Central Espiritual; el fuego eléctrico (fuego solar) del Corazón del Sol; y el fuego-por-fricción eléctrico del sol físico. En cada uno de ellos subyace un gran misterio. En el centro de ese misterio se encuentra la naturaleza de la luz y por tanto la naturaleza de la vida misma. La humanidad se está acercando a un punto donde empezará, bajo el estímulo de los Maestros, a investigar la naturaleza de la vida, manifestándose como la luz del sol. Se nos ha dicho que Maitreya introducirá con el tiempo una nueva tecnología, la Tecnología de la Luz. Esto nos permitirá entender y utilizar los secretos ocultos en la naturaleza de la electricidad.

Realización de Dios

"Cuando todos sus cuerpos estén así vibrando a la frecuencia de la luz, la labor se ha completado".

Cuando todos nuestros vehículos – físico, emocional y mental – vibran a la energía de la luz, a la misma frecuencia, y la conexión con el alma es total y completa, se produce la unión entre eso de lo cual el alma es el reflejo – la Mónada, la Chispa de Dios, el Ser – y el hombre o mujer en el plano físico. La necesidad del alma como 'Intermediario Divino', tal como se le llama, ya no está presente, y el alma es reabsorbida por el

Ser o la Mónada, de la cual emanó. Esto ocurre hacia el final del proceso evolutivo y se manifiesta como la cuarta iniciación. La quinta iniciación viene después a partir de una unión completa de la personalidad ya totalmente infundida por el alma y el Ser o Chispa Divina. El individuo es en ese momento un Ser Perfecto, que ha logrado la realización de Dios y la Realización del Ser, como la han logrado todos los Maestros. Ya no necesitan más experiencias en la Tierra. Ellos pueden, si ese es Su destino, abandonar el planeta e ir a planetas superiores o incluso fuera del sistema solar, a Sirio.

Perfección

"Desde el punto de vista del hombre, el viaje ha terminado".

Esa es la finalidad del viaje sobre la Tierra – la purificación de todos los vehículos y la intensificación de la vibración de estos vehículos para que se relacione perfectamente con la vibración o frecuencia de la luz. Desde el punto de vista de los Maestros – que han alcanzado esta perfección, esta liberación de la Tierra, esta conciencia y control en cada plano (que es lo que te convierte en un Maestro) – ese es sólo el comienzo del viaje.

¿Podéis imaginaros lo que esto significa? El Maestro ve extendiéndose ante Él perspectivas de Ser que ni siquiera podemos ni imaginar. No se trata simplemente de hacer cada vez mejor una tarea, al igual que si practicas eres cada vez mejor escribiendo a máquina, o si tienes algo de talento como pintor cada vez eres mejor a medida que pintas. Cabe esperar que así sea. Pero la naturaleza de la vida cambia radicalmente para un Maestro. Habiendo alcanzado la perfección en el planeta Tierra, es posible, por ejemplo, que vaya a Venus. Cada planeta tiene siete experiencias encarnatorias o rondas, tal como se las llama. La Tierra está en medio de la cuarta ronda. Venus se encuentra en la última de sus encarnaciones; es para la Tierra como un *alter ego*, nuestro Ser Superior. Este sistema solar es para el próximo sistema – el que está a la vuelta de la esquina, Sirio – como nuestra personalidad es para nuestra alma.

Sirio

Como individuos, nosotros somos un tenue y limitado reflejo de la voluntad, amor, inteligencia colosales y la naturaleza ardiente del alma. ¿Somos nosotros todo esto? Por supuesto que sí, pero hasta que no nos convertimos en un Maestro no registramos esa voluntad, amor e inteligencia perfectamente, irradiando la Luz de Dios para que podamos estimular a miles de discípulos con esa luz. Para el Maestro, esto cambia completamente. Si Él va a Sirio, es como un principiante, un iniciado de 1ᵉʳ grado. Muchos Maestros van directamente a Sirio desde la Tierra, gracias al 'Sendero de Sirio', uno de los siete senderos de la Evolución Superior. La velocidad de la evolución ahí es, para nosotros, inimaginable.

Por ejemplo, el pintor Mantegna era un iniciado de 2.2 en el siglo XV. Esto, hoy en día, es bastante evolucionado, pero ni siquiera constituye los comienzos de la polarización espiritual. Cuando Él se convirtió en un Maestro al cabo de unas pocas vidas, fue directamente a Sirio. Nosotros nos encontramos sólo en los albores del siglo XXI. Eso no es mucho tiempo en un sentido evolutivo, pero si Él estuviera en este sistema solar ahora, estaría al mismo nivel que Maitreya. Así de inmensas son las oportunidades de evolución que aguardan a quienes van a Sirio, así de inmenso es el nivel vibracional de la luz que emana de Sirio.

Sirio es uno de los Siete Sistemas Solares Sagrados entorno a "Aquél de Quien Nada Puede Decirse", el Logos Supremo de nuestra galaxia. Nuestro sistema es su vecino de al lado, y también el reflejo, de uno de los Siete Sistemas Solares Sagrados. ¡Sirio nos es muy útil!

A pesar de que este sistema solar no es particularmente importante en sí mismo, y no muy evolucionado (y este planeta no es tampoco especialmente evolucionado), nos encontramos en una posición afortunada de recibir una ley de Sirio. Lo que nosotros llamamos la Ley de Causa y Efecto proviene de Sirio. Es el resultado de la luz que emana de Sirio. Cuando llega a nuestro sistema solar que es inferior, un reflejo de Sirio, del mismo modo que la personalidad se relaciona con el alma, se desenvuelve como la Ley de Causa y Efecto, o Karma, que es la ley fundamental de este sistema y de nuestro planeta. Todo lo que pensamos, todo lo que hacemos, cada pensamiento, cada acción, pone en funcionamiento una causa; los efectos que proceden de estas causas componen nuestras vidas, para bien o para mal. Nosotros creamos, en virtud de ello, las circunstancias de nuestras vidas, en relación a la Ley de Renacimiento puesta en marcha por la Ley del Karma. Estas dos grandes Leyes trabajan juntas y nos traen a encarnación una y otra vez cuando la necesidad kármica, y la del mundo, lo determinan en cierto momento.

El Plan

Los Maestros controlan el proceso entero de desenvolvimiento del plan de evolución que está en la mente de nuestro Logos Planetario, el Hombre Celestial, Quien trata de introducir Su luz en el planeta Tierra en su perfección. Su plan está relacionado con el plan del Logos Solar. Cada Logos planetario está aportando su medida de luz al gran plan del Logos Solar. Nuestro Logos Solar, igualmente, está tratando de relacionar Su plan con el plan mayor y superior que emana del Logos Solar de Sirio.

Lo que deberíamos comprender es que lo que nosotros llamamos vida y lo que llamamos luz son uno y lo mismo. La luz es una manifestación de la vida, y la vida es una manifestación de la luz. Eso es Ser. Estamos acostumbrados a hablar en términos de conciencia. Cada área de conciencia despierta nos lleva a un estado más elevado e inclusivo. Incluimos en nuestra conciencia una cantidad más ingente de lo que es posible conocer en nuestro sistema solar. Cuando sabes, puedes hacer. Cuando puedes hacerlo, lo manifiestas. Cuando lo manifiestas, conviertes en realidad el plan del Logos Planetario. Cuanto más entendemos de ese plan, más inteligentemente podemos trabajar con él. Los Maestros conocen el plan. Son dioses vivientes y pueden trabajar inteligentemente con el plan a través de la humanidad y los reinos inferiores. No somos tan inertes como los reinos inferiores, pero bastante inertes, y nuestras dificultades se deben a que por lo menos durante 100.000 años hemos perdido el contacto con el plan. Hemos perdido nuestro camino.

Tecnología de la Luz

Marte y la Tierra son planetas que están más o menos al mismo nivel, cada uno a la mitad de la cuarta ronda. Tienen seres perfeccionados, seres medio perfeccionados, y seres que mejor no encontrártelos en una noche oscura. La belleza de Marte, si es que puede decirse así, es que *no* ha perdido su camino. No ha perdido de vista al plan; todavía está trabajando dentro del plan. Esa es la razón por la cual tienen una tecnología extraordinaria. La Tecnología de la Luz es para ellos el pan de cada día. Están intentando encontrar formas de hacerla avanzar aún más, o de utilizarla para unas transformaciones galácticas que nos aturdirían con sólo pensarlo. Ellos han colocado un gran anillo de luz alrededor del planeta, por ejemplo. Mantiene a la Tierra en equilibrio dentro del sistema. Las historias que se cuentan por ahí de que se están invirtiendo los polos y que el norte se está convirtiendo en el sur son una tontería. Los Hermanos del Espacio – en especial los marcianos con su tecnología avanzada – han situado este anillo de luz cósmica alrededor de nuestro planeta que sujeta el planeta intacto en su eje. Los marcianos poseen la habilidad de utilizar la luz de este modo porque ellos no han cometido nuestros errores.

Era atlante

Hace aproximadamente 100.000 años, durante la última época de la civilización atlante, hubo una gran guerra entre las Fuerzas de la Luz y lo que los Maestros llaman los Señores de Materialidad. Nosotros las llamamos las fuerzas de la oscuridad, que son seres de un sistema solar anterior cuya labor es sostener el aspecto materia del planeta. Los Maestros estuvieron trabajando con la raza raíz atlante durante doce millones de años, y la humanidad estaba avanzando bastante bien y sobre las líneas correctas. Se sucedieron grandes civilizaciones. Los Maestros trabajaban abiertamente, y dieron a la humanidad grandes regalos científicos que hemos perdido – una ciencia mucho más evolucionada que la nuestra hoy en día. Ellos tenían la ciencia de la luz por esa época, pero fue dada por los Maestros como regalo a la humanidad.

La humanidad de esa época estaba aprendiendo a perfeccionar su aparato sensitivo, emocional, de sentimientos, el llamado cuerpo astral. Y lo hizo tan bien que actualmente se trata del cuerpo más trabajado de la humanidad. Eso fue lo que logró la raza raíz atlante. Esa es la razón por la cual, hasta que llegamos a medio camino entre la primera y la segunda iniciación, estamos 'polarizados' en el plano astral. La polarización astral significa que el plano astral es el asiento de nuestra conciencia.

Hacia finales de ese largo periodo, los Maestros estuvieron guiando a la humanidad hacia adelante para que llegaran a perfeccionar aún más su expresión astral y para que también adquirieran cierto nivel de capacidad mental. Habían algunos que podían pensar, pero muy pocos comparado con la cifra de personas en el mundo. Todos los que podían pensar lograban una medida de poder. Una persona que podía pensar sería hoy como un granjero con su rebaño. Los animales no pueden pensar; pueden sentir emociones, pueden sentir dolor. No hace falta ir a un matadero para darse cuenta de ello. No pueden pensar de la forma que lo hace la humanidad, pero están empezando a responder a la mente humana. Los perros, por ejemplo, están demostrando un nivel considerable de telepatía astral y respuesta a la mente de los humanos, de quienes están muy cerca. Los caballos, elefantes y camellos también lo están.

La media de la humanidad en esa época era como objetos, vasallos de las personas con poder que podían pensar y que empezaron a enriquecerse, y a ser muy codiciosos y separatistas. Respondían más a las fuerzas de la oscuridad, los Señores de la Materialidad. Si creéis que la comercialización de la vida ha dado actualmente como resultado un énfasis enfermizo en la materialidad, no es nada comparado con la época atlante en la que habían personas mucho más ricas que el hombre más rico hoy en día sobre la faz de la tierra. Con esto no quiero decir que fuera necesariamente más rico en dinero, sino en términos de lo que podía controlar.

Se libró una gran guerra entre las Fuerzas de la Luz, los Maestros de esa época, y las Fuerzas de la Materialidad, que eran muy poderosas. Contaban con un extraordinario séquito porque la gente adoraba esa materialidad. Los que podían pensar forzaban a multitud de personas a construir los imperios que ellos crearon. El resultado, al final, fue un punto muerto, y los Maestros se retiraron a las montañas y desiertos del mundo: los Andes, las montañas Rocosas, las Cascadas, y posteriormente los Himalayas, los Cárpatos, los Urales, el Atlas, etc. El desierto de Gobi se convirtió en un retiro donde muchos Maestros esperaban el momento en el que pudieran salir abiertamente de nuevo al mundo. Enterraron los restos de estas anteriores civilizaciones, bien profundos en el desierto de Gobi, los Himalayas, las montañas Rocosas, y los Andes – ejemplos muy bellos del pensamiento y la capacidad creativa de los Maestros del momento. No fueron hechas por el hombre atlante, sino por los Maestros y Sus iniciados y discípulos inmediatos.

La Luz del Conocimiento

Durante 100.000 años hemos perdido el ejemplo externo de la Luz de la Jerarquía. Siempre ha permanecido detrás de la escena, pero necesariamente, ya que ha estado oculta, la humanidad en su conjunto ha olvidado su herencia. Hemos tenido que batallar aparentemente solos, a pesar de que en realidad nunca hemos estado solos porque siempre, en momentos de gran necesidad, la Jerarquía ha enviado a uno de ellos al mundo para que actuara como Instructor para esa época determinada, era tras era, ciclo tras ciclo. En los últimos 100.000 años, eso ha sido así. Nunca ha existido una época sin esa ayuda; la luz siempre ha estado a nuestra disposición.

En una época más reciente, esa luz empezó a penetrar más abiertamente gracias a los escritos de Helena Petrovna Blavatsky, Helena Roerich y Alice A. Bailey. Esto ha iluminado el mundo en un sentido muy definido ya que se han presentado las Enseñanzas a cientos de miles de personas que han alcanzado un nivel en el que ya están respondiendo a la luz de su alma y despertando a la luz del conocimiento. La luz del conocimiento, la conciencia despierta de lo que subyace debajo de las apariencias, lo que constituye el mundo del significado y la naturaleza de ser, está ahora disponible para la humanidad cuando esta esté preparada para absorberla. Ningún aspecto de esta enseñanza, esta luz de conocimiento, se oculta a la humanidad si es que estamos preparados para recibirla. Nosotros mismos limitamos, con nuestra receptividad y disposición, la cantidad de luz que puede liberarse.

Con el retorno al mundo de los Maestros, como grupo, después de 100.000 años, esta luz de conocimiento impulsará a la humanidad de una forma extraordinaria. Se producirá un incremento espectacular del conocimiento en muchas líneas de trabajo distintas – especialmente en la Ciencia de la Luz y la naturaleza del Ser. Los Maestros siguen explorando y desarrollando el Ser mientras que nosotros, por ahora y por aún bastante tiempo, limitaremos nuestra actividad a la naturaleza de la conciencia, la conciencia despierta de lo que significa ser un ser humano consciente.

Nueva esencia de vida

"A través de la inmensidad del universo, esta Luz persiste; en todas las dimensiones y planos ella expresa su naturaleza, condicionada únicamente por las formas en las que se muestra a sí misma. Estas formas dan acceso a la Luz a aquellos cuya conciencia descansa en el mundo de la materia, pero en esencia la Luz no tiene forma, no necesita ninguna estructura para mantener su Ser."

Para la mayoría de personas, no sólo la luz necesita una forma para que pueda ser reconocible, sino también el grado hasta donde puede reconocerse, conocerse y utilizarse, depende del nivel de consecución del individuo en cuestión. Los Maestros pueden contactar, absorber y redirigir la luz procedente de entidades cósmicas lejanas como las constelaciones. Por ejemplo, ahora estamos entrando en la era de Acuario. Eso significa que la Luz de Acuario en forma de energía cósmica se transmite cada día, hora tras hora, a cada momento, en nuestro sistema solar. Esta es la nueva luz, la nueva esencia de vida que impulsará a la humanidad en este tiempo venidero.

Nosotros nos imaginamos que existe sólo vivir, y que existe mucho a lo que llamamos vivir. Cuando estamos muertos, no estamos viviendo. Cuando no estamos muertos, estamos viviendo. Pero existe una diferencia entre vivir y el significado real de *vivir*. Existen grados de esencia de vida al igual que existen grados de conocimiento. La esencia de vida posee sus propios distintos niveles que dependen del estado de conciencia despierta de la persona que está viviendo. Para un Maestro, el estado de ser es algo completamente distinto de lo que es para nosotros. Para un niño, el estado de ser es probablemente sentirse feliz, hacer todo tipo de cosas que aparecen ante él, que estimulan su cerebro, y que le encanta hacer. No hace cosas que le deprimen. El niño hace cosas que le avivan y le estimulan, que satisfacen su necesidad de movimiento, acción, conocimiento – de vivir. La esencia de vida del niño es diferente de la nuestra. Nosotros también incluimos en ella la depresión, la inercia, el desconocimiento. Son parte de nuestro sentido de lo que es vivir. Si somos sabios, aceptamos que no sabemos todo y tratamos de compensar la pérdida leyendo o asistiendo a conferencias. Intentamos sacarle el máximo provecho a lo que tenemos. Es natural y sabio sacarle el mayor provecho. Algunas personas sacan lo peor, pero eso es algo que no podemos evitar.

La Luz a través de la cual entendemos la naturaleza del Cosmos, la Esencia de Vida, el Ser, no necesita un cuerpo. No tiene forma. En su propio Ser no tiene forma porque abarca todo. Para poderla ver, no obstante, para acercarnos a ella y registrarla, necesitamos que adquiera una forma. Si nuestra conciencia está en el plano físico, entonces lo que nosotros llamamos la luz de la electricidad adopta significado. ¿Pero no habéis nunca pensado que la electricidad tiene un aspecto superior que no conocemos, que no hemos visto y que no podemos tocar porque no tiene forma? Nosotros sólo conocemos la luz de la electricidad porque es la que ilumina una habitación. Podemos encenderla y apagarla. Lo hacemos hasta que se funde la bombilla, y entonces la electricidad ya no tiene forma. Podemos poner comida en una caja normal y corriente y no se calienta. Pero si la ponemos en una caja y accionamos el interruptor que hay en ella, de repente esta electricidad sin forma se convierte en calor. Eso es dar forma a lo que esencialmente no tiene forma.

Debido a su falta de forma, no sabemos aún cuántos niveles existen de ese estado sin forma. ¿Es un estado total, simple, sin forma, que se encuentra en todas partes pero que es invisible, o tiene distintos niveles? Con la electricidad existen distintos voltajes, y constituyen distintos niveles de energía: fuego, calor o luz de esa 'cosa' que llamamos electricidad. Pero en esencia la electricidad por sí misma no tiene forma. No necesita una forma para existir. Sólo la necesita para que nosotros la podamos reconocer. Igual ocurre con la nueva Tecnología de la Luz. La Luz por sí misma, siendo electricidad, no tiene forma, pero con la avanzada tecnología de la ingeniería genética, podemos utilizar cualidades específicas de la electricidad. La electricidad funciona uniendo la forma. Mantiene juntas las moléculas del cuerpo, por ejemplo, y de esta manera puede utilizarse.

Maitreya nos ha dicho que se utilizará para crear nuevos órganos, que los trasplantes de órganos con el tiempo no se realizarán porque la Tecnología de la Luz nos permitirá crear estos órganos.

Cito ahora, del Maestro DK, lo que Él escribió sobre la luz o iluminación ya que, a mi entender, tiene que ver con la Tecnología de la Luz, a pesar de que Él no la llama por ese nombre. Él dice: "Uno de los descubrimientos más inminentes será el de la energía integradora de la electricidad, ya que provoca la cohesión entre todas las formas y sustenta toda forma de vida durante el ciclo de la existencia manifestada".

Quizás os preguntéis porqué nuestro cuerpo conserva su forma. Nuestras mejillas y mandíbula no varían demasiado desde que nacemos hasta que morimos, a pesar de existir cambios sutiles en la piel al arrugarse y volverse flácida. Pero su estructura ósea sigue siendo relativamente la misma. El corazón, el hígado y los riñones pueden funcionar mal a veces, pero puede ser que funcionen perfectamente bien hasta que morimos, sea esto la edad que sea. Eso es algo extraordinario. Incluso el cuerpo etérico tiene una forma, aunque es una forma sutil que se mueve y sufre modificaciones. Existe un mecanismo por el cual el cuerpo humano, una vez creado, retiene su forma y su funcionamiento interno, sus órganos intactos, a menos que a este cuerpo lo atropelle un coche o se caiga por un barranco.

El secreto es la electricidad. La energía de la electricidad, a un nivel superior de lo que nos permite ver una bombilla de luz, "produce una cohesión entre todas las formas y sustenta toda forma de vida durante el ciclo de la existencia manifestada". También produce la unión de átomos y de organismos dentro de formas, nuestros órganos, construyendo así lo que se necesita para expresar el principio vital. Ese es un misterio muy arraigado y fundamental de la electricidad, y se va a descubrir en los próximos 40 a 50 años. Esto va revolucionar la medicina, especialmente la cirugía, hasta un nivel extraordinario.

Alineamiento del alma

"Muy profundo en cada uno de nosotros mora semejante luz, esperando la oportunidad de irradiar al exterior. Dentro de cada uno brilla el potencial de todo el Cosmos. Dentro de cada uno, también, está la voluntad para exteriorizar esa luz y así manifestar la naturaleza de Dios. Esa luz y esa voluntad están relacionadas con el alma y entran en actividad como resultado del alineamiento del alma."

Sin el alineamiento con el alma nada de eso sería posible. La vida sobre la tierra está constituida de modo tal que el alineamiento con el alma se produce inevitablemente porque somos almas en encarnación.

Cada uno de nosotros tiene esta luz, la luz, el potencial, de todo el Cosmos, y de todo lo que eso significa: la conciencia despierta que se registra en el ser humano perfeccionado en la naturaleza de Dios – la voluntad, amor e inteligencia de Dios – o cualquiera de los otros aspectos de Dios que nosotros podemos realizar. No tenemos nombres más que para estos tres. Deben haber muchas más cualidades de la naturaleza de Dios que por ahora aún no reconocemos, pero que aún están por revelarse. Todo eso, extendiéndose a todo el Cosmos hasta la infinidad, compone nuestro potencial. Es un pensamiento extraordinario. Sería muy desalentador si tuviéramos que hacerlo todo a la vez, pero no ocurre todo a la vez. Es un desarrollo lento y gradual que tiene lugar a lo largo de eones de tiempo, así que tenemos mucho tiempo para acostumbrarnos a la idea y practicar. A partir de la práctica se llega a la perfección. Cuando los Maestros hablan de perfección, es simplemente práctica. Practicamos viviendo correctamente.

"...dentro de cada uno, también, está la voluntad para exteriorizar esa luz y así manifestar la naturaleza de Dios."

"Nada ocurre por sí mismo. El hombre debe actuar y realizar su voluntad." (Mensaje de Maitreya, nº31). Esta afirmación la realizó Maitreya y estoy seguro de que se ha dicho miles de veces anteriormente. Invoca a la voluntad para traer a la manifestación incluso el plan de Dios. Cada uno de nosotros está dotado con este aspecto de voluntad tanto si lo sabemos como si no, tanto si lo utilizamos como si no. Sea cual sea ese nivel que tengamos en una vida determinada, como seres humanos, dioses en encarnación, cada uno tiene ese aspecto de voluntad de lo Divino, que encarna el propósito; la voluntad manifiesta el propósito. Cuando conocemos el propósito de Dios, podemos ser Dios.

Lo que todo esto resalta es el hecho de que no estamos separados de Dios. No hay nada más que Dios o luz en todo el universo manifestado o no manifestado. Y nosotros somos todo esto. Tenemos todo eso en potencial, y todo lo que tenemos que hacer es reconocerlo, ser consciente de ello y manifestarlo. No es fácil pero obviamente posible porque los Maestros lo han hecho.

"Esa luz y esa voluntad están relacionadas con el alma y entran en actividad como resultado del alineamiento del alma."

Nosotros tenemos que provocar el alineamiento con el alma. Tenemos que alinear la personalidad, con sus vehículos, con el alma. Gradualmente la voluntad, el amor y la inteligencia del alma se hacen manifiestas en la personalidad del plano físico y el trabajo se realiza de esta forma.

Espiritualización de la materia

"Buscad en vuestro interior y encontrad el origen de todo conocimiento y amor", que ya existen en el alma perfeccionada. El alma no se está perfeccionando a sí misma. El alma está perfeccionando los vehículos y espiritualizando, a partir de su propia naturaleza, la materia de este planeta. El objetivo del proceso encarnatorio para el alma es la espiritualización de la materia. Ya que se encarna una y otra vez, atrae magnéticamente hacia sí cada vez más luz, materia de calidad subatómica, hasta que el cuerpo entero es luz.

El iniciado de 4º grado, aún no un Maestro, tiene un cuerpo que ya es tres cuartas partes luz. Cada encarnación añade un cierto grado de luz. Cada iniciación significa una adición significativa a la capacidad radiatoria de luz del individuo. Esto es el resultado del Cetro de Iniciación que lanza su luz hacia los chakras del iniciado, produciendo un cambio enorme en la capacidad radiatoria del individuo.

Nosotros reconocemos en qué lugar están las personas en su desarrollo evolutivo por la radiación de su actividad. (No obstante, sé de personas que creen que se encuentran al borde de la cuarta iniciación cuando en realidad son iniciados de 1.2).

La gente parece tener una idea muy vaga de lo que constituye ser un iniciado. Todas las grandes acciones del mundo han sido llevadas a cabo por los iniciados, de diversos grados. Cada cambio importante en el mundo ha sido el resultado, en primer lugar, del estímulo Jerárquico funcionando a través de Sus iniciados y discípulos de varios grados. Los iniciados enuncian las grandes ideas. Estas ideas se convierten en nuestros ideales. Nosotros ponemos en práctica los ideales, y la civilización crece. Así es cómo ha sido siempre.

No podía ser de otro modo porque sólo aquellos con luz pueden absorber luz. Este es el significado del pasaje de la Biblia: "A los que tengan, se les dará". No significa que debes conseguir más dinero porque ya eres rico. Significa que si tienes la luz del espíritu, la luz del Ser, en tu Ser y la estás irradiando, puedes atraer más. Constituye un axioma. Lo superior sólo puede ser atraído por un instrumento lo suficientemente elevado como para atraerlo. Lo que estamos realmente haciendo en nuestro viaje evolutivo es crear un instrumento – cada vida cabe esperar que será un mejor instrumento – que será más sutil, más sensitivo, su 'antena' mejor equipada para realizar la luz, la comprensión y la conciencia que está ahí para que todos nosotros la absorbamos y la utilicemos si tenemos el instrumento para hacerlo. Es cuestión de crear un instrumento, y esa es la razón por la cuál estamos en encarnación.

Servicio

"Buscad en vuestro interior y encontrad el origen de todo conocimiento y amor. Revelad al mundo la Luz del alma e incorporaos a las filas de aquellos que sirven".

Tan pronto como realizas contacto con el alma, inevitablemente quieres servir de una forma u otra. Es algo automático porque es la naturaleza del alma, no la de la personalidad, servir. El alma procura doblegar la personalidad de forma que sea un verdadero reflejo de su naturaleza, y esa es la razón por la cual las etapas de absorción e infusión de alma son difíciles; la personalidad siempre se revela. No quiere hacer el esfuerzo, o cuando ese esfuerzo es realmente muy duro, se escapa.

Yo me he encontrado con esto una y otra vez cuando las personas hablan de sus problemas. Sus problemas son casi siempre el resultado del hecho de que se escapan de esa misma cosa que deberían afrontar. Todo el mundo está bien mientras la vida vaya bien, se vean resultados – especialmente ver resultados. Pero cuando llega una etapa en la que no se ven resultados, cuando nos enfrentamos a lo que parece ser un gran obstáculo o dificultad en la vida, la tendencia de muchas personas es de alejarse de ello, no afrontarlo y superarlo. No nos damos cuenta de que estos obstáculos se ponen ahí para sacar de nosotros la fuerza para superarlos.

Nunca nos convertiremos en un Maestro si no tenemos la fuerza para superar los aspectos que tenemos que afrontar, por muy desagradables o difíciles que sean, por muy grande que sea el desafío a nuestro amor propio. Nuestro Ser nunca se manifestará a un nivel considerable hasta que no lo pongamos en funcionamiento para superar estos obstáculos. El obstáculo podría ser práctico, en el plano físico. Podría ser puramente psicológico – casi siempre es psicológico en las personas que van avanzando – pero incluso en el plano físico, cuando se encuentran con un obstáculo, muchas personas rehuyen de él. Piensan: "Si yo estoy ahí, será mejor que estar aquí, y yo no tendré que afrontar este problema en particular". Hasta que no se afronta, no obstante, volverá una y otra vez, especialmente un desafío psicológico, porque la persona no se ha ocupado de él no se ha capacitado para tratar ese problema cuando surge. Si estamos equipados para tratar con él no tiende a surgir o, si lo hace, ya no constituye un problema.

Es como aprender a realizar nuestro trabajo en una oficina o en una fábrica. Los primeros días son terribles. No sabemos donde estamos. (Yo digo esto pero en realidad nunca he trabajado en una oficina o una fabrica, pero ¡tengo imaginación!). Es demasiado para la mayoría de personas, en algún momento de sus vidas, afrontarse a eso que la vida les presenta para hacerles crecer. Lo primero, creo, es tomar una decisión interna de que solucionaremos cada problema, superaremos cada obstáculo, antes de intentar seguir adelante. Que en vez de escaparse, trataremos de solucionarlo, hacer lo mejor para superarlo, y si lo hacemos debilitará, ya que nosotros nos hemos fortalecido, cada problema al que nos afrontemos después. Cuanto mayor sea el obstáculo, mayor será el desafío y mejor y más preparados estaremos para convertirnos en iniciados y al final en un Maestro.

Es el único camino. Tenemos que hacerlo porque, al igual que un Maestro, estamos solos. Llega un momento en que nos damos cuenta de que estamos absolutamente solos, sin ninguna ayuda de ninguna clase excepto la de nuestro propio Ser. Nuestro propio Ser es Dios, nada menos que todo el cosmos. Sólo podemos conectar con una parte muy diminuta de ese Ser en cualquier momento. Pero si no conectamos con eso y no lo ponemos en funcionamiento, nunca lo utilizaremos. Tenemos que aprender a conectar con nuestro potencial y no preguntar a otras personas qué hacer. Algunas personas siempre están preguntando a otras, continuamente: "Tengo este problema, ¿qué crees que debería hacer al respecto?". A menos que afrontemos el problema, que tomemos nuestras propias decisiones, nunca creceremos. Nunca nos convertiremos en un Maestro. Nunca nos convertiremos ni siquiera en iniciados de 2º grado, menos aún en Maestros. (¡Estoy asumiendo que sois iniciados de 1er grado!)

El restablecimiento del Plan

"El mundo está preparado para más luz. Los pueblos en todas partes están sedientos de conocimientos nuevos sobre sí mismos y de Dios".

Si ese es el caso, entonces se dará. Tan pronto como la humanidad lanza un grito de ayuda – de más luz, más información, más tecnología, más conciencia despierta, en una palabra, de su propia naturaleza y propósito – entonces se da. El grito es escuchado por la Jerarquía, y la palabra suena: "Abrir las puertas" – las compuertas de la luz, el conocimiento, la inspiración, la orientación. Todo eso emana de los Maestros como respuesta a ese grito. Esto es lo que ocurrió en 1875 con la publicación de *La Doctrina Secreta* y *Isis sin Velo* (H.P. Blavatsky). Esto es lo que ocurrió antes de la guerra con las enseñanzas del Agni Yoga y los libros de Alice Bailey: presentaban nueva luz y conocimiento a las mentes exploradoras de aquellos preparados para absorber y responder – *y hacer algo con ello para servir al Plan.*

El plan se está restableciendo. El plan se interrumpió con la gran guerra entre las fuerzas de la Luz y la Oscuridad a finales de la época Atlante. El plan, desde el punto de vista de los Maestros, todavía continúa. La humanidad ha evolucionado, lentamente, pero el plan fue sin duda alguna interrumpido. La humanidad tuvo que dejarse sola para que encontrara su propio camino. Y, habiéndolo encontrado, es más fuerte. Somos mucho más fuertes de lo que era el hombre atlante. El hombre atlante no podía pensar. Millones de personas son capaces de pensar ahora. La educación de las masas ha cambiado profundamente a la humanidad.

"Debido a esta disposición, los Maestros se han preparado a Sí mismos para inaugurar una nueva era de Luz"

Eso es algo extraordinario.

"Se ofrecerá a la humanidad ilimitadas oportunidades para el progreso: el hombre se maravillará con los descubrimientos que abrirán la puerta al dominio de las fuerzas naturales". Todas estas fuerzas están ahí. Creemos que las conocemos, pero no es así. No sabemos completamente bien qué es la gravedad; sólo hemos pensado sobre ello. No sabemos en realidad lo que es la electricidad. Conocemos un nivel de electricidad en el plano físico, y podemos utilizarla si vamos con cuidado. Podemos utilizarla de forma bastante satisfactoria por el momento, aunque no hemos tocado la esencia de la electricidad. Es totalmente distinta a lo que creemos.

"El hombre se maravillará con los descubrimientos que abrirán la puerta al dominio de las fuerzas naturales; permanecerá atónito ante los prodigios y la belleza así revelados."

Cada descubrimiento de la realidad, de aspectos de la realidad, es bello. Es un desenvolvimiento bello de las riquezas de la vida, el sistema natural en el cual vivimos, que llamamos naturaleza. El único problema es que nos separamos de él. Vemos la naturaleza como algo que está fuera de nosotros. Creemos que Dios está ahí arriba y nosotros estamos aquí abajo. No existe en realidad ninguna separación. No estamos separados de la naturaleza; esa es la razón por la cual no deberíamos explotar el medio ambiente. No estamos separados de lo que llamamos Dios. Es inmanente en cada aspecto de nuestro Ser. Y tampoco estamos separados unos de otros, que es algo muy importante que aún tenemos que descubrir.

La gran herejía de la separación nos lleva a esa gran miseria que llamamos espejismo. El espejismo es el resultado de la separación, creer en la herejía suprema de que estamos separados. Tan pronto como nos demos cuenta de ello, el espejismo desaparecerá. Por el momento, no obstante, constituye la fuente de todas nuestras miserias, desdichas y limitaciones que podamos conocer e imponer en nuestras vidas. Es lo que está detrás de la horrorosa realidad de que millones de niños se mueren de hambre, el increíble derroche de recursos, las desigualdades, la crueldad de la vida. Todo eso es espejismo, y es el resultado directo de la experiencia que tenemos de que estamos separados.

La Vida Una

Descubriremos que no estamos separados, y que no podemos mantener por mucho tiempo ese espejismo con impunidad. Nosotros tenemos ahora las fuerzas que pueden destruir toda vida. También tenemos libre albedrío, y por tanto depende de nosotros cambiar de dirección. Cuando lo hagamos, nos sorprenderemos. Nos "maravillaremos con los descubrimientos que abrirán la puerta al dominio de las fuerzas naturales", el hombre "permanecerá atónito ante los prodigios y la belleza así revelados", "conocerá con certeza absoluta el hecho de Dios". Cuando uno realiza a Dios en sí mismo, Dios en la máquina, Dios en la luz que emana de la bombilla, que está creando las maravillas de la nueva ciencia, entonces es un hecho. Te das cuenta de que Dios no es un anciano con barba que está arriba en el cielo; ese es un antiguo símbolo que tenemos que apartar del camino. Tenemos que darnos cuenta de que *nosotros* somos Dios. Todo lo que está a nuestro alrededor es Dios.

El espacio existente entre todo lo que hay en el cosmos es Dios. Esa vida, y existe sólo esa Vida Una, es nosotros, está en nosotros y alrededor nuestro. Nosotros la llamamos Dios, pero fácilmente podríamos llamarla nosotros mismos. Podríamos llamarla naturaleza. Podríamos llamarla por el nombre de cualquier persona que conozcamos. Esa es la Vida Una que es Dios. No está allí afuera y arriba, separada de nosotros. Es inherente en cada aspecto de nuestro Ser.

Preguntas y Respuestas

Diferentes niveles de Luz

Parecería que el artículo del Maestro habla principalmente sobre la luz del alma y manifestando eso, nuestra luz. Pero en la última línea de Su artículo, donde Él habla sobre Maitreya, el Maestro dice 'Manifestad Su luz'. ¿Por qué él cambia de la luz del alma a la luz de Maitreya –para enfatizar que son lo mismo? (Enero/Febrero 1999)

Son lo mismo a niveles diferentes. Maitreya es la personificación del alma de la humanidad. Él encarna en Su propio Ser lo que denominamos el Principio Crístico, la Conciencia Crística. El aspecto del Cristo es el aspecto del alma. Cuando se enciende en el corazón humano, el contacto con el alma crece y se profundiza. Esa es la luz del alma que irradias cuando sirves. Lo que el Maestro quiere decir es que en este dominio iluminado, con todos sus problemas, ha venido Maitreya con Su luz más grande. Es la misma luz, sólo de mayor intensidad, naturalmente, porque Él es la personificación del alma del mundo. Despertad esa luz en vosotros. Lo que Él quiere decir es, responded a las ideas de Maitreya y hacedlas propias. Como Maitreya dice: "Llevadme en vuestro interior, y dejadme trabajar a través de vosotros. Haced de Mí una parte de vosotros mismos, y mostradme al mundo". [Mensaje 10] Es tomar la luz de Maitreya, el alma, el aspecto conciencia, y hacerlo vuestro. Al crecer en vosotros, atraeréis más luz de Maitreya. Te vuelves un imán. Al actuar y servir, el imán se vuelve cada vez más poderoso, y al atraer más de esa luz, te volverás más perfecto sirviendo al mundo.

¿Podría describir la relación entre la luz y el amor? ¿Existe alguna diferencia entre los dos? (Enero/Febrero 1999)

La luz y el amor son lo mismo pero existen distintos niveles de luz. Existe la luz, el Fuego Eléctrico, que procede del Sol Central Espiritual. Luego está el amor, el Fuego Solar, que procede del Corazón del Sol. Son aspectos distintos de la única luz. El fuego por fricción procede del sol físico; de nuevo, eso es luz. El fuego eléctrico incluye la luz del alma, pero la luz del alma no incluye el fuego eléctrico; justo al igual que la voluntad incluye el amor y la inteligencia pero la inteligencia no incluye el amor y la voluntad. El amor no incluye la voluntad; estos son tres aspectos distintos.

Hay otros aspectos para los cuales, por ahora, aún no tenemos nombre. Uno de estos es introducido por el Avatar de Síntesis, una cualidad que el

Maestro Djwahl Khul dice que podemos considerarla como "el Principio del Propósito Dirigido", que está relacionada con el aspecto voluntad. Es la voluntad a la que nada puede doblegar, que se va forjando el camino superando todos los obstáculos para llevar a cabo el propósito de Dios. Fluyendo como lo hace ahora a través de Maitreya, esta energía Cósmica despeja muchos niveles de apatía y resistencia en nuestras vidas para que la Voluntad de Dios se pueda manifestar. Esto es lo que está ocurriendo ahora. Esta será una era en la cual por primera vez para la humanidad, por sí misma, despierta a su naturaleza divina. No me refiero en un sentido místico. Me refiero en un sentido real y práctico de conocer que somos divinos y de manifestar la divinidad.

He leído y escuchado que el amor es como la energía aglutinadora de toda la realidad. Usted ha dicho en esta charla temática que la electricidad, en un nivel u otro, es la energía que une o aglutina toda la forma. ¿Son estas nociones una y la misma? ¿O existe alguna diferencia que puede merecer la pena comprender? (Enero/Febrero 1999)

Estas nociones son una y la misma en un nivel, pero existen distintos niveles de esa manifestación. Nosotros lo llamamos electricidad en un nivel, lo llamamos amor en otro. Ambos son necesarios. La energía básica de la vida misma es eléctrica, fuerza eléctrica que procede del Sol Central Espiritual. Se relaciona con el aspecto espíritu de la realidad. La energía del amor procede del Corazón del Sol.

La energía de la fuerza vital del sol espiritual une todas las formas; crea la relación que hace las formas posibles. Crea organismos dentro de las formas, moléculas dentro de organismos, diminutas estructuras atómicas siguiendo un cierto orden – todo ello está condicionado por la actividad de la luz, el aspecto espíritu. Es esto lo que crea los fenómenos. El aspecto amor, el segundo aspecto de esa misma luz, procedente del Corazón del Sol, establece una relación magnética entre todas estas formas creadas para que estén unidas. Cada átomo está unido con el resto de átomos en el cosmos entero. Ambos son necesarios, y funcionan en estados de materia un tanto distintos – creando la materia, luego uniendo los átomos de esa materia mediante una atracción magnética y cohesiva. Eso es lo que nosotros llamamos amor.

¿Sirven estas energías el mismo propósito, simplemente en niveles diferentes? (Enero/Febrero 1999)

Sirven el propósito básico del Señor del Mundo – traer al mundo material a la manifestación, creando todas las formas que conforman la manifestación, y manteniendo esas formas unidas para que no se vayan a otro sistema solar.

De las enseñanzas de Alice Bailey comprendí que la oscuridad debe ser transformada en luz. Mi conclusión es que la oscuridad es luz potencial. Entonces se podría decir que en realidad la oscuridad no existe. Sólo existe la luz o la luz potencial. ¿Es esto cierto? (Mayo 2000)

Sí.

La ciencia ya ha descubierto que existe luz en cada célula viviente, que se denomina biofotones. (1) ¿Podríamos llamar a esta luz conciencia o principio de la vida? (2) ¿Es esta luz la misma denominada Fohat por H.P.B. o energía Primordial en los libros *Supermundano* (Agni Yoga)? (Mayo 2000)

(1) Sí. (2) Sí.

Existen siete chakras y siete rayos. ¿Hay alguna relación entre ambos? (Enero/Febrero 1999)

Sí, así es. El Maestro DK (quien dio las enseñanzas de Alice Bailey) ha escrito que cuando aceptemos la realidad del cuerpo etérico y lo comprendamos con mayor profundidad, se podrá saber más sobre los chakras y esos aspectos de la electricidad que llamamos los siete rayos.

Luz interna y externa

Mi padre era ciego, con los nervios ópticos atrofiados. Hacia el final de su vida hablaba frecuentemente de una luz blanca brillante en su cabeza. Algunas veces localizaba objetos físicos alrededor de él con la localización de la luz en su cabeza. A menudo daba muestras de dolor por su brillantez. ¿Podría haberse tratado de la luz del alma, de un reflejo causado por su discapacidad, o de una ilusión? (Enero/Febrero 1999)

Existen diferentes tipos de luz que pueden verse. Existe la luz de las partículas atómicas del mismo cerebro. Luego está la luz del cuerpo etérico, la contraparte etérica del cerebro. Existe la luz del alma, que a menudo se ve como un sol brillante en la cabeza –muy brillante, tanto que es difícil mirarlo. En este caso en particular, se trata de una combinación de todas las tres: la luz de la estructura atómica del cerebro, la luz etérica, más la luz del alma. No creo que sea la luz proyectándose fuera y produciendo una conciencia despierta de objetos fuera del individuo, sino de la elevación de la conciencia despierta a causa de la creciente luz en la cabeza, en particular la luz del alma, que proporciona un sentido infalible de la ubicación de los objetos.

Ayer durante las bendiciones antes y después de la charla, hubo una sensación de motas de luz doradas cremosas que descendían internamente. ¿Fue esto real, o una ilusión? (Enero/Febrero 1999)

No fue una ilusión. Fue real pero no sólo se podían ver internamente – también fue en la sala. Era la energía de Maitreya que creó esta lluvia de luz dorada vista internamente y también llenando la habitación.

El aire parece estar plagado de puntos de luz diminutos que se mueven y desaparecen. No se trata de puntos flotantes en los ojos. ¿De que se trata –luz? ¿Energía etérica? ¿Moléculas de aire? ¿O mala visión? (Enero/Febrero 1999)

No se trata de mala visión. Son luz –específicamente, luz etérica. Normalmente serían del cuarto etérico, el más bajo nivel etérico. Están en todas partes que mires. Baja a la costa y mira justo por encima de las olas, y verás las partículas de luz arremolinándose y moviéndose. Puedes aprender a fijarlas, escoger una y seguirla hasta que desaparece. Entonces su lugar lo toma otra, y puedes fijarla. Mantén tus ojos muy firmes y sigue a una. Normalmente son tan rápidas que sólo ves enjambres de luz, no puedes separar a una. Pero puedes ralentizarlas, y puedes seguir ese pequeño viaje que realiza consigo misma, dando vueltas, en espiral. Se mueven en pequeñas espirales y luego desaparecen. Entonces otra aparece, y puedes literalmente ralentizar el movimiento con tu ojo. Cuanto más relajado el ojo, más verás la contraparte etérica alrededor de cualquier cosa.

Cuando usted está siendo adumbrado por Maitreya en sus conferencias y Meditaciones de Transmisión, ¿es siempre la energía de Amor de Maitreya lo que El libera o también se liberan otras energías? Parece haber un poco de controversia sobre ello. (Marzo 1997)

La energía de Amor de Maitreya – lo que se llama "El Verdadero Espíritu del Cristo" – siempre se libera, pero no necesariamente sola, o durante todo el periodo de la Transmisión. Mientras Maitreya me adumbra, El mismo está adumbrado por un gran Avatar Cósmico – el Espíritu de Paz o Equilibrio – que trabaja con la Ley de Acción y Reacción. Maitreya transmite la energía del Buddha – Sabiduría Cósmica – y la Fuerza de Shamballa – la energía del 1er rayo de Voluntad y Propósito. Junto con estas, Él libera la energía cuádruple del poderoso Avatar de Síntesis: Inteligencia, Amor, Voluntad y otra para la cual aún no tenemos nombre, pero que está relacionada con el aspecto Voluntad. Todas estas energías Cósmicas se liberan para beneficio de la audiencia, los participantes de la Meditación de Transmisión y el mundo.

A todos les gusta 'la sensación', la experiencia, de la energía de Amor de Maitreya – es tan edificante, cálida y fácil de absorber – y por esta razón a veces pido que se libere sola y separadamente de la mezcla de todas las energías, lo que es algo más habitual. No obstante, prefiero no hacer esto demasiado a menudo, para no interferir con los planes energéticos de Maitreya.

Un número considerable de personas, especialmente las que tienen de modo predominante la línea 2-4-6 en su estructura de rayos, encuentran que las otras energías, en particular la Fuerza de Shamballa y la del Avatar de Síntesis, son muy inquietantes, extrañas a ellos, difíciles de absorber y 'manejar'. Puede llevar tiempo (a veces mucho tiempo) hasta que estas personas aceptan estas fuerzas como beneficiosas de igual forma que aceptan la energía de Amor del Cristo. Como es habitual, se trata de una cuestión de conocimiento y experiencia.

¿Es en efecto posible conceptualizar una distinción entre la luz dentro y fuera de uno mismo? Como grupo, nos vemos inundados de una luz exterior, especialmente en fines de semana como estos. ¿Cómo nos afecta realmente la luz de las Transmisiones, los adumbramientos

y las bendiciones a nuestra forma y conciencia? ¿Cómo difieren e interaccionan la luz interior y exterior? (Enero/Febrero 1999)

Cuando estás en un grupo de Meditación de Transmisión, trabajas en ferias, das conferencias, etc., estás enviando la luz del conocimiento. Estás absorbiendo luz y enviando luz. La Meditación de Transmisión, más tu actividad en relación a este trabajo, o cualquier clase de trabajo espiritual, tiene un efecto inmediato en los chakras. Intensifica la actividad del alma y por tanto la luz del alma. Esto intensifica la luz que fluye hacia dentro y hacia fuera del cuerpo etérico, de forma que los mismos chakras se estimulan. Todo esto junto, especialmente en una situación grupal, crea un estado de tensión espiritual. Cada individuo tiene un menor o mayor grado de tensión espiritual. Su valía en el mundo en un momento dado, su valía en este trabajo, se mide en relación a ese estado de tensión. Cuanto mayor es la tensión espiritual, mayor es la creatividad del individuo, y mayor su valía espiritual para el mundo en conjunto.

Tenemos que crear tensión espiritual. Nada ocurre sin tensión. Es como si tuvieras dentro de ti un muelle espiritual, y que todo lo que hagas de naturaleza espiritual (incluyendo, por supuesto, Meditación de Transmisión) va tensando ese resorte, como darle cuerda a un reloj. Llega un punto en que ya no se le puede dar más cuerda sin que se rompa. Luego el mecanismo se distiende, y se consigue un cambio, un cambio de conciencia. Cada ser humano pasa por este mismo proceso. Antes de cada expansión de conciencia ha habido un periodo de tensión espiritual. La actividad espiritual – los adumbramientos, las bendiciones, las Meditaciones de Transmisión, el trabajo en el mundo de naturaleza espiritual – está intensificando el esfuerzo espiritual, tensando el resorte, dando cuerda al reloj. Luego llega un momento en que ya no puede tensarse más, se suelta, y tu conciencia se expande. Así es como uno avanza. Esa es la clave de todo el proceso de expansión de conciencia, y por tanto de la evolución. Cuanto más transmites (si estás alineado) más actúas en un sentido espiritual, más eres un educador, y más difundes la luz del conocimiento, del alma, de la sabiduría, de la intuición – estas luces son todas partes de la Luz, y están relacionadas con distintos aspectos de tu Ser – todo ello da cuerda al reloj, incrementa la tensión espiritual.

Es lo mismo para cada grupo. Cada grupo está utilizando una cierta proporción de energía del alma en su actividad y una cierta proporción de energía de la personalidad. Estas varían en distintas partes del mundo. La mayoría de los grupos que conozco y con los que trabajo utilizan una gran proporción de energía del alma y una pequeña proporción de personalidad. Este grupo (me refiero a los grupos en todo el mundo, a excepción de uno o dos) están funcionando a un nivel muy elevado de energía del alma porque están inspirados por la idea de que el Cristo está en el mundo. Sus almas han respondido a esa gran idea magnética, el retorno del Cristo y la Jerarquía de Maestros. Eso ha encendido el fuego en ellos que nosotros llamamos el alma. Ha provocado, en todo el mundo, este número creciente de grupos que están alcanzando, paso a paso, un punto donde la luz se hace tan intensa, la energía y la tensión acumuladas tan agudas, que se desata y distiende. Esta distensión no es una pérdida de energía sino en realidad un cambio de conciencia despierta. Eso ocurre antes de cada iniciación. Cada iniciación es el resultado de esa tensión espiritual manifestada. Sólo eso es lo que hace posible soportar la luz del Cetro de Iniciación.

¿Esto no produce tensión en el sistema nervioso? (Enero/Febrero 1999)

La respuesta a esto es tanto sí como no. Depende de la resistencia de tu sistema nervioso. Depende, para expresarlo de manera más amplia, cuán más o menos neurótico es uno. Me refiero en un sentido serio –cuán embebido de espejismo está uno. Cuán más o menos directamente podemos afrontar este proceso sin las reacciones de espejismo que nos retienen y no nos permiten actuar directamente. Eso debilita el sistema nervioso. Pero para aquellos cuyo fuego es fuerte y cuyo mecanismo de respuesta es directo, el efecto sobre el sistema nervioso puede ser muy tonificante.

En el libro del Agni Yoga *Supermundano* (Agni Yoga Society), pág. 34 de la versión inglesa (y hay otras muchas referencias), se menciona la Energía Primordial. "La buena fortuna del hombre es su acceso a la Energía Primordial, y su desgracia que no acepte este bendito poder, sino que normalmente lo condena. Qué horrible es que el hombre rechace aceptar su mejor tesoro." ¿Qué es exactamente la Energía Primordial? Habiendo leído los libros de Alice A. Bailey, ¿a qué término más familiar para mí podría equivaler? (Septiembre 1997)

Energía etérica, cargada de poder psíquico.

Luz Astral

¿Existe la luz astral? ¿Es la naturaleza astral toda espejismo? ¿Cuál es la diferencia entre la luz astral y la luz del alma? (Enero/Febrero 1999)

Existe la luz astral. Existe sólo luz, y por supuesto esa luz fluye a través de todos los planos, incluyendo el plano astral. Algo extraordinario que está ocurriendo ahora es que existe una intensificación de la luz astral del planeta y un movimiento descendiente de esa luz en el plano físico. Esto empezó con la ruptura de la red entre los planos físico y astral durante los prolongados bombardeos en la Primera Guerra Mundial y luego de nuevo en la Segunda Guerra Mundial. El lanzamiento de millones de toneladas de bombas y los disparos de cientos de miles de cañones etc., provocaron un enorme ruido en toda Europa (y en distintas partes del mundo en la última guerra), en Rusia y otros lugares. Esto ha creado una ruptura en el entramado entre los planos físico y astral de nuestra existencia.

Esto también hace posible una comprensión de la vida después de la muerte porque los planos astrales son los planos donde la mayoría de personas moran fuera de su encarnación física. La amplia mayoría de personas están, naturalmente, polarizadas astralmente – es decir, el plano astral es su foco de conciencia – y, necesariamente, una parte considerable de su estancia post-vida será en lo que los tibetanos llaman el '*bardo*', los planos astrales. Esto puede durar muy poco tiempo si la persona está más evolucionada o, en la media de la humanidad, un tiempo muy largo. Naturalmente, en ese plano no existe el tiempo; no existe el tiempo fuera de nuestro cerebro físico.

En el '*bardo*' de los planos astrales, la vida avanza en forma de deseo; el deseo es el principio fundamental que rige la actividad en los planos astrales. Todo lo que deseas está ahí. Quieres un helado, lo tienes. Quieres una nueva casa, la tienes también. Hay personas que trabajan en las minas cada día – se levantan (no existe un lugar desde donde levantarse, pero se levantan de todos modos), se visten, descienden a la mina, trabajan duro todo el día extrayendo carbón, y suben otra vez. Están sucios y tienen sed, así que van a un bar a tomarse unas cervezas para sacar el polvo de sus pulmones, y luego se van a casa, comen algo y se van a dormir. Hacen esto todos los días. Es extraordinario. No hay minas en los planos astrales, pero todo lo que tu pienses, sea cual sea tu deseo, se hace posible. Tal es la naturaleza ilusoria de los planos astrales.

La luz astral es algo bastante distinto; es la luz de los átomos astrales. Al igual que existe la luz del plano del alma, existe la luz de los planos mental, astral y físico. Existe luz eléctrica en el plano físico; tu cuerpo físico está por sí mismo vibrando como partículas de luz, la luz del plano físico, que puede verse en la cabeza como la resonancia, la vibración, de las partículas atómicas que componen el plano físico. Cuando una persona está respondiendo a la luz de la mente, la luz del alma a través de la mente, esta ilumina el espejismo. La persona se vuelve consciente del espejismo y puede superarlo. Para volver a citar al Maestro DK: "Cuando se ha encontrado el centro de luz dentro de uno mismo, se está en posición de hacerse consciente de la luz dentro de todas las formas y átomos. La persona sabe lo que hay que hacer entonces para disipar el espejismo en su propia vida, utilizando la luz de la mente, que es la luz del conocimiento". (*Discipulado en la Nueva Era, Vol.I*)

Tal como he indicado, la luz astral está despertando a la humanidad a la conciencia despierta de la vida después de la muerte, a los planos sutiles de la materia, la existencia de entidades en estos planos. Desde estos niveles, llegará una gran cantidad de información y revelaciones nuevas en relación al trabajo con las formas superiores de la electricidad. Tiene que provenir de la parte sutil. Esa es la razón por la cuál no puedo responder a preguntas sobre la Tecnología de la Luz desde un punto de vista estrictamente del plano físico. No sólo no sé lo suficiente sobre el tema, ya que aún no está aquí ahora [1998]; sino que no vendrá de este modo, será muy distinta a la concepción que tenemos de la ciencia hasta ahora. Es la ciencia de la psique, y esa es la nueva psicología.

¿Siendo el astral tan poderoso, puede producir experiencias de luz? Estoy pensando en los fundamentalistas religiosos en particular. (Enero/Febrero 1999)

Bueno, sí y no. No es la luz, por supuesto, la que padece de espejismo. Es el individuo, cuyo foco, polarización, está en el plano astral. Si estuvieras polarizado en el plano mental o espiritual, no tendrías estos problemas al tratar con la luz astral. Simplemente la verías por lo que es, luz astral. Es un área de conciencia y un área de actividad humana durante un periodo de tiempo. Mejor salir rápidamente hacia los planos mentales, y si es posible, a través de ellos, a los planos espirituales. La luz astral es un reflejo, a un nivel inferior, por supuesto, de la luz de *Buddhi*, intuición.

El Maestro DK menciona que la supervivencia de la conciencia después de la muerte será demostrada a través de la fotografía, ¿podría explicarlo? Conozco experimentos con casetes que graban las voces de los muertos recientes; ¿será algo similar? ¿Están sucediendo ta-

les experimentos ahora? ¿Necesitaremos algún tipo de película especial? (Marzo 2000)

Todas las cosas están creadas de luz. Se desarrollarán cámaras y películas sensibles a la luz astral. Esto permitirá a las personas 'muertas' ser fotografiadas mientras se mueven, sonríen, hablan, etc. Después se añadirá el sonido que permitirá la comunicación astral sin la necesidad de un médium.

La raza atlante – el uso indebido de la energía astral

¿Cuál fue la causa de que la humanidad en la tierra perdiera su rumbo? ¿El uso incorrecto de la energía astral al final de los tiempos atlantes? ¿O el abuso del libre albedrío? ¿El retraimiento de la luz de los Maestros hace 100.000 años? (Enero/Febrero 1999)

El creciente poder de las fuerzas materialistas causó que la humanidad perdiera el rumbo. Dos grupos trabajan en actividad sincronizada: los Maestros de Sabiduría en los planos espirituales y los Señores de la Materialidad, sosteniendo el aspecto materia de la tierra. Llegó un momento cuando cada vez más personas comenzaron a pensar. La mayoría no podía pensar, estaban preocupados en vitalizar y perfeccionar el cuerpo astral-emocional-sensible. Pensar para la mayoría de personas quedaba en un futuro muy lejano. Y así fue durante incontables milenios hasta que unos pocos que estaban más evolucionados comenzaron a pensar. Tan poderosos eran los Señores de la Materialidad en esa época, tan extendida estaba la magia negra (la magia blanca, por supuesto, era utilizada por los Maestros), que se crearon grandes divisiones entre las personas.

Muchos de los grandes mitos son en realidad registros de esa época, y las historias de reyes como Midas, y otros, reflejan el foco extraordinario en la materialidad que se desarrolló a finales de la época atlante. Antes de eso, no existía una palabra para 'ladrón' –nadie robaba o hurtaba. No fue hasta que algunas personas se hicieran muy ricas, con el aumento del poder de la materialidad, y codiciosas. Entonces, inevitablemente, comenzó el crimen. Actualmente las naciones occidentales desarrolladas se preguntan la razón de tanto crimen. Es porque existe tanta división. A través de las fuerzas del mercado, es inevitable que unas pocas personas se hagan muy ricas y otro gran número permanezcan pobres. La brecha se hace cada vez más grande, y, como dice Maitreya: "Los ricos ostentan su riqueza ante los pobres" [Mensaje 81]. Esto crea envidia, odio, resentimiento y crimen. Si el mundo tuviera una distribución más equitativa de bienes, habría muy poco crimen. El crimen no es innato.

Llegó un tiempo cuando estas dos fuerzas estuvieron tan polarizadas que estalló una gran guerra. La guerra finalizó en un punto muerto. Nadie ganó realmente. Finalizó en una decisión por parte de los Maestros de retirarse, durante un tiempo, a las montañas y desiertos del mundo, donde permanecen Sus sucesores, en su mayoría, hasta el día de hoy. Después de 98.000 años, la rueda ha girado y permitido a los Maestros salir abiertamente de nuevo: por Su propia evolución, y también a causa de que la humanidad, finalmente, ha llegado a un punto donde puede, en su conjunto, pensar y tomar decisiones, responder a consejos y sugerencias, y pueden utilizar sus mentes para analizar situaciones. Con el tiempo, estarán de acuerdo en que la única forma es la justa distribución de recursos. Entonces volverán al punto donde se apartaron del Camino de la Luz, del sendero evolutivo. El Plan puede volver a empezar. No es que siempre estuviera ausente, pero con los Maestros apartados del mundo, necesariamente, un aspecto del Plan fue suspendido durante todos esos años.

"¿Uso incorrecto de la energía astral?" Sí, ciertamente, porque la energía astral en ese tiempo era la energía dominante. Todos excepto unos pocos estaban astralmente polarizados.

"¿Nuestro abuso del libre albedrío?" Cierto, el abuso del libre albedrío, tomando la dirección equivocada, el sendero de la materialidad. La materialidad no es tan sólo el culto a grandes cantidades de bienes, es también el abuso del poder. Hitler fue probablemente, en persona, no demasiado rico, pero abuso totalmente de su poder y fue, por tanto, profundamente materialista, así que pudo ser obsesionado por dos del grupo de los Señores de la Materialidad. Los Maestros utilizan el adumbramiento, que puede ser sólo una impresión ocasional de la mente, o puede llegar a ser un adumbramiento momento a momento que se detiene antes de llegar a la obsesión, así que el libre albedrío del discípulo nunca se infringe. La fuerzas negras, por otra parte, utilizan el mismo proceso hasta llegar a la obsesión, y Hitler fue, literalmente, obsesionado. Esa fue la razón de que fuera tan poderoso, pero no hubiera sido posible si no hubiera sido profundamente materialista. Debemos ampliar nuestro sentido de lo que es ser materialista. No es tan sólo desear 'abundancia' (para muchas personas la abundancia es el principal aliciente para el futuro). También significa poder, poder dominante.

¿Fueron las antiguas civilizaciones egipcias y mayas de América Central y del Sur originariamente fundadas por atlantes que huían? (Diciembre 1997)

La cultura maya y otras de América Central fueron sucesoras rebajadas de las civilizaciones atlantes, que no necesariamente escapaban. La civilización egipcia fue el resultado de la colonización desde Poseidón, una gran isla remanente de la Atlántida donde están las Azores actualmente.

Utilizaban los antiguos egipcios poderes psíquicos o tecnología atlante para mover los bloques gigantes que constituían las pirámides? (Diciembre 1997)

Sí, poderes psíquicos

¿La magia negra convertía realmente a personas en cerdos? (Enero/ Febrero 1999)

¡No ha leído los mitos griegos! ¿No conoce la historia de la Odisea? Él deambuló durante 20 años en su camino de regreso a Troya y tuvo todo tipo de aventuras, una de ellas en la terrible isla con Circe, la maga odiosa que convertía a todo el que no le gustaba en cerdos. Había muchos porcinos allí que originariamente habían sido hombres. ¡Sí, es un hecho!

Se ha informado en el *New York Times* que el Arca perdida de la Alianza, el objeto antiguo más sagrado de los israelíes, podría encontrarse en la ciudad santa de Aksum, Etiopía, al cuidado de unos monjes cristianos ortodoxos. En la Biblia se describe como un arca chapada en oro que Moisés construyó para que albergara la tabla de los Diez Mandamientos. ¿Es la reliquia en Aksum el Arca perdida? (Junio 1998)

No. Mi información es que el Arca existe pero, desde el año 597 a.C. ha permanecido oculta en Egipto.

¿Podría decirnos algo acerca de las calaveras de cristal, con toda seguridad producto de una gran civilización antigua? (Enero/ Febrero 1998)

Eran comunes en las civilizaciones de los últimos tiempos atlantes, relacionadas con su religión que hoy en día llamamos espiritualismo. La mayor parte de las que vemos en la actualidad son de origen maya (mexicano) – los herederos de gran parte de la cultura atlante.

Comportamiento educativo

El Maestro dijo: "El mundo está preparado para más luz. Los pueblos en todas partes están sedientos de conocimientos nuevos sobre sí mismos y de Dios" ¿Cómo se relaciona esto con el trabajo de este grupo en el "esfuerzo educativo amplio en alcance" del que Él también indicó que estamos implicados? ¿Es este esfuerzo educativo una de las formas con la cuales estamos trayendo luz al mundo? (Enero/Febrero 1999)

¡Espero que sí! ¡Sí, en efecto!. Si está escrito en palabras que todo el mundo pueda leer y comprender, sí, traerá la luz de tu conocimiento, tu conciencia despierta, al mundo. Eso es la luz; el conocimiento es luz. Todo lo que intensifique tu conciencia despierta de la naturaleza de la Realidad – tanto si es física, etérica, astral, mental o espiritual – es luz, merece la pena, y debería aceptarse. Ese conocimiento aporta luz.

Como profesores, necesitamos pasar estas enseñanzas a la humanidad. ¿Se logra esto a través de la simplicidad de palabras y acción? (Enero/Febrero 1999)

Sí, en efecto. Naturalmente, si puedes hacerlo de forma sencilla de manera que todo el mundo pueda entenderlo, mejor. Sobre todo, no cuenta tanto la simplicidad de la acción como la demostración de la acción correcta. No hay nada que consiga un impacto educativo tan veraz e inmediato que el ejemplo. Si puedes mostrar con el ejemplo las cualidades de las que estás hablando – la naturaleza de la luz, de la vida, etc., entonces estás bien situado para enseñar. Si estás realmente viviéndolo, lo demostrarás. La gente dirá: "Puedo verlo, sé lo que él quiere decir".

Eso es con lo que los Maestros cuentan en la demostración de Su Ser a la humanidad. Ellos saben que eso ofrecerá un anteproyecto extraordinario de posibilidades futuras. Diremos: "¿Podemos convertirnos en eso? Ellos son maravillosos, pero son hombres". La gente comprenderá que los 'meros hombres' pueden convertirse en Maestros, como Maitreya. Si Ellos pueden hacerlo, nosotros podemos hacerlo. Ellos no son distintos, sólo más desarrollados. Todo por lo que nosotros estamos pasando, Ellos ya lo han pasado. Si nosotros comprendemos, por ejemplo, que el amor total e incondicional, la extraordinaria sabiduría e increíble inteligencia de los Maestros no están tan lejos de nosotros como para nunca poder aspirar a ellas, esto despertará la aspiración de la humanidad a alcanzar estas cualidades. Demostrará que puede hacerse.

Si tú cuentas con el verdadero instructor, el instructor realmente grande, no es una cuestión de imitar sino de pensar como él piensa, mirar la vida de una forma nueva y despierta que él te ha ofrecido. A ti se te muestra que es posible por la demostración que él hace de la naturaleza de esa vida. Esa es la belleza. No son sólo palabras, sino la naturaleza de la vida.

En las Cartas al Editor sobre experiencias con Maitreya, parecería que en la mayoría de ellas Maitreya, o uno u otro de los Maestros, sencillamente sonríen o saludan con la mano, y causa una gran impresión en la vida de la persona. La razón obvia de ello es que se trata de un Maestro. Pero yo pienso que Él está demostrando para todos nosotros cómo podemos de una forma muy sencilla transmitir nuestro amor y luz del alma sonriendo, y podría ayudar a crear un clima de alegría. (Enero/Febrero 1999)

Sí, estoy de acuerdo. Pero también existen aquellos encantadores 'tipos Nueva Era' que van por el mundo sonriendo todo el tiempo hasta que llega el momento en que deseas zarandearles. Existe la sonrisa genuina de amor y alegría, y existe esa sonrisa falsa y sentimental que transmite: "Comprendo el significado de la vida, y la inofensividad, y de que todo es Uno, todo es Dios, y yo soy uno con todo. ¿Piensas que soy amoroso?" "Sí, oh sí, lo eres. ¡También eres un pesado! ¡Se real, se tu mismo!" Si no puedes evitar sonreír, si la alegría emana de ti y sonríes cuando vas a la tienda de la esquina o al dentista, entonces sonríe, naturalmente.

¿Qué sucede primero, la experiencia de la luz o las acciones que expresan esa luz y la hacen manifestarse? O quizás funcionan juntas y se apoyan mutuamente. (Enero/Febrero 1999)

La experiencia sucede primero. Trabajan juntas y se apoyan mutuamente pero debe primero tener la experiencia antes de tener la acción.

¿No es el miedo un enorme factor inhibidor en la manifestación de nuestra Divinidad? (Enero/Febrero 1999)

Eso es muy cierto. Una de las funciones de Maitreya después del Día de la Declaración será precisamente liberar a la humanidad del temor y la culpa.. El temor es el factor más inhibidor de nuestro componente psicológico. En gran medida, impide la manifestación del principio vital. Podríamos manifestar mucho más de nuestra divinidad innata si no estuviéramos plagados de temor y culpabilidad, en gran parte inculcado por los distintos grupos religiosos. Estos grupos son altamente responsables de ello. La culpabilidad y el temor son básicos ahora en la formación de pensamientos en la humanidad. Maitreya actuará para liberar al mundo del temor y la culpabilidad que son el resultado de una educación incorrecta, un condicionamiento de la peor clase, principalmente por las iglesias de todas las religiones.

En la lucha por comprender la explicación científica de la luz, la electricidad, etc., quedé frustrado en el intento de dilucidarlo todo con mi mente. Durante ese proceso tiendo a perder de vista lo que siento en mi corazón –que todos somos aspectos de Uno. Cuando vivimos a un nivel de vida desde esa comprensión y por tanto viviendo la luz y el amor, ¿es absolutamente esencial ocupar mi mente con algo que parece tan ajeno? ¿O me estoy realmente perdiendo una parte importante del todo? 'No estamos separados' lo resume todo para mí. (Enero/Febrero 1999)

Exactamente. Si tienes un tipo de mente intuitiva, esa es generalmente la forma en que abordarás este tipo de tema. Por otra parte, si continúas abordándolo todo exclusivamente desde un punto de vista intuitivo, probablemente te llevará un poco más convertirte en un Maestro de Sabiduría. Un Maestro es un *conocedor*. Existen dos senderos: el sendero del *bhakti*, el devoto orientado al corazón (y ese es un enfoque perfectamente válido), y existe el sendero del ocultista, aquel que busca los significados y actúa desde su comprensión, el *jñani* en terminología sánscrita (y ese también es un sendero absolutamente válido). Con el tiempo esos dos senderos se juntan. El Maestro es tanto el *bhakti* como el *jñani* juntos, de lo contrario, Él estaría incompleto.

Un avatar puede ser uno u otro de ellos. Por ejemplo, Paramahansa Yogananda fue un *Bhakti*, Él llevaba Su corazón en su manga. Sri Ramana Maharshi, que era un *jñani*, abordó la vida de una forma diferente y enseñó de otra forma. De hecho Él enseñó silenciosamente. Suyo es el sendero del Auto-conocimiento, o de la comprensión de '¿Quién soy yo?' El *bhakti* no se preocupa con '¿Quién soy yo?' Él sencillamente demuestra su comprensión intuitiva de que todo es amor, todo es Dios, todo es luz, y todo es Uno. El *jñani*, en el sentido de ser el conocedor, es el científico.

El científico aborda la vida desde un punto de vista de relaciones menos simplista, si puede decirse de esta manera. Si piensas en ello como 'todo es Uno', pierdes toda el área de las relaciones. Si actúas como un científico, incluso no como uno del plano físico, ves correspondencias. Incluso si eso precisa un salto intuitivo para llevarlo a cabo, estás haciendo correspondencias con diferentes aspectos de la realidad. Al hacer esto, puedes construir naves que se desplacen hasta el fin de la galaxia. No puedes hacer eso simplemente sabiendo que todo es amor, todo es Uno.

Esto es lo interesante sobre las diferentes maneras en que los rayos actúan. Si tienes un cuerpo mental de 2º rayo, por ejemplo, que dará un punto de vista intuitivo de la vida a un individuo, entonces probablemente encontrarás todo lo que hemos hablada innecesario –la relación entre este y ese tipo de luz, la Luz del Conocimiento, de la Sabiduría, de la intuición, la luz del alma– y preguntará por qué necesitamos separarlas.

Lo hacemos porque tienen funciones diferentes. Cuando avanzamos, ciertas capacidades se hacen presentes en nuestra vida: en primer lugar, la luz del conocimiento, la luz de la mente. Y cuando avanzamos más, tocamos algún aspecto del alma y traemos la luz de la sabiduría del alma. Luego, mezclando la luz del conocimiento, que es la luz de la personalidad, y la luz de la sabiduría, la luz del alma, tenemos la luz de la intuición, que es tanto luz del conocimiento como del alma. Esta luz es tan brillante, que hace desaparecer a todas las demás luces con su resplandor. Entonces obtenemos la conciencia despierta sintética de la intuición, que es lo que la persona que formuló la pregunta se está refiriendo. Esta es la forma natural de trabajo para una mente del 2º rayo. No le agrada la ciencia, la encuentra del todo frustrante y difícil. Por supuesto, es una cualidad sintetizadora para una vida. Esta persona en particular podría bien tener una mente del 5º rayo en su próxima vida. Entonces dirá: '¿A qué te refieres con síntesis? ¡Nosotros realmente vamos a averiguarlo, vamos a observarlo a través del microscopio y descubrir de que se trata!' Existen de todos los tipos.

¿Podría aconsejarnos cómo estudiar de forma inteligente las enseñanzas del Maestro DK? Muchas personas parecen encontrarlas áridas y académicas. (Marzo 1998)

El estudio inteligente implica la utilización de la inteligencia y la intuición. Eso es difícil, porque la intuición es una cualidad del alma. También implica un enfoque serio que la mayor parte de las personas no tiene. A menudo sólo tienen un interés y su interés va y viene.

Tú tienes que tener interés en ello, y tienes que estudiarlo no como "un árido estudio académico". (Yo no sé si las obras de DK pueden considerarse así, pero asumamos que pudieran serlo). Yo sugeriría que las personas estudiaran las palabras del Maestro DK de la forma que pueden escuchar una conferencia de Krishnamurti. Se puede escuchar a Krishnamurti de dos formas: escuchar lo que él dice, asumiéndolo intelectualmente, y decir: "Eso es muy bueno. Estoy de acuerdo con todo. Lo entiendo al 100 por cien, y soy de la misma opinión. Creo que él es un anciano maravilloso y admirable". O puedes escuchar, y mientras está hablando, aplicar lo que dice a ti mismo. Cuando él dice: "Pregúntate a ti mismo '¿Quién está experimentando este temor?'", hazlo mientras está hablando. ¿Quién es? Yo. Bien, ¿quién soy yo? Descubre quién está haciendo la experiencia. ¿Estoy separado de esta experiencia? Mientras habla, experiméntalo. Y al final descubrirás que eres una persona distinta.

Tecnología de la Luz

Usted dice que la Tecnología de la Luz producirá grandes avances en el campo de la medicina. ¿Cómo se traduce a otros campos de actividad, como el económico y el político? (Enero/Febrero 1998)

Parece obvio que si la Tecnología de la Luz nos proporcionará una energía, calor y locomoción ilimitados directamente desde el sol, y todos la tendrán, entonces nadie podrá poseerla, como en la actualidad los jeques del petróleo poseen incalculables riquezas bajo el desierto. La Tecnología de la Luz tendrá obviamente un poderoso efecto en la economía mundial. Nadie la poseerá, no obstante todos la utilizaremos. ¿Qué sucederá con General Electric y sus homólogos en todo el mundo? Se quedarán sin negocio. En el campo político, tanto poder es manejado por personas que presionan a gobiernos, controlando grandes industrias. Todo ello también será arrojado por la ventana. Obviamente esto simplificará profundamente las estructuras políticas y económicas de nuestro mundo, además de sus aplicaciones en medicina. Cualquier cosa que proporcione energía ilimitada y no contaminante cambiará todos los aspectos de la vida.

Se está investigando mucho científicamente el tema de la utilización de partículas de luz en comparación con el uso ya desarrollado de las partículas eléctricas. ¿Es este nuevo campo científico, llamado fotónica, el principio de la Tecnología de la Luz? (Abril 1999)

No, no lo es. Todavía trabajan sólo con luz en el plano físico.

Durante 50 años los científicos han tratado de descubrir un proceso de fusión nuclear. (1) ¿Han preferido los Maestros no iluminar a los investigadores en lo que concierne al tema de la fusión nuclear? (2) ¿Cómo puede la humanidad ser merecedora de esa tecnología de fusión nuclear? (Junio 1999)

(1) No. El retraso en la utilización de la fusión nuclear se debe principalmente a la acción obstruccionista de los intereses creados – es decir, de las actuales agencias de fisión nuclear. (2) No es una cuestión de "hacerse merecedores". Simplemente tenemos que desarrollar la tecnología.

Ingeniería genética

Los científicos han anunciado que finalmente han conseguido toda la información posible sobre el genoma humano, el libro genético de

la vida ha sido descifrado. **Algunos afirman que este avance supera otros desarrollos como la fisión del átomo o el alunizaje en la Luna. ¿Cuál es su significado para el futuro de la sanidad y el tratamiento de las enfermedades? ¿Es esto el comienzo de lo que usted describe en sus libros como la capacidad de la ciencia médica de hacer crecer órganos con el mismo patrón genético que el paciente y la relativamente sencilla sustitución de los órganos enfermos? Esto también suscita cuestiones básicas de ética. (Octubre 2000)**

Sí, este es

¿Qué piensa usted de la ingeniería genética? (Julio/Agosto 1999)

La ingeniería genética puede ser tanto buena como mala. Resulta escalofriante pensar que actualmente se están llevando a cabo varios experimentos en laboratorios del mundo que intentan crear criaturas medio humanas medio animales. La ingeniería genética utilizada con la esperanza de crear clones de personas es, creo yo, un uso incorrecto de esta ingeniería – e inútil de todos modos, pues los clones no son en realidad seres humanos porque no son almas. Nuestra ciencia se ha enfocado cada vez más en el aspecto materialista hasta tal punto que la mayoría de personas han perdido todo rastro de la base espiritual de la vida, y la economía es el 'dios' dominante a adorar en este mundo.

La ingeniería genética tal como se aplica, por otro lado, a los reinos animal y vegetal, nos proporcionará unas especies de plantas y animales completamente nuevas, e incrementará la vitalidad de los animales hasta un punto en el que podrán responder cada vez más a la mente humana mientras estos evolucionen. Cuando ellos respondan a la energía de la mente humana de una forma lo suficientemente elevada, se logrará un enorme incremento de la inteligencia del reino animal. Muchos animales que viven o trabajan estrechamente con la humanidad – perros, caballos, elefantes, camellos, etc. – ya demuestran un nivel de inteligencia, pero esta puede acelerarse, al igual que la inteligencia humana encuentra su estímulo en el reino superior, espiritual, compuesto de los Maestros y los Iniciados. La ingeniería genética es parte de este proceso. Muchas enfermedades animales desaparecerán. Muchos animales saldrán completamente de la encarnación. Su propio reino está siendo purificado, 'actualizado', sacando de la encarnación a animales muy primitivos que ya no tienen un papel que desempeñar en nuestra civilización. Es un apego sentimental de carácter incorrecto fomentar el cuidado de rinocerontes blancos y mantenerles en parques, gastando millones de dólares en esto, cuando se les está sacando de la encarnación deliberadamente por los Maestros. Ellos han servido su propósito hace mucho tiempo.

Son redundantes y eso se aplica a otros muchos. Crearemos nuevos tipos de animales que tendrán ciertas facultades, casi humanas.

Otra forma muy importante a través de la cual la ingeniería genética mostrará su valor es por su combinación con la nueva Tecnología de la Luz, que nos proporcionará energía ilimitada directamente del sol y esto satisfará todas nuestras necesidades – para la industria, calefacción, iluminación, etc. No hay nada hoy en día en el mundo que se asemeje a ello, y en combinación con una forma avanzada de ingeniería genética, pondrá fin a los trasplantes de órganos. En vez de ir a un hospital y esperar unos meses hasta conseguir un trasplante, las personas simplemente irán a una clínica durante unas horas y saldrán con un nuevo órgano, construido exactamente según el propio código genético de la persona en cuestión.

Una vez que Maitreya haya aparecido públicamente, ¿cuánto tiempo pasará hasta que los humanos puedan ir a clínicas para que le construyan un órgano, si uno necesitara un trasplante de riñón por ejemplo? (Diciembre 2000)

Es imposible determinarlo. Se me ha dicho que se está empezando a experimentar en la dirección de la Tecnología de la Luz pero se precisa de cosas que aún no han sido creadas, además de la ingeniería genética que todavía está en su infancia en lo que a esto se refiere. Llevará su tiempo. Mi Maestro ha dicho que podríamos esperar que las primeras señales de esta tecnología, no necesariamente la apertura de clínicas, aparezcan unos 10 a 15 años después del emerger de Maitreya. Eso es un periodo de tiempo muy corto pero las cosas se podrían mover muy rápido una vez que ocurran ciertas cosas. Podrían pasar cerca de 20 años antes de que tales trasplantes sean posibles.

¿Piensa usted que la ingeniería genética sigue la Ley de Evolución que DK describe como "el perfeccionamiento de la expresión de la forma"? (*La Exteriorización de la Jerarquía* por Alice A. Bailey, pág. 95.) (Abril 2000)

La respuesta a esta pregunta es sí y no. El vociferante debate y controversia que se está librando por la postura dogmática de aquellos que fomentan (por la razón que sea) y aquellos que se oponen a la idea misma de la ingeniería genética, se basa mayoritariamente en la ignorancia. La ingeniería genética terminará siendo uno de los medios más poderosos de desarrollo, para bien, tanto de las formas animales y vegetales, y en combinación con la entrante Tecnología de la Luz, transformará el uso de la cirugía, haciendo que los trasplantes de órganos – corazón, hígado, riñones, etc. – sean algo del pasado.

Sin embargo existe ingeniería genética e ingeniería genética. Se precisa mucho más cuidado y mucha más amplia experimentación antes de ofrecer los resultados, en forma de cultivos y animales modificados, al público. Actualmente, el aliciente de recompensas financieras y un entusiasmo desmedido ha creado una difícil situación para ambos bandos, los promotores y los objetores. Con el tiempo, un enfoque científico más racional y estricto llevará a una comprensión más sabia. Mientras tanto, el temor a los alimentos modificados genéticamente ha estimulado una tremenda expansión de la agricultura y de productos orgánicos que es muy beneficioso.

¿Podría comentar sobre el tema de la clonación humana? (Diciembre 2000)

Las principales autoridades gubernamentales del mundo y los más elevados estamentos científicos se han pronunciado firmemente contra la clonación de seres humanos. Es posible, pero no es tan fácil como os podéis llegar a pensar.

Los seres humanos son almas en encarnación. No puedes clonar a un ser humano como un alma. Puedes clonar el cuerpo humano, eso es todo. Ya que carece de alma, no tiene nada que lo dirija. No tiene propósito. Sólo puedes llegar a hacer una especie de mecanismo, no un cuerpo enalmado. La idea de un ser humano clonado es una tontería a menos que puedas introducir un alma.

¿Quién puede hacer esto? ¿Quién puede traer un alma para que se encarne en un cuerpo humano ya perfeccionado? Puedes clonar un feto, de unas pocas semanas. Para qué desear esto no lo sé; ya tenemos abundante personas en el mundo, demasiadas. Pero podrías hacerlo teoréticamente. Estoy seguro de que hay muchos laboratorios y clínicas ocultas en todos los países más importantes en los cuales este trabajo está teniendo lugar, y donde se están llevando a cabo tales experimentos.

Se comenta de experimentos en que se están llevando a cabo nacimientos de mitad hombres y mitad animales. Mujeres están ofreciendo su matriz para gestar un gorila o un mono. Es una idea monstruosa. Es regresar a los tiempos lemurianos. Estoy convencido de que con los Maestros en el mundo esa idea nunca llegará muy lejos.

No habrá clonación de la humanidad. Es la misma individualidad de cada persona lo que interesa. Esa es la base de nuestro libre albedrío. Somos individuos, cada uno único. La única cosa que puede producirse con un método de ingeniería genética es un cuerpo físico clonado. ¿Cuánto tiempo subsistiría un cuerpo físico? ¿Cuán útil sería sin el alma –y la energía, propósito y voluntad del alma– para infundirlo y condicionar sus acciones?

Me gustaría saber cómo los genes afectan a las personas de una vida a otra. ¿Se modifica por completo su estructura de una vida a otra? (1) En esencia, ¿tienen las personas cuerpos físicos completamente distintos, por lo tanto también genes, en cada vida? (2) ¿Son los genes constantemente transformados, y de este modo transcendidos, de una vida a otra de manera que estés trabajando continuamente con esencialmente los mismos genes de una vida a otra? (3) Si esto último es el caso, entonces cuál es el procedimiento y/o el ritmo de desarrollo en el que este proceso tiene lugar? (Noviembre 1999)

(1) No. (2) Sí. (3) La transformación tiene lugar mientras el nivel vibracional de los átomos se incrementa. Ese nivel se auto-regula.

Ciencia y Religión

¿Podrán la religión y la ciencia estar de acuerdo alguna vez? (Enero/ Febrero 1999)

La separación entre religión y ciencia es falsa. Los que son científicos dicen: "No quiero verme involucrado en todo este rollo místico. Me gusta saber dónde piso. Estoy interesado en el plano físico, en desarrollar cosas para la mejora de la humanidad". La persona mística afirma: "No me gusta la ciencia, es fría y difícil. Tan solo *sé* que Dios es amor, y lo siento dentro de mí." Todo esto está bien, pero cada uno de estos enfoques se relaciona con el otro, ninguno de los dos responde a todo. No se trata de que uno sea más frío o más cálido. Es simplemente que distintos tipos de mentes, regidas por distintas energías de rayos, se inclinan a entender una cosa y no la otra; los distintos tipos de rayos producen distintos tipos de personas en cualquier encarnación. En una encarnación en particular nos inclinamos hacia una u otra explicación. Tenemos que integrar estos dos aspectos distintos.

El sendero religioso es uno de misticismo. La conciencia despierta intuitiva y las experiencias místicas le demostrarán al individuo que Dios existe. El científico, tanto si se trata de un científico psicólogo o un científico técnico y experimental llegará, por sus propios métodos, a la misma comprensión. De hecho, la ciencia ha revelado más sobre la naturaleza de la Realidad en los últimos 2.000 años que la religión.

La religión ha añadido poco respecto a la naturaleza de la Realidad desde el siglo VI; en ese siglo, nosotros los occidentales abandonamos la mayor parte de nuestra comprensión de la Realidad, como en el caso de la reencarnación y la ley de causa y efecto. Los primeros instructores cristianos, Orígenes y otros, enseñaron la realidad de la reencarnación – tal como lo hicieron Platón, Sócrates y Aristóteles antes de ellos. En el siglo VI se retiraron estos conceptos de la Biblia y los hombres y las mujeres perdieron esa noción. Eso supone una terrible privación. Se eliminó de nuestra conciencia una de las grandes leyes que rigen nuestras vidas. Fue una calamidad, ni más ni menos. El emperador Justiniano forzó a los padres de la iglesia a sacar dichos conceptos.

Tenemos que abordar la Realidad a partir de todos los ángulos que podamos, porque existen siete tipos de seres humanos bajo siete tipos distintos de rayos y equipamientos mentales. Inevitablemente tenderán a abordar la Realidad de distinta manera, y todas ellas serán válidas. Si son exactas, serán válidas. En un futuro inmediato se producirá una congruencia de lo que hasta ahora ha sido misticismo y ciencia. La mente científica explorará a partir de una conciencia despierta consciente la naturaleza de la Realidad. No podemos entender los aspectos superiores de la electricidad a partir de los métodos antiguos y puramente del plano físico. Necesitamos la visión de un nivel donde esa comprensión y visión sean ya una realidad. Esto llegará a través de la luz astral, del 'otro lado'.

El alma y la encarnación

¿No se encarnan las almas humanas en cuerpos que están sujetos a la pobreza y la enfermedad por elección – con el fin de crecer? (Marzo 1998)

Ninguna alma viene al mundo para morirse de hambre; va en contra de la ley de la vida. Ni siquiera una lombriz nace para morirse de hambre. Si tú naces en África, en partes determinadas de la India, Sudamérica, China, puedes morirte de hambre. Si naces en Estados Unidos o Reino Unido puedes pasar hambre, pero probablemente no te vayas a morir de inanición. Maitreya ha dicho que la única razón por la cual la gente se muere de hambre es que ha tenido la desgracia de nacer en una parte del mundo en vez de otra.

Nadie se encarna deliberadamente para morirse de hambre. Si pasas hambre intencionadamente lo haces como ejercicio o ritual espiritual – se dice que Jesús ayunó durante 40 días en el desierto. Desde hace mucho tiempo se sabe que el ayuno tiene efectos beneficiosos para el cuerpo y por tanto también para los aspectos emocional y mental. Eso es algo muy distinto a nacer en un ambiente de total degradación y miseria, en el que no hay ni alimentos ni trabajo, en el que quizás tengas que andar 20 kilómetros para conseguir agua o leña. Esa es la rutina diaria de millones de personas en África sub-Sahariana hoy en día, pero estas personas no se encarnaron para experimentar esto. Nosotros nos encarnamos en grupos; esos grupos probablemente se han ido encarnando en esa área durante siglos. Son los herederos de un proceso de colonización que ahora ha acabado. Gran parte de África sub-Sahariana perteneció a los británicos, y cuando dejamos que se las arreglaran ellos solos, ni les educamos ni les ofrecimos formación sobre las formas y medios de poder arreglárselas. Ni tampoco lo hicieron los franceses, belgas o portugueses. A la gente se la deja con los resultados de nuestra colonización. En algunos casos eso ha sido completamente aceptable; en otros ha sido una miserable tragedia, especialmente en aquellas partes que no están bien provistas de recursos naturales. Esa es la realidad, y en ningún modo es justificable la teoría de que ellos lo *escogieron*. Estas personas no lo escogen, se lo encuentran cuando son atraídos a encarnación por el imán del grupo del cual forman parte. Todos nosotros nos encarnamos en grupos en alguna parte del mundo: uno probablemente ha sido el padre de su madre, o la madre, hermana o hermano varias veces; quizás usted estuvo en África sub-Sahariana la última vez.

En lo que se refiere a la encarnación, ¿qué le ocurre a una persona que no hace nada malo pero que tampoco hace bien? (Noviembre 1999)

Una persona que lleva una vida mediocre, que no es ni una cosa ni la otra, progresa poco. Una vida en la que eres muy destructivo te quedas estancado, porque tienes que resolver esa destrucción bajo ley kármica. Una vida en la que haces mucho bien te impulsa hacia delante a lo largo del sendero evolutivo, aligera tu 'carga' kármica, pero una vida en la que no haces ni bien ni mal, que es más bien tibia, es para el alma más bien 'inútil'.

El alma normalmente tiene tres objetivos principales en cualquier encarnación en particular, y establece las circunstancias y las dificultades de nuestras vidas para sacar a relucir las cualidades que nos harán avanzar en evolución. Si nos escapamos de ellas y tratamos de dar vueltas alrededor de esos obstáculos en vez de afrontarlos, tenemos que regresar al mismo punto una y otra vez. La mayoría de personas quieren estar en algún lugar distinto de donde están; creen que 'ahí' la situación es mejor. Admiran a 'esa persona', y quieren ser 'esa persona', en vez de ellos mismos. La razón por la cual quieren ser la persona que admiran es para que *ellos mismos* puedan ser admirados. Pero lo único que es interesante es nuestro propio Ser único – cada uno de nosotros es único. En la próxima vida serás distinto: tendrás un aspecto diferente, podrás tener cualidades distintas porque se te darán distintos rayos que colorearán la expresión de tu personalidad, etc., pero esencialmente ese eres Tú. En cualquier momento tienes la oportunidad de desarrollar esa 'cualidad esencial de ti', esa cualidad individual única que posees, no imitando sino pensando por ti mismo y trazando tus propios varemos, tus valoraciones: siendo verdadero contigo mismo. Cuando eres verdadero contigo mismo, lo eres con tu Divinidad, y nadie puede arrebatarte eso de ti.

¿Es posible en cualquier encarnación, alcanzar una trascendencia de pensamiento y por tanto de palabra? (Noviembre 1999)

Los Maestros hacen saber que, durante la entrante era de Acuario, la humanidad alcanzará transformaciones de conciencia a una escala tal que el habla desaparecerá gradualmente; nos volveremos telepáticos. Cada uno de nosotros es naturalmente telepático; los Maestros siempre utilizan la telepatía entre Ellos y con Sus discípulos si el discípulo la ha desarrollado. Con el tiempo, la telepatía, que todos nosotros compartimos con el reino animal, se convertirá en la norma. Se trata en realidad de un aspecto del alma, que tiene que ver con lo que se denomina *buddhi*. Cuando se alcanza el nivel *búdico* de conciencia, el contacto se volverá continuo, a voluntad, y a cualquier distancia.

¿Podría decirnos algo sobre cómo el hecho de crearse uno su propia realidad se relaciona con el destino y la Ley del Karma? (Noviembre 1997)

Ambos ocurren simultáneamente. Lo que nosotros estamos haciendo realmente es expandir nuestra conciencia despierta, y esa conciencia despierta está creando nuestra realidad. Puedes estar loco y crearte tu propia realidad, como hacen los que están locos, pero es una realidad que sólo les atañe a ellos. Lo característico de la creación 'cuerda' es que es una piedra de toque para otras personas también.

En el caso de Leonardo da Vinci, por ejemplo, – él era un iniciado de 4.4, casi un Maestro – su realidad era mucho más amplia que la de cualquier otra persona a su alrededor, que bien podría considerarse una realidad de loco. No obstante, con el paso del tiempo, y la evolución de la conciencia que ha tenido lugar desde el siglo XV, ahora tenemos una comprensión de las leyes de la gravedad y varios principios mecánicos que Leonardo demostró por primera vez, pero que nadie en su día podía aplicar. Él estaba creando su propia realidad. Pero se trata de una realidad real, y no de la realidad de un loco.

Blavatsky y Alice Bailey nos han contado que los átomos permanentes de los cuerpos físico, emocional y mental permanecen después de la muerte. Estos átomos contienen todas las experiencias de las vidas pasadas, aunque estas no están a nuestra disposición cuando nos reencarnamos. (1) ¿A dónde van hasta que están listos para entrar en una nueva persona encarnada? (2) ¿En qué momento entran los átomos permanentes de estos vehículos en un nuevo cuerpo? (Mayo 1999)

(1) Estos no se 'van' a ninguna parte. Los tres átomos permanentes son de materia etérica y permanecen en el trasfondo etérico de toda la materia hasta que se requieren para la siguiente encarnación. El alma construye mágicamente los nuevos vehículos (en materia etérica) alrededor de cada átomo permanente, utilizando el nivel vibracional de estos átomos como la 'clave' de los nuevos cuerpos, para que podamos reemprender la vida en el plano físico exactamente en el punto alcanzado en la anterior encarnación.

(2) Los átomos permanentes no 'entran' en el nuevo cuerpo que se construye entorno a estos. El feto físico es una precipitación de la contraparte del cuerpo etérico.

En *Share International*, usted dice: "Emprendes tu nueva encarnación *exactamente* en el punto alcanzado en el momento de tu muerte

anterior". (1) ¿Se está refiriendo usted al estado del cuerpo físico? En este caso, ¿qué puede decirse de una persona que murió de una enfermedad grave y cuyo cuerpo ha sufrido mucho? (2) ¿Puede una enfermedad tener como propósito quemar y purificar karma? (3) Si es así, ¿puede una persona que ha fallecido después de experimentar un gran sufrimiento por una enfermedad, nacer con buena salud? (Julio/Agosto 1997)

(1) No, me refería al nivel vibracional de los átomos de los cuerpos físico, astral y mental. En el momento de la muerte, queda un átomo permanente de cada uno de estos cuerpos. Alrededor suyo, se crean nuevos cuerpos – al nivel vibracional exacto de estos átomos permanentes. El nivel de la vibración de los cuerpos determina el punto alcanzado en evolución. (2) Sí, esta es la forma más común de resolver karma. (3) Sí. Por muy difícil que pueda resultar para muchos, desde el punto de vista de los Maestros la muerte es a menudo el proceso curativo, permitiendo tener un cuerpo exento de enfermedad en la próxima encarnación.

Como yo lo entiendo, después de cada encarnación y de la disolución de los vehículos del alma (los cuerpos etérico, astral y mental), quedan los así llamadas "átomos permanentes". Estos son átomos de materia física, astral y mental alrededor de los cuales se forman los cuerpos en una nueva encarnación. Creo poder imaginar un poco la forma mágica con la cual el alma construye primero el cuerpo mental, luego el astral y seguidamente el etérico-físico, pero no alcanzo a comprender cómo el alma realiza la conexión entre todos estos cuerpos y el cuerpo físico denso que se está desarrollando dentro del útero de la madre. ¿Está también el alma involucrada en la creación de este cuerpo físico denso, de lo contrario cómo podría asegurar que este cuerpo físico denso tenga el mismo nivel vibratorio que su átomo físico permanente? ¿Podría explicar esta cuestión? (Octubre 2000)

El vínculo entre el alma y el físico denso es el sistema nervioso, a través de cual se transporta y distribuye la energía del alma. A través de diminutos canales denominados 'nadis', el alma distribuye su energía como un gas (todavía no descubierto por la ciencia).

¿Cómo puede una persona evaluar su estado de evolución? (Junio 1998)

Es una cuestión de conciencia despierta, como lo es todo. Lo más sencillo, como 'primer plato', es leer el final del libro *La Misión de Maitreya Tomo III*, y ver los varios individuos que aparecen en la lista de iniciados. Si estudias esa lista, te dará una idea de dónde estás.

Si piensas que quizás eres un iniciado de tercer grado te diría: "¿Qué has hecho en el mundo?" Descubrirás que Gandhi era un iniciado de 2.0, Picasso de 2.4, Cezanne 2.6, Abraham Lincoln 3.3. Pregúntate a ti mismo: ¿Cuál ha sido tu servicio al mundo?

Hay una expresión con los Maestros que dice que el discípulo se reconoce por su control de su entorno, y el iniciado por el alcance y naturaleza de su servicio al mundo. Si no has hecho nada en el mundo no es probable que seas un iniciado de segundo, tercero o más grados.

Es de ayuda leer el primer libro de Alice Bailey, *Iniciación Humana y Solar* (Publicado por Lucis), que expone los requisitos para cada iniciación. La primera iniciación demuestra el control del cuerpo físico (esencialmente el control del elemental físico que compone el cuerpo); la segunda demuestra el control del cuerpo astral/emocional (esencialmente el control del elemental astral/emocional que constituye ese cuerpo); la tercera iniciación demuestra el control del cuerpo mental (del elemental mental); la cuarta libera al individuo del aspecto materia; y la quinta iniciación, que se llama la Resurrección – y todos los Maestros son Seres resurrectos – demuestra una ausencia total de cualquier tipo de respuesta a la atracción de la materia.

Estudia *Iniciación Humana y Solar*, y mira en qué lugar te encuentras en relación a los requisitos necesarios para cada iniciación, comprendiendo que estos son el ideal y que ese ideal pocas veces se cumple. Así que se podría tomar la primera iniciación cuando no se hubiera controlado perfectamente, tal como cabría entenderlo, el vehículo físico, o la segunda si no se hubiera perdido por completo todo el espejismo personal, etc.

Cuando una persona muere, ¿se detiene su evolución hasta que se reencarna? Para Maharishi, sí que se detiene. (Noviembre 1998)

Sí, se detiene.

¿Qué es lo que le ocurre al alma y al cuerpo astral de las personas que dejan que sus cuerpos sean congelados después de la muerte porque esperan que sus cuerpos y ellos mismos sean "reparados" algún día, para que así puedan seguir viviendo? (Abril 1997)

Al morir, el alma se retira de su vehículo y ninguna "reparación" restablecerá la vida – el alma – para reencarnarse en ese vehículo. En tal situación, el alma regresa a su propio plano y crea los cuerpos de su próxima encarnación. El vehículo astral se disipa y regresa a los planos astrales.

La mayoría de seres humanos temen la muerte. ¿Por qué? (Diciembre 1998)

Por la ignorancia sobre la realidad de la vida, incluyendo esa fase de la vida que llamamos muerte. Las personas temen la muerte porque la ven como el 'fin' de ellos mismos. Cuando las personas entiendan que la muerte no es el 'fin' sino el principio de otra fase de la vida y experiencia y conciencia, perderán el temor a la muerte. Una comprensión de la Ley de Renacimiento, y de la evolución de conciencia que esta hace posible, nos liberará de este temor.

¿No existirá más la muerte? ¿Tendremos una vida eterna en el futuro? (Noviembre 1997)

Gradualmente, nuestro enfoque a la muerte cambiará. El temor a la muerte desaparecerá mientras nos demos cuenta de que no es más que una fase de la vida eterna que ya tenemos. Cuando tengamos (como tienen los Maestros y altos iniciados) continuidad de conciencia, entraremos y dejaremos la expresión en el plano físico con una conciencia despierta plena de nuestro estado anterior. Los Maestros han conquistado la muerte – el cuerpo de un Maestro Ascendido, por ejemplo, es totalmente indestructible.

En *La Misión de Maitreya Tomo I*, usted escribe sobre la importancia de morir conscientemente (pág. 236), con el fin de poder elevar la conciencia tan alto como sea posible, a través de los planos astrales y mentales. ¿Qué posibilidades existen hoy (y en el futuro) en lo referente a la preparación práctica para morir conscientemente – cursos, seminarios, literatura? ¿Qué es lo que usted puede recomendar? (Abril 1997)

Los escritos del Maestro DK a través de Alice Bailey; el *Libro Tibetano de los Muertos*; los libros de Elisabeth Kübler-Ross.

Me siento intrigado por el concepto de "almas gemelas". He oído lo que parecen ser opiniones divergentes. Por ejemplo, todas las definiciones (excepto una – lo que agranda mi confusión) afirman que una persona tiene sólo un gemelo para todas las encarnaciones. ¡Eso me encanta! ¿Es cierto, y es esa otra persona verdaderamente tu "otra mitad"? (Junio 1998)

Al igual que los gemelos físicos no son algo generalizado (si no poco común), tampoco es universal tener un gemelo a nivel de alma; no todo el mundo tiene un alma gemela. Cuando esto ocurre está para todas las encarnaciones. No obstante, estos gemelos no están necesariamente en encarnación al mismo tiempo.

La Ley de Causa y Efecto – Karma

¿Demostrará Maitreya la reencarnación? (Julio/Agosto 1997)

Maitreya ciertamente enseñará el hecho de la reencarnación como la Ley básica – con la Ley de Causa y Efecto – que gobierna la evolución en nuestro planeta. La presencia de figuras históricas (ahora Maestros) como Jesús, San Pedro, Juan y Pablo, lo demostrará.

(1) ¿Resolverá karma la Reaparición de Maitreya? (2) ¿Significa esto que cada alma individual se gradúa por tanto en esta escuela de la tierra? (Septiembre 1998)

(1) No. (2) Lo hará, pero no por esa razón. Un Maestro puede 'ajustar' karma pero nadie puede eliminar nuestro karma individual. Con el tiempo aprendemos a resolver nuestro karma por nosotros mismos.

¿Cuál es la relación existente entre la Ley del Amor y la Ley de Causa y Efecto? (Julio/Agosto 1999)

La Ley de Causa y Efecto es impersonal y 'científica' en su acción. No obstante, en virtud de la Ley del Amor (especialmente cuando la ejerce un Maestro) la Ley de Causa y Efecto puede ser mitigada y alterada (esto se refleja en la idea cristiana del 'perdón de los pecados').

Diría usted que los problemas que las personas pasan en sus vidas ocurren porque no están en relación correcta con sus almas? (Junio 1997)

Los problemas a lo largo de una vida son el resultado de no llevar a cabo el propósito del alma. Nos encarnamos bajo la Ley de Renacimiento pero también en relación a la Ley de Causa y Efecto, y los problemas son resultado de malas acciones anteriores, personales o raciales – todos nosotros compartimos karma racial.

Todo lo que hacemos, cada pensamiento, cada acción realizada, pone en movimiento una serie de causas. Los efectos que surgen de estas causas componen nuestras vidas, para bien o para mal. Así que si hacemos daño, inevitablemente, en el curso del tiempo, ese daño repercutirá en nosotros. Lo llamamos un 'problema', una 'dificultad', o lo podemos ver como 'mala suerte', pero no existe la 'mala suerte'. Todas las cosas dolorosas que ocurren son resultado de una mala acción en una vida anterior o en una fase previa de esta vida; el resultado del funcionamiento kármico de ese pasado – librándonos así de su causa.

También hay vidas que son muy dolorosas – la del iniciado de cuarto grado como Jesús, por ejemplo. La vida del iniciado de cuarto grado es normalmente muy dura, pero no podríamos decir que lo sea porque esa persona no está en correcta relación con su alma – esa persona *es* el alma; el iniciado de cuarto grado es una alma viviente, la personalidad está totalmente infundida por el alma, pero él/ella está resolviendo los últimos nudos de karma antes de la experiencia de la resurrección del Maestro liberado.

¿Hasta qué punto son las discapacidades el resultado de un karma del pasado, como el entrenador inglés de fútbol Glenn Hoddle afirmó recientemente, motivo por el cual se le despidió? (Marzo 1999)

Esta es una cuestión muy compleja y la simplicidad con la que el Sr. Hoddle la trató (si los medios de comunicación hubieran citado con rigor sus palabras) es lo que provocó su despido, injusto, en mi opinión. Sus afirmaciones sobre el karma fueron utilizadas por los ministros y los medios de comunicación deportivos para acosarlo y sacarle su puesto como entrenador, con el argumento de que había ultrajado e insultado a los discapacitados. Bien, quizás algunas personas discapacitadas se sintieron ofendidas, pero todo el incidente fue llevado a niveles de histeria por la reacción política del Primer Ministro Tony Blair, el Ministro de Deportes el Sr. Banks y el Director de la Asociación de Fútbol el Sr. Mellor. Su conocimiento de la ley del karma y la reencarnación deja mucho que desear y no les da derecho a intervenir. Otro aspecto más del creciente "McCarthismo" de la 'Nueva Gran Bretaña'. Contestando a la pregunta: el 25 por ciento de las discapacidades que son de nacimiento están kármicamente relacionadas con acciones incorrectas de vidas pasadas; el 25 por ciento son discapacidades deliberadas impuestas por el alma debido a sus necesidades kármicas; el 50 por ciento son el resultado de una debilidad genética heredada. Y unas pocas son el resultado de un trauma de nacimiento o de un accidente.

¿Estas cifras incluyen el autismo?

Sí.

¿Cuál es su opinión respecto al grupo que se hace llamar "Ramala" y en cuyos libros hablan los Señores del Karma? (Enero/Febrero 1999)

Mi conocimiento es que los Señores del Karma pueden sólo ser contactados por Maestros de sexto grado o más.

Salud y Curación

He oído que la enfermedad es una gracia de Dios. ¿Lo mismo se puede aplicar a países? (Mayo 1998)

Todo lo que sucede está relacionado con el karma. Existe karma mundial, del cual todos somos responsables, y hay karma individual. Todos son responsables del karma mundial porque todos hemos contribuido al mismo durante nuestras cientos de miles de encarnaciones. Muchas de las inundaciones, terremotos y condiciones destructivas en el mundo son el resultado de los efectos de los pensamientos y acciones erróneos de la humanidad, no como individuos sino como conjunto.

Creamos condiciones destructivas porque no estamos en equilibrio con nosotros mismos. Muchos de nosotros estamos llenos de odio, de competencia: siempre intentando conseguir lo mejor de otra persona, de sobrepasar a otro, de vender nuestros productos antes que otro. El mundo está lleno de competencia.

La competencia es el resultado de la codicia. La codicia es el resultado del temor. El temor proviene de un sentimiento de separación. Si no nos sintiéramos separados, construiríamos el mundo como debiera ser, como se ha planeado que fuera, como será en el futuro. Depende de nosotros. Somos destructivos o constructivos. Si somos destructivos, estamos en guerra con nosotros mismos y con la sociedad de la que formamos parte. Debemos aprender a ser inofensivos, a vivir en equilibrio con nosotros mismos y nuestro entorno (que significa otras personas y el planeta en su conjunto) y así crear equilibrio a nuestro alrededor. Cuando somos codiciosos y egoístas y competitivos, intentando estar por encima de todos, entonces inevitablemente creamos desequilibrio. Entonces los devas que controlan el clima, los océanos, la lluvia, etc., pierden el equilibrio, y entonces tenemos como resultado los patrones climáticos más extraordinarios, como ahora, en todo el planeta. Es el resultado, hasta cierto punto, de nuestro propio desequilibrio. Tenemos la ilusión de que estamos separados, pero en el Cosmos no existe la separación. Cada partícula atómica está relacionada con todas las demás partículas atómicas en cualquier parte del Cosmos, así que no hay nada que podamos hacer que no tenga algún efecto para bien o para mal en algún lugar del mundo y en nuestra propia vida.

Los actuales trasplantes de órganos se realizan reciclando órganos. Cuando la energía solar se utilice en medicina ¿ya no necesitaremos reciclar órganos? (Mayo 1998)

Ya no necesitaremos trasplantar órganos de personas fallecidas. Sencillamente iremos a una clínica, y con una forma avanzada de ingeniería genética y luz del sol, se construirán en nuestro cuerpo completamente nuevos corazones, hígados, riñones, etc., en cuestión de horas. Te irás a tu casa como una nueva persona con tu propio corazón, no un trasplante.

¿Cómo el proceso de regeneración de órganos se conciliará con el karma? Si vas a un hospital ahora y recibes un trasplante o un medicamento que te mejora, ¿afecta eso a tu karma? (Mayo 1998)

Si tienes el corazón de otra persona, entonces, por supuesto, afecta al karma, pero si se trata de una regeneración de tu propio corazón, tu propio hígado, entonces, por supuesto, no afecta a tu karma. Pero te vuelve más sano en el plano físico.

¿Es preciso ser vegetariano para llegar a ser un discípulo? ¿Incluye esta dieta los huevos, pescado, y productos lácteos? (Mayo 1999)

El Maestro Djwahl Khul ha dicho que los huevos no son buenos para todo aquél que quiera desarrollar sus capacidades psíquicas. No deberían comerse en absoluto o sólo excepcionalmente. Depende de ti. Si sabes que hay algún alimento que frena tu evolución, es mejor comerlo lo menos posible.

Todos aquellos que se acercan por lo menos a la primera iniciación deberían prescindir de la carne, y estoy seguro de que un Maestro lo haría extensivo también a todas las iniciaciones posteriores. La vibración en la sangre de los animales es perjudicial para nuestro progreso espiritual. Frena la evolución y por tanto, si tratas de incrementar el nivel vibracional de tus vehículos para atraer más luz, mejor que no comas carne.

El aspecto interesante es que los aspirantes, por su propio libre albedrío, a menudo se vuelven vegetarianos al acercarse a la primera iniciación. Muchos jóvenes se están acercando a la primera iniciación y esa es la razón por la cual se han vuelto vegetarianos. Ellos puede que no lo sepan, pero el alma les está impresionando para dejar de comer carne.

Mi Maestro dice que el pescado pertenece a otra categoría. Su nivel vibracional es neutro. No ayuda, pero tampoco perjudica, al proceso evolutivo. Si uno vive en zonas del mundo donde hay escasez de proteínas, entonces por supuesto el pescado proporcionará esas proteínas sin rebajar el nivel vibracional del cuerpo. Jesús y Sus discípulos comían pescado y queso de cabra sin ningún problema cada día. El pescado, el queso de cabra y el pan constituían la dieta principal de Jesús y Sus hermanos.

Los productos lácteos son aceptables pero no los que contienen mucha grasa. Serían preferibles los productos como el queso de cabra (y otros quesos) y la leche. No mucha mantequilla, debido al colesterol, pero mejor un poquito de mantequilla que mucha margarina.

Nadie está obligado a dejar de comer carne, pero si uno tiene el firme propósito de incrementar el nivel vibracional de sus vehículos, entonces sí que se vuelve necesario.

Están los productos lácteos generalmente contraindicados? Yo personalmente prefiero evitar comerlos, pero para mantener altos los niveles de calcio (especialmente en las mujeres), se recomienda consumir una buena cantidad de estos productos. (Mayo 1999)

No hay normas fijas al respecto. Una cantidad moderada de productos lácteos debería ser aceptable a menos que exista una reacción alérgica específica a ellos.

(1) ¿Cuán perjudicial es para la salud el GMS (glutamato monosódico), el conservante utilizado a veces en los restaurantes chinos? (2) ¿De qué manera afecta el GMS a la capacidad de una persona de realizar de forma efectiva la Meditación de Transmisión? (Diciembre 1997)

(1) Un poco. (2) Nada en absoluto

¿Cuán beneficiosas son las frutas y verduras deshidratadas y en polvo? ¿Cuán efectivas son como sustituto de la fruta y verdura fresca? (Diciembre 1997)

La fruta y verdura deshidratadas son menos nutritivas.

Ya que tengo unos cuantos empastes en las muelas, como le ocurre a muchas personas, me preocupa saber si estos tipos de amalgamas son perjudiciales, ya que contienen mucho mercurio. Algunos científicos dicen que, por ejemplo, daña a órganos internos como el hígado y también al cerebro. Y que incluso es posible que la enfermedad de Alzheimer se produzca por estos empastes. ¿Es eso cierto? (Octubre 1999)

No, no lo es; la cantidad de mercurio en la amalgama es reducida.

¿Podría dar una causa general esotérica para las alergias? (Marzo 2000)

La causa no es esotérica sino muy terrenal. El aumento de las alergias – existen millones de personas con alergias que nunca las habían tenido antes – es el resultado directo de la contaminación del planeta. Nuestro aire, agua, suelo, los alimentos que comemos, todo está contaminado de muchas sustancias y venenos. La peor de todas es la radiación nuclear que vertimos desde las centrales nucleares y de los experimentos que aún se llevan a cabo. Ese es el mayor peligro; destruye el sistema inmune y las alergias son el resultado de ese colapso. Estas reacciones alérgicas están apareciendo en todo el mundo. Los Maestros dicen que la contaminación, en particular la radioactiva, es la primera causa de mortalidad en el mundo. Cuanto antes cerremos nuestras centrales nucleares y toda experimentación del tipo de fisión, mejor será para la humanidad.

¿Cuál es el consejo de los Maestros sobre las vacunaciones? Tantos niños parecen ser afectados adversamente por ellas; es una pena que la homeopatía no se está promoviendo como una alternativa viable y segura. ¿No deberíamos suprimir completamente las vacunaciones? (Octubre 2000)

En general, la vacunación ha sido beneficiosa en la erradicación de diversas enfermedades graves infantiles. Los 'nosodes' (vacunas) homeopáticas están disponibles para la mayoría de estas enfermedades pero hasta que la homeopatía se conozca y acepte más ampliamente (que lo está haciendo lentamente) la vacunación seguirá siendo el método 'normal'. Sería peligroso "suprimir completamente las vacunaciones".

Como esquizofrénico me gustaría preguntar si existen maneras de curar estas enfermedades, diferentes a las empleadas en la actualidad. ¿Existe algún enfoque más esotérico? (Julio/Agosto 2000)

Su cura, de una forma regular, depende de una mayor comprensión del funcionamiento del sistema endocrino y su relación con las fluctuaciones de la química del cuerpo. Esto, a su vez, depende de una comprensión del cuerpo etérico y de los chakras o centros de fuerza. Esto llegará a saberse con el tiempo.

¿Curan Maitreya, Sai Baba y los Maestros a personas con enfermedades psiquiátricas/psicológicas? (yo soy una de estas personas, por eso lo pregunto.) (Marzo 1997)

Sí, si el karma de la persona lo permite.

Usted ha dicho que el cáncer de piel no está causado por una exposición al sol. ¿Por qué en Nueva Zelanda y Australia hay una alta incidencia de cáncer de piel, con sus bien documentadas deficiencias de ozono? (Diciembre 1997)

Las pieles blancas carecen de protección. Los pueblos indígenas de Australia y Nueva Zelanda no padecen cáncer de piel.

¿Qué es lo que causa el "Síndrome de la Fatiga Crónica"? Algunos dicen que es un virus, otros que es otro nombre más bonito para indicar la depresión. (Diciembre 1997)

Tiene un origen *emocional*, normalmente debido a un estilo de vida inadecuado.

(1) ¿ Podría decirnos cuál es el origen de la dislexia y (2) es fácil de curar? (Marzo 1999)

(1) Existen varios grados de dislexia, un funcionamiento anormal de las facultades perceptivas en el cerebro. (2) No. Se han diseñado estrategias para tratarla.

He leído un artículo científico que explica que la terapia de ozono cura casi todas las enfermedades, incluyendo el cáncer y el SIDA, basada en la teoría de que la mayoría de las enfermedades no pueden existir en una atmósfera enriquecida con oxígeno. ¿Podría el Maestro comentar sobre el tema? (Marzo 1999)

Teoréticamente es cierto. En la práctica es difícil determinar y tratar una enfermedad sin los efectos secundarios en todo el sistema.

(1) ¿Va la depresión en aumento? (2) Si es así, ¿Se debe a que más personas se están acercando a la primera iniciación? (3) ¿O es porque el incremento del materialismo conlleva que estemos más en conflicto con nuestro verdadero Ser? (Abril 1997)

(1) No. Existe un mejor conocimiento de esta enfermedad en la actualidad. (2) No. (3) Eso es cierto, pero también origina muchas otras enfermedades estresantes.

¿Qué cree usted sobre el efecto de las ondas electromagnéticas en los cuerpos humanos: (1) ¿Son dañinas para los humanos? (2) Actualmente se vende una especie de pegatina que aparentemente nos protege de estas ondas. ¿Debería comprar una? (Julio/Agosto 1997)

(1) Vivimos en un universo eléctrico y estas "ondas" están en todas partes. Depende mucho del voltaje o potencia, pero en circunstancias normales no son dañinas. (2) Depende de usted, pero yo no la compraría; dudo que funcione.

¿Es el ginseng de valor para la salud? (Julio/Agosto 1997)

Sí. Tiene propiedades tonificantes muy definidas. A mi entender se emplea mejor en potencias homeopáticas (30c).

Para favorecer un nacimiento sano, las madres y las comadronas generalmente están a favor del nacimiento en casa y de crear un entorno espiritual y tranquilo para la madre y el niño. (1) ¿Consideran los Maestros que la forma en que el niño entra al mundo (es decir, los métodos de parto, natural o no natural, el entorno) tiene impacto sobre la personalidad y efectos psicológicos perdurables, como dicen algunas personas? (Noviembre 1998)

Sí. El nacimiento es suficientemente difícil y debería ser lo más natural posible.

En un ejemplar anterior de *Share Internacional*, en la sección de Preguntas y Respuestas, usted dijo que los hombres podrían contribuir a evitar el cáncer de próstata bebiendo agua filtrada. (1) ¿Cabría añadir que las mujeres podrían prevenir el cáncer de mama bebiendo agua filtrada? (2) ¿Qué otras enfermedades podrían evitarse procediendo de esta forma? (Septiembre 1997)

Por favor, tomen nota que beber agua filtrada no es un preventivo o cura del cáncer de próstata. Simplemente ayuda a reducir la contaminación tóxica en nuestra agua potable y, de este modo, reduce el riesgo. (2) El agua filtrada no debería considerarse como un *preventivo* de enfermedades, sino como una medida de precaución de sentido común para mitigar nuestra ingestión de contaminación – la causa principal de las enfermedades hoy en día.

¿Tiene la hipoglicemia origen emocional? (Junio 1999)

Sí.

¿Significa la muerte cerebral la muerte del ser humano? (Julio/Agosto 1997)

Sí.

Resultados de estudios en el Reino Unido y EEUU muestran que los niños están alcanzando la pubertad mucho antes que generaciones anteriores. El estudio de la Universidad de Bristol (Reino Unido) titulado "Niños de los años noventa" muestra que una de cada seis niñas en el Reino Unido alcanza la pubertad a la edad de ocho años comparado con una de cada 100 niñas hace una generación; y uno

de cada 14 niños de ocho años tiene pelo púbico, comparado con uno cada 150 en la generación de sus padres. ¿Cuál es la razón de la ocurrencia de una pubertad tan temprana? (Septiembre 2000)

(1) Los estrógenos en el agua (de las píldoras anticonceptivas) en un 40 por ciento. (2) La dieta en un 20 por ciento. (3) La temprana actividad sexual (variada) en un 30 por ciento. (4) Maduración natural (con la llegada de la energía del 7º rayo y la consiguiente estimulación de las gónadas) en un 10 por ciento.

Sobre la salud de las mujeres

Los desequilibrios hormonales y la emocionalidad parecen ir juntos. (1) ¿Son los desequilibrios hormonales más pronunciados en las personas astralmente polarizadas? (2) ¿Tiende una naturaleza astral, emocional, a tener problemas más pronunciados con estos desequilibrios? (Noviembre 1997)

(1) Sí. (2) Sí.

¿Sufren las mujeres mentalmente polarizadas menos desequilibrios? (Noviembre 1997)

Sí

¿Significan estos desequilibrios un impedimento para la vida de una discípula? (2) ¿Tienen estos desequilibrios algún tipo de efecto que obstruya el contacto del alma? (Noviembre 1997)

(1) En cierta medida, sí. (2) No.

¿Intensifica el flujo de las nuevas energías los desequilibrios hormonales de las mujeres? (Noviembre 1997)

No.

¿Existen algunos remedios prácticos que una mujer pueda hacer para ayudar a equilibrar sus hormonas (distintos de los que los médicos dicen)? (Noviembre 1997)

La dieta juega un papel muy importante en este sentido. Se recomienda una dieta rica en vitaminas. El ejercicio y un descanso regulado es también esencial. El uso de agua (o pastillas) de Tlacote o Nordenau es recomendable.

¿Ayudaría a las mujeres que sufren de problemas hormonales (a) meditar más (b) hacer más Meditación de Transmisión? (Noviembre 1997)

(a) No. (b) Sí.

(a) ¿Es en ocasiones útil tomar medicamentos hormonales? ¿cuáles? (b) ¿Es la homeopatía de utilidad? (c) ¿Y las pastillas de agua de Tlacote? (Noviembre 1997)

(a) Sí. Con receta personalizada. (b) Sí. (c) Sí.

Y sobre el sexo: (a) ¿Ayuda una mayor actividad sexual a equilibrar las hormonas? (b) ¿Producen unas energías sexuales reprimidas este desequilibrio? (c) ¿Puede ayudar la masturbación? (d) ¿Es el problema hormonal resultado de una actitud equivocada respecto al sexo? (Noviembre 1997)

(a) No. (b) No. (c) No. (d) Hasta cierto punto.

Esotéricamente, ¿cuál es el significado de la menopausia: (a) se experimenta primero la menopausia etéricamente antes que físicamente, (b) experimentan los hombres algún tipo de menopausia? (Noviembre 1997)

(a) No. (b) No – ¡no tienen menstruación!

(a) ¿Se relacionan los desequilibrios hormonales con una mayor habilidad de las mujeres de transmitir las energías del Cristo? (b) ¿Son estos desequilibrios una resistencia a estas energías? (c) ¿Son algunos tipos de rayos en el cuerpo físico más o menos vulnerables a estos problemas? (Noviembre 1997)

(a) No. (b) No. (c) Los rayos 2,4,6 son más vulnerables; los rayos 7,3,5,1 son menos vulnerables.

Energía de curación

(1) Cuando se transmite ReiKi a un paciente, ¿es cierto que no se pueden transmitir energías negativas del terapeuta, o recibirlas del paciente? (2) ¿Cuál es el verdadero origen del ReiKi en la historia humana? (3) ¿Es positivo para los seres humanos utilizar las energías ReiKi en su actual estado evolutivo? (Abril 1999)

(1) No. (2) Procede de finales de la época atlante. (3) En un estado inicial, sí.

Usted comentó que el Reiki es bueno para personas de un cierto nivel. ¿Podría decirnos a cuál nivel se refiere? (Mayo 2000)

Hasta la primera iniciación.

¿Hay algún Maestro de la Jerarquía trabajando con energías Reiki? (Abril 1999)

No.

(1) Algunos de mis amigos utilizan energías reiki para curarse a sí mismos y a otras personas. ¿Podría su Maestro explicar de dónde proceden estas energías y si (2) tienen estas energías alguna relación con Maitreya? (Noviembre 1998)

(1) El sexto plano astral. (2) No.

¿Es la energía Tachyon, un tratamiento ofrecido a personas en EEUU y Alemania, realmente útil y beneficiosa? ¿Es energía curativa? (Mayo 2000)

Es energía astral y es útil para curar a un nivel astral.

Felicidad

¿Cómo podemos mantenernos felices? (Mayo 1997)

Sirve. Las personas más felices que conozco son las personas implicadas en el trabajo de la Reaparición. Lo que les hace felices es la idea de que Maitreya está en el mundo, y que los males del mundo, el dolor, el sufrimiento, la falta de oportunidades de millones de personas, desaparecerán. No quiero decir que va a suceder en un día, una semana, o incluso un año. Pero el proceso de transformación tendrá lugar. Esto les hace sentirse felices; eso es lo que les ha mantenido así durante años.

Estás feliz porque eres conocedor, consciente, y experimentas los acontecimientos más importantes de nuestro tiempo. Nunca ha existido un momento como este. Las personas involucradas en el trabajo pueden experimentarlo con mucha determinación, lo que les proporciona esta felicidad interna. La mayor parte de estas personas tienen una especie de secreto interno. Ellos saben lo que está ocurriendo, y los mantiene vivos, vívidos, despiertos, alertas – y felices.

¿Cómo puedo ser consciente de mi verdadera naturaleza Divina y llegar a una realización de una paz interior, amor y un sentido de propósito y de integración? (Diciembre 1998)

La antigua y clásica forma de hacerlo es a través de la meditación y el servicio. Mediante la meditación contactamos con nuestra alma – que es nuestra Divinidad – y, inspirados por el alma, nos volcamos al servicio al mundo.

Conciencia despierta del Ser

¿Cuál es la forma más directa de avanzar más allá de la ilusión que denominamos vida y experimentar la realidad, o Dios, directamente? (Julio 2000)

Maitreya dice que la manera más sencilla es identificarse con quién y qué somos, el Ser o Dios. Él dice: "Pregúntate, ¿quién soy yo?" Descubrirás que te identificas con tu cuerpo físico, tus emociones, o tus pensamientos. "Pero no eres ninguno de ellos," Él dice. Te identificas con ellos, pero ellos no son tú. Eres el Ser, un ser inmortal. Nuestros problemas, nuestro dolor y sufrimiento, son el resultado del hecho que nos identificamos con todo y cada cosa en lugar del Ser inmortal.

Maitreya ha dado al mundo Una Oración para la Nueva Era. Si se repite diariamente, la oración gradualmente conferirá una conciencia despierta del Ser. Esa conciencia despierta con el tiempo se convertirá en realización del Ser, que es perfección.

La oración es muy simple.

Yo soy el creador del universo.

Yo soy el padre y la madre del universo.

Todo viene de mí.

Todo regresará a mí.

Mente, espíritu y cuerpo son mis templos,

Para que el Ser realice en ellos

Mi supremo Ser y Devenir.

Decir la oración con la atención enfocada las veces que uno desea al día. Gradualmente te harás consciente de ti mismo de una forma diferente. Comenzarás a estar más desapegado. Comenzarás a ver que no eres el cuerpo, las emociones, o la mente. No eres esta memoria que te relaciona como una persona a tu trabajo y a tu familia. Te relacionarás cada vez más con el Ser.

Además de la oración, Maitreya ha dicho que hay tres cosas que uno puede practicar: honestidad de mente, sinceridad de espíritu y desapego. Él dice que estas tres prácticas son la forma más sencilla de alcanzar la conciencia despierta del Ser o realización del Ser.

La mayoría de la gente piensa una cosa, dice otra, y hace algo aún diferente. No hay una línea directa entre sus pensamientos y sus acciones. Esto conduce a la confusión y destrucción. Esto no es honestidad de mente. La honestidad de mente conduce a la expresión honesta y la acción honesta. La paz y felicidad puede alcanzarse a través de esta armonía.

La sinceridad de espíritu significa no imitar a otras personas, no pretender, no intentar parecer diferente de lo que eres. La sinceridad de espíritu es no colocarse los 'atuendos' de otra persona, no imitar tu estrella de cine o de pop favorita. Es sencillamente ser tú mismo.

Si eres un artista, músico, escritor o poeta, la cosa más interesante que puedes ser es tú mismo, no otra persona a través tuyo. La imitación en arte o música se desprecia. La imitación en la vida de alguna manera no se desprecia, sino que es igual de importante. El arte, la música o la expresión literaria son parte de la expresión de la vida. Esto es ciertamente tan valioso y personal, y debe de ser original, como lo eres tú. Cada persona es única. Debes dar expresión a esa singularidad. Eso no significa que debes hacer todo lo contrario de lo que normalmente se conoce o acepta, sino que significa que debes ser tú mismo.

Cuando veáis a Maitreya descubriréis que Él habla directamente desde Su corazón a tu corazón. Tu centro del corazón resonará en respuesta a lo que Él dice. Parecerá tan puro, tan absolutamente, esencialmente, verdadero. No tendrás dificultad en aceptar lo que está diciendo porque penetrará hasta el mismo centro de tu ser. Esa es la razón por la que se espera que una vez que Él haya hablado abiertamente al mundo no pasará mucho tiempo hasta que tenga lugar el Día de la Declaración.

La tercera práctica es el desapego de identificarte con el cuerpo físico, el cuerpo emocional, o las construcciones de la mente, el cuerpo mental. Un día crees una cosa, diez años después crees otra cosa. No hay consistencia en la mente. Lo que consideras que es tu mente sólo es la memoria, las experiencias que tuviste ayer. Pero este momento es el único momento que existe. Estás viviendo ahora en este preciso momento del tiempo. Ésta es la única realidad que existe. Todo el resto es memoria y tiene que ver con la capacidad de comunicarse y trabajar en el plano físico de una forma que tenga sentido. Si acuerdas, por ejemplo, encontrarte con alguien a las 8 para tomar el tren a Washington, estarán allí en el andén correcto. El tiempo para nosotros es una conveniencia. Visto como lo ven los Maestros, el pasado, el presente y el futuro están todos sucediendo en este preciso momento presente. Lo que llamamos nuestra memoria no es el Ser, y no puede ser el Ser.

El Ser es algo bastante diferente. El Ser es un Ser inmortal espiritual. Se refleja como un alma humana, que a su vez se refleja a este nivel como la personalidad humana. El sendero evolutivo es la reunificación de la personalidad con el alma, y el alma/personalidad junto con la Chispa de Dios, el Ser Divino. Cuanto más desapegado estás, más pueden tener lugar estas cosas. Maitreya dice: "Cuando estás desapegado todo se vuelve posible. Cuando estás apegado no puedes conocerme. Allí no puedo estar. Pero cuando estás desapegado, allí siempre estoy contigo".

Estas tres cosas, honestidad de mente, sinceridad de espíritu y desapego, si se practican seria y consistentemente, junto a la Oración para la Nueva Era, pueden llevar a una persona rápidamente hasta una comprensión y experiencia de sí misma de una forma nueva: una nueva libertad, espontaneidad, franqueza, y una creciente ausencia de temor y conflicto gradualmente hará sentir su presencia.

La transformación política y económica que será iniciada como resultado de la presencia de Maitreya y los Maestros liberará a la humanidad de las antiguas inhibiciones y limitaciones, y la galvanizará en un gran salto hacia adelante en conciencia. La vida consciente y significativa reemplazará a la presente confusión, duda y temor. Una disposición segura y valiente de explorar tanto los mundos internos como externos suplantará el actual cinismo debilitador y hará posible el avance evolutivo que he intentado describir: el emerger de una nueva y mejor civilización y de una nueva y mejor humanidad.

Apéndice

Lista de apariciones de Maitreya

A continuación se ofrece una lista parcial de las apariciones milagrosas de Maitreya a grupos religiosos ortodoxos en todo el mundo. Está ordenada alfabéticamente por países en lugar de fechas. Maitreya magnetizó con energía cósmica una fuente de agua en las cercanías del lugar antes de aparecerse, haciendo que el agua tenga propiedades curativas extraordinarias. Además, en cada aparición, algunos de los asistentes fueron curados de sus enfermedades.

Esta información es dada a Benjamin Creme por su Maestro y publicada mensualmente en la revista *Share Internacional*.

País	Ciudad	Año	Fecha	Audiencia (aprox.)
Afganistán	Haidar Khel	1999	20 Nov	250 musulmanes
Afganistán	Kabul	1993	13 Jun	1.800 musulmanes
Afganistán	Kabul	1996	3 Nov	400 musulmanes
Afganistán	Kandahar	1998	30 Ago	300 musulmanes
Alemania	Dusseldorf	1992	26 Abr	650 cristianos
Alemania	Frankfurt	1994	11 Dic	700 católicos
Alemania	Hannover	1992	5 Abr	800 cristianos
Alemania	Leipzig	1992	22 Mar	950 cristianos
Alemania	Zittau	1999	28 Nov	100 cristianos
Argelia	Ouargla	1998	15 Feb	100 musulmanes
Argentina	Bahía Blanca	1998	8 Feb	600 cristianos
Argentina	Bahía Blanca	2000	30 Abr	200 cristianos
Argentina	Buenos Aires	1995	22 Oct	400 católicos
Argentina	Lago Colhué Huapi, Pat.	2001	21 Ene	ninguna aparición, se magnetizó agua
Argentina	Mendoza	1997	5 Oct	100 cristianos
Argentina	Neuquén	1998	31 Mayo	200 cristianos
Argentina	San Juan	1998	8 Nov	200 cristianos
Argentina	San Miguel de Tucumán	1997	9 Mar	400 católicos
Australia	Camberra	2000	30 Ene	150 cristianos

Australia	Perth	2000	24 Dic	200 cristianos
Australia	Sidney	1995	28 Mayo	300 cristianos
Austria	Graz	1998	22 Mar	400 cristianos
Austria	Viena	1992	19 Jul	900 católicos
Bahrain	Awali	2000	2 Jul	300 musulmanes
Bélgica	Bruselas	1993	25 Jul	500 católicos
Bolivia	La Paz	1997	2 Mar	250 cristianos
Bolivia	Oruro	1998	6 Sep	250 cristianos
Bosnia	Sarajevo	1993	18 Jul	ninguna aparición, se magnetizó agua
Brasil	Sao Paulo	1998	20 Sep	150 cristianos
Bulgaria	Sofía	1993	8 Ago	800 cristianos
Bulgaria	Sofía	1993	22 Ago	800 cristianos
Bulgaria	Varna	1997	18 Mayo	300 cristianos
Canadá	Baie St Paul, Quebec	1996	1 Sep	200 católicos
Canadá	Edmonton, Alberta	1996	27 Oct	65 cristianos
Canadá	Laval, Quebec	2000	24 Sep	150 cristianos
Canadá	Montreal, Quebec	1994	13 Mar	600 cristianos
Canadá	Ottawa, Ontario	1994	6 Nov	600 cristianos
Canadá	Quebec	1998	19 Abr	300 cristianos
Canadá	Quesnel, B.C:	2000	2 Apr	80 cristianos
Canadá	Regina, Saskat.	1999	19 Sep	100 cristianos
Canadá	Saskatoon, Saskat.	1995	1 Oct	200 cristianos
Canadá	Toronto, Ontario	1998	1 Mar	300 cristianos
Canadá	Vancouver, B.C.	1995	5 Nov	300 cristianos
Chechenia		1997	10 Ago	200 cristianos
Chile	Puerto Natales	1997	13 Jul	350 católicos
China	Beijing	1995	6 Ago	700 budistas
China	Chunking	1996	8 Sep	300 cristianos
China	Shanghai	1997	19 Ene	250 cristianos
China	Xiangtan	2000	23 Jul	200 cristianos
China	Zaozhuang	1998	12 Abr	300 cristianos
China	Zhengzhou	1999	1 Ago	200 musulmanes

Chipre	Limassol	1998	27 Dic	200 cristianos
Chipre	Nicosia	1993	Oct 31	800 cristianos
Colombia	Bogotá	1997	2 Feb	500 cristianos
Colombia	Bucaramanga	2000	13 Feb	160 cristianos
Colombia	Medellín	1998	5 Jul	200 cristianos
Corea del Sur	Seul	1994	28 Ago	700 budistas
Corea del Sur	Seul	1996	17 Nov	450 budistas
Croacia	Osijek	2000	3 Sep	150 cristianos
Croacia	Zagreb	1999	22 Ago	100 cristianos
Dinamarca	Copenhague	1993	17 Oct	600 cristianos
Dinamarca	Copenhague	1994	14 Ago	300 cristianos
Ecuador	Guayaquil	1997	6 Jul	300 católicos
Ecuador	Quito	1996	9 Jun	católicos
EEUU	Annapolis, Maryland	1999	7 Feb	100 cristianos
EEUU	Ashland, Maine	1996	6 Oct	250 cristianos
EEUU	Atlanta, Georgia	2000	3 Dic	250 cristianos
EEUU	Birmingham, Alabama	2000	5 Nov	250 cristianos
EEUU	Charlotte, Carolina N.	1996	30 Jun	300 cristianos
EEUU	Chicago, Illinois	1996	23 Jun	300 cristianos
EEUU	Chicago, Illinois	1999	25 Abr	500 cristianos
EEUU	Denver, Colorado	1996	25 Feb	300 cristianos
EEUU	Detroit, Michigan	1996	28 Jul	300 cristianos
EEUU	Elko, Nevada	1996	28 Ene	300 cristianos
EEUU	Flagstaff, Arizona	1996	5 Mayo	200 cristianos
EEUU	Jackson, Mississippi	1999	7 Mar	200 cristianos
EEUU	Kansas City	1995	4 Jun	cristianos
EEUU	Phoenix, Arizona	1995	9 Abr	700 cristianos
EEUU	Portland, Oregon	1998	4 Ene	400 cristianos
EEUU	Richmond Virginia	1993	28 Feb	cristianos
EEUU	Salt Lake City, Utah	1997	6 Abr	300 mormones
EEUU	San Antonio, Texas	1993	21 Mar	500 bautistas

País	Ciudad	Año	Fecha	Víctimas
EEUU	Washington, DC	1996	24 Mar	600 cristianos
Egipto	El Cairo	1996	14 Abr	800 musulmanes
Egipto	El Cairo	1997	25 Mayo	1.000 musulmanes
Eritrea	Asmara	1999	17 Nov	60 cristianos
Eslovaquia	Bratislava	1992	13 Sep	500 cristianos
Eslovenia	Liubliana	1996	4 Feb	300 cristianos
España	Barcelona	1994	1 Mayo	700 cristianos
España	La Coruña	1995	24 Sep	300 cristianos
España	Santander	1995	14 Mayo	700 cristianos
Filipinas		1994	29 Mayo	400 cristianos
Finlandia	Helsinki	1994	6 Feb	700 cristianos
Finlandia	Helsinki	1995	12 Feb	200 cristianos
Finlandia	Kuopio	1996	29 Sep	cristianos
Francia	Amiens	1997	27 Jul	200 cristianos
Francia	Lyon	1996	10 Mar	250 católicos
Francia	Orleans	1994	24 Abr	500 católicos
Francia	Paris	1994	5 Jun	800 católicos
Francia	París	1995	26 Mar	300 católicos
Gabón	Libreville	2000	29 Oct	150 cristianos
Gambia	Banjul	2000	4 Jun	
Georgia	Tiflis	1992	18 Oct	600 cristianos
Grecia	Atenas	1994	9 Oct	900 cristianos
Grecia	Ioánnina	1995	12 Mar	400 cristianos
Grecia	Tesalónica	1998	9 Ago	200 cristianos
Holanda	Amsterdam	1995	26 Feb	400 bautistas
Irak	Bagdad	1994	18 Dic	800 musulmanes
Irlanda	Dublín	1995	1 Ene	700 católicos
Islandia	Reykiavik	1998	29 Nov	120 cristianos
Italia	Palermo Sicilia	1994	10 Abr	400 católicos
Italia	Palermo Sicilia	1995	5 Mar	500 católicos
Italia	Roma	1993	27 Jun	900 católicos
Italia	Roma	1993	19 Sep	600 católicos
Italia	Roma	1994	25 Dic	500 católicos
Italia	Roma	1996	7 Ene	300 católicos
Jamaica	Kingston	1994	24 Jul	500 cristianos

Japón	Kioto	2001	14 Ene	400 budistas
Japón	Kobe	1996	29 Dic	50 cristianos
Japón	Nagasaki	1997	9 Nov	300 budistas
Japón	Osaka	1995	29 Ene	400 budistas
Kazakistán		1995	19 Nov	300 musulmanes
Kazakistán	Ayaguz	1996	15 Dic	200 musulmanes
Kenia	Nairobi	1988	11 Jun	6.000 cristianos
Kenia	Nairobi	1994	6 Mar	500 cristianos
Madagascar	Antananarivo	1995	11 Jun	300 cristianos
Marruecos	Bouânane Figuig	1996	26 Mayo	300 musulmanes
Marruecos	Fez	1999	14 Feb	300 musulmanes
Marruecos	Marraquesh	1995	9 Jul	400 musulmanes
Marruecos	Rabat	1997	13 Abr	600 musulmanes
México	Ciudad de México	1991	29 Sep	600 cristianos
México	Ciudad de México	1992	26 Ene	800 cristianos
México	Hermosillo	1998	27 Sep	150 cristianos
México	Villahermosa	1998	5 Abr	200 cristianos
Mongolia	Ulan Bator	1995	23 Abr	400 budistas
Mozambique	Mozambique	1996	17 Mar	200 cristianos
Nicaragua	Managua	2000	19 Mar	25 cristianos
Nigeria	Kano	1997	12 Oct	400 cristianos
Nigeria	Lagos	1998	1 Nov	200 musulmanes
Noruega	Oslo	1993	17 Ene	700 luteranos
Nueva Zelanda	Christchurch	1999	24 Oct	50 cristianos
Nueva Zelanda	Wellington	1994	11 Sep	600 cristianos
Pakistán	Lahore	1995	27 Ago	900 musulmanes
Pakistán	Peshawar	2000	12 Nov	150 cristianos
Perú	Lima	1997	5 Ene	500 cristianos
Polonia	Cracovia	1994	21 Ago	600 católicos
Polonia	Cracovia	1997	20 Abr	300 cristianos
Polonia	Lublin	1999	24 Jul	150 cristianos
Polonia	Silesia (Slask)	1999	26 Sep	100 cristianos

Polonia	Varsovia	1993	3 Oct	800 católicos
Portugal	Lisboa	1995	29 Oct	400 católicos
Portugal	Oporto	1995	26 Nov	600 católicos
Portuga	Oporto	1997	30 Nov	200 cristianos
Reino Unido	Aberdeen, Escocia	1995	16 Abr	400 cristianos
Reino Unido	Cardiff, Gales	1994	4 Dic	400 cristianos
Reino Unido	Edimburgo, Escocia	1992	13 Dic	600 cristianos
Reino Unido	Liverpool, Inglaterra	1995	15 Oct	600 cristianos
Reino Unido	Londres (Sur), Inglaterra	1994	31 Jul	400 cristianos
Reino Unido	York, Inglaterra	1993	21 Nov	700 cristianos
Rep. del Congo	Kisangani	1997	17 Ago	300 cristianos
Rep. del Congo	Mbuji-Mayi	1998	26 Jul	200 cristianos
Rep. Checa	Praga	1992	16 Ago	600 cristianos
Rumania	Brasov	1997	11 Mayo	250 cristianos
Rumania	Bucarest	1992	27 Dic	900 cristianos
Rumania	Bucarest	1993	7 Feb	cristianos
Rumania	Iasi	1997	16 Feb	300 cristianos
Rumania	Vaslui	2000	10 Dic	180 cristianos
Rusia	Kazan	1998	25 Oct	300 cristianos
Rusia	Moscú	1992	Mar 1	600 cristianos
Rusia	Moscú	1995	30 Abr	300 cristianos
Rusia	Novgorod	1996	11 Ago	150 cristianos
Rusia	Omsk	1998	17 Mayo	150 cristianos
Rusia	San Petersburgo	1992	27 Sep	900 cristianos
Rusia	San. Petersburgo	1994	27 Mar	700 cristianos
Rusia	Ust Kut	1997	4 Mayo	300 musulmanes
Rusia	Vladivostok	1995	23 Jul	700 cristianos
Rusia	Volgograd	1996	2 Jun	800 musulmanes
Rusia	Volsk	1995	21 Mayo	400 cristianos
Rusia	Yakutsk	1993	4 Abr	400 personas
Serbia	Belgrado	1992	8 Nov	

Serbia	Vrsac	1997	27 Abr	300 cristianos
Somalia	Mogadishu	1996	1 Dic	300 musulmanes
Sudáfrica	Bloemfontain	1994	2 Ene	700 cristianos
Sudáfrica	Durban	1995	17 Sep	400 cristianos
Sudáfrica	Johannesburgo	1993	12 Dic	500 cristianos
Sudáfrica	Pietermaritzburg	1993	5 Sep	800 católicos
Suecia	Estocolmo	1994	30 Ene	400 luteranos
Suecia	Estocolmo	1995	8 Ene	400 luteranos
Suecia	Malmberget	1999	14 Mar	120 cristianos
Suecia	Uppsala	1996	28 Abr	300 luteranos
Suiza	Baden	1999	12 Sep	100 cristianos
Suiza	Biel	1999	21 Feb	150 cristianos
Suiza	Ginebra	1992	24 Mayo	600 cristianos
Suiza	Zurich	1992	28 Jun	700 cristianos
Swazilandia	Mbabane	1996	8 Dic	300 cristianos
Tailandia	Bangkok	1994	13 Feb	600 budistas
Tailandia	Phitsanulok	2000	26 Mar	300 budistas
Tailandia	Phrae	1997	21 Sep	150 budistas
Tanzania	Dodoma	1995	13 Ago	500 cristianos
Tanzania	Mwanza	1997	3 Ago	500 cristianos
Tanzania	Tabora	2000	28 Mayo	250 cristianos
Tanzania	Zanzibar	1995	17 Dic	300 musulmanes
Tanzania	Zanzibar	1999	5 Dic	200 cristianos
Trinidad	Puerto España	1994	16 Ene	600 cristianos
Trinidad	Puerto España	1997	31 Ago	250 cristianos
Turquía	Ankara	1996	14 Ene	500 musulmanes
Turquía	Estambul	1994	19 Jun	700 cristianos
Turquía	Estambul	1995	5 Feb	700 musulmanes
Turquía	Izmir (Smyrna)	1999	10 Ene	200 cristianos
Ucrania	Kiev	1999	10 Oct	100 cristianos
Ucrania	Odesa	1999	31 Oct	400 cristianos
Uganda	Kampala	1994	9 Ene	600 cristianos
Uruguay	Melo	1998	25 Ene	200 cristianos
Uruguay	Mercedes	1998	21 Jun	150 cristianos
Uruguay	Montevideo	1997	7 Sep	300 cristianos

Uzbekistán	Samarkand	2000	20 Feb	250 musulmanes
Uzbekistán	Tashkent	1993	25 Abr	800 musulmanes
Uzbekistán	Tashkent	1993	23 Mayo	800 musulmanes
Venezuela	Barcelona	2000	12 Mar	120 cristianos
Venezuela	Caracas	1995	25 Jun	400 bautistas
Venezuela	San Cristóbal	1997	8 Jun	300 cristianos
Venezuela	San Cristóbal	1999	18 Abr	200 cristianos
Venezuela	San Fernando	1996	22 Dic	300 católicos

La Gran Invocación

Desde el punto de Luz en la Mente de Dios
Que afluya luz a las mentes de los hombres.
Que la Luz descienda a la Tierra.

Desde el punto de Amor en el Corazón de Dios
Que afluya amor a los corazones de los hombres.
Que Cristo retorne a la Tierra.

Desde el centro donde Voluntad de Dios es conocida
Que el propósito guíe a las pequeñas voluntades de los hombres—
El Propósito que los Maestros conocen y sirven.

Desde el centro que llamamos la raza de los hombres
Que se realice el Plan de Amor y de Luz
Y selle la puerta donde se halla el mal.

Que la Luz, el Amor y el Poder restablezcan el Plan en la Tierra.

La Gran Invocación, utilizada por el Cristo por primera vez en Junio de 1945, fue dada por Él a la humanidad para facultar al hombre a invocar las energías que podrían cambiar nuestro mundo y hacer posible el retorno del Cristo y la Jerarquía. Esta Oración Mundial, traducida a muchos idiomas, no está patrocinada por ningún grupo o secta. Es utilizada a diario por hombres y mujeres de buena voluntad que desean lograr correctas relaciones en toda la humanidad.

La Oración para la Nueva Era

Yo soy el Creador del Universo.

Yo soy el Padre y la Madre del Universo.

Todo viene de Mí.

Todo regresará a Mí.

Mente, Espíritu y Cuerpo son Mis Templos,

Para que el Ser realice en ellos

Mi Supremo Ser y Devenir.

La Oración para la Nueva Era, dada por Maitreya, el Instructor del Mundo, es un gran mantram o afirmación con un efecto invocativo. Será una herramienta poderosa en nuestro reconocimiento de que el hombre y Dios son Uno, de que no hay separación. El 'Yo' es el Principio Divino detrás de toda creación. El Ser emana del Principio Divino y es idéntico a él.

La forma más efectiva de utilizar este mantram es decir o pensar el texto con la voluntad enfocada, mientras se mantiene la atención en el centro ajna en el entrecejo. Cuando la mente comprende el significado de los conceptos, y se ejerce la voluntad simultáneamente, estos conceptos serán activados y el mantram funcionará. Si se dice sinceramente cada día, crecerá en ti una comprensión de tu verdadero Ser.

(Publicada por primera vez en *Share International*, Septiembre 1988.)

Otras publicaciones sobre el tema

(Ordenados según fecha de publicación en inglés)

La Reaparición del Cristo y Los Maestros de Sabiduría

El primer libro de Benjamin Creme proporciona la información básica y pertinente en relación al regreso de Maitreya, el Cristo. Colocando el acontecimiento más profundo de los últimos 2.000 años en su correcto contexto histórico y esotérico, Creme describe los efectos que tendrá la presencia del Instructor del Mundo tanto en las instituciones del mundo como en la persona normal y corriente. Los temas abarcan desde el alma y la reencarnación, a la energía nuclear, los ovnis, y un nuevo orden económico.

1ª Edición 1989. 2ª Edición 1994. 3ª Edición 2020 ISBN Nº 84-89147-56-0 (Share Ediciones). (Traducción de la 2ª Edición Inglesa)

Mensajes de Maitreya el Cristo

Durante los años de preparación para Su emerger, Maitreya dio 140 mensajes a través de Benjamin Creme durante conferencias públicas, utilizando el adumbramiento mental y la conexión telepática que surge de ello. Los Mensajes de Maitreya inspiran al lector para divulgar la noticia de Su reaparición y para trabajar de forma urgente en el rescate de las millones de personas que sufren de pobreza y hambruna en un mundo de abundancia. Cuando se leen en voz alta, los mensajes invocan la energía y bendición de Maitreya.

2ª Edición 2020. ISBN Nº 84-89147-57-7 (Share Ediciones). (Traducción de la 2ª Edición Inglesa)

Transmisión: Una Meditación para la Nueva Era

La Meditación de Transmisión es una forma de meditación grupal con el propósito de 'reducir' (transformar) energías espirituales que así se hacen asequibles y útiles para el público en general. Es la creación, en cooperación con la Jerarquía de Maestros, de un vórtice o estanque de energía superior para el beneficio de la humanidad.

Describe un proceso dinámico, presentado al mundo por el Maestro de Benjamin Creme en 1974. Grupos dedicados al servicio al mundo transmiten energías espirituales dirigidas a través de ellos por los Maestros de nuestra Jerarquía Espiritual. Aunque el principal motivo de este trabajo es el servicio, también es un poderoso medio de crecimiento personal. Se dan directrices para la formación de grupos de transmisión, junto con respuestas a muchas preguntas relacionadas con el trabajo.

2ª Edición 2020. ISBN Nº 84-89147-59-1 (Share Ediciones). (Traducción de la 6ª Edición Inglesa)

Un Maestro Habla, Tomo I

La Humanidad está guiada, desde detrás del escenario, por un grupo de hombres altamente evolucionados e iluminados que nos han precedido en el sendero de la evolución. Estos Maestros de la Sabiduría, como son llamados, raramente aparecen abiertamente, sino que en general trabajan a través de Sus discípulos – hombres y mujeres que influencian a la sociedad a través de su trabajo en ciencia, educación, arte, religión y política.

El artista británico Benjamin Creme es un discípulo de un Maestro con El cuál está en estrecho contacto telepático. Desde el inicio de la publicación de Share International, la revista de la cual Benjamin Creme es uno de los dos editores jefes, su Maestro ha contribuido con una serie de artículos inspiradores sobre una amplia variedad de temas: Razón e Intuición, La Nueva Civilización, Salud y Curación, El Arte de Vivir, La Necesidad de Síntesis, La Justicia es Divina, El Hijo del Hombre, Los Derechos Humanos, La Ley del Renacimiento – y muchos más.

El principal propósito de estos artículos es llamar la atención sobre las necesidades actuales y las de un futuro inmediato. Otra función es dar información sobre las enseñanzas de Maitreya, el Maestro de todos los Maestros, que está en Londres desde 1977 preparándose para Su misión como Instructor del Mundo para toda la humanidad. Esta nueva y ampliada edición contiene todos los 222 artículos de los primeros 22 volúmenes de Share International.

2ª Edición 2020. ISBN Nº 84-89147-58-4 (Share Ediciones). (Traducción de la 3ª Edición Inglesa)

Un Maestro Habla, Tomo II

La Humanidad está guiada, desde detrás de la escena, por un grupo de hombres altamente evolucionados e iluminados que nos han precedido en el sendero de la evolución. Estos Maestros de la Sabiduría, como son llamados, raramente aparecen abiertamente, sino que en general trabajan a través de Sus discípulos – hombres y mujeres que influencian a la sociedad a través de su trabajo en ciencia, educación, arte, política y cada esfera de la vida.

El artista británico Benjamin Creme era un discípulo de un Maestro con el cuál estaba en estrecho contacto telepático. Desde el lanzamiento en 1982 de la publicación de Share International, la revista de la cual Benjamin Creme era el editor fundador, su Maestro ha contribuido con una serie de artículos inspiradores sobre una amplia variedad de temas: La fraternidad del hombre, El fin de la guerra, Unidad en la diversidad, Salvar el planeta, Las ciudades del mañana, y muchos más.

El propósito de estos artículos es, en las propias palabras del Maestro, "presentar a los lectores de esta revista un retrato de la vida que está por delante, inspirar un enfoque positivo y feliz a ese futuro y equiparles con las herramientas de conocimiento con las que tratar correctamente los problemas que a diario surgen en el camino. Desde Mi situación de privilegio en experiencia y visión, he buscado actuar como 'vigilante' y guarda, para advertir del peligro cercano y permitirte a ti, el lector, actuar con valor y convicción en el servicio al Plan."

Un Maestro Habla, Tomo II, contiene todos los artículos publicados en la revista Share International de Enero de 2004 hasta Diciembre de 2016.

1ª Edición 1995. ISBN Nº 84-89147-53-9 (Share Ediciones). (Traducción de la 1ª Edición Inglesa)

La Misión de Maitreya, Tomo I

El primer libro de una trilogía que describe con amplitud adicional el emerger de Maitreya. Este tomo puede considerarse como una guía para la humanidad mientras realiza su viaje evolutivo. Se cubre una amplia gama de temas, como: las nuevas enseñanzas del Cristo, meditación, karma, vida después de la muerte, curación, transformación social, iniciación, papel del servicio, y los Siete Rayos.

2ª Edición 2020. ISBN Nº 84-89147-60-7 (Share Ediciones). (Traducción de la 3ª Edición Inglesa)

La Misión de Maitreya, Tomo II

Este volumen contiene una variada colección de las enseñanzas de Maitreya a través de Su colaborador, Sus muy precisas predicciones de acontecimientos mundiales, descripciones de Sus apariciones personales milagrosas, e información de fenómenos y señales relacionados. También contiene entrevistas únicas con el Maestro de Benjamin Creme sobre temas actuales. Tópicos relacionados con el futuro incluyen nuevas formas de gobierno, colegios sin muros, energía y pensamiento, la Tecnología de la Luz venidera, y el arte de la realización del Ser.

2ª Edición 2020. ISBN Nº 84-89147-61-4 (Share Ediciones). (Traducción de la 1ª Edición Inglesa)

Las Enseñanzas de la Sabiduría Eterna

Una perspectiva general del legado espiritual de la humanidad, este libro es una introducción concisa y fácil de entender de las Enseñanzas de la Sabiduría Eterna. Explica los principios básicos del esoterismo, incluyendo: la fuente de la Enseñanza, el origen del hombre, el Plan de evolución, renacimiento y reencarnación, y la Ley de Causa y Efecto (karma). También incluye un glosario esotérico y una lista de lectura recomendada.

2ª Edición 2020. ISBN Nº 978-84-89147-69-0 (Share Ediciones). (Traducción de la 1ª Edición Inglesa)

La Misión de Maitreya, Tomo III

Benjamin Creme presenta una visión convincente del futuro, con Maitreya y los Maestros ofreciendo abiertamente Su orientación e inspiración. Los tiempos venideros verán la paz establecida; el compartir de los recursos mundiales como norma; la conservación de nuestro medio ambiente como la máxima prioridad. Las ciudades del mundo se convertirán en centros de gran belleza. Creme también analiza a 10 famosos artistas – incluyendo a da Vinci, Miguel Angel y Rembrandt – desde una perspectiva espiritual.

2ª Edición 2020. ISBN Nº 84-89147-62-1 (Share Ediciones), 682 páginas. (Traducción de la 1ª Edición Inglesa)

El Gran Acercamiento: Nueva Luz y Vida para la Humanidad

Aborda los problemas de nuestro mundo caótico y su cambio gradual bajo la influencia de Maitreya y los Maestros de Sabiduría. Cubre temas como compartir, EEUU en un dilema, conflictos étnicos, crimen, medio ambiente y contaminación, ingeniería genética, ciencia y religión; educación, salud y curación. Predice extraordinarios descubrimientos científicos venideros y muestra un mundo libre de guerra donde las necesidades de todas las personas son satisfechas.

Primera Parte: "La Vida Futura para la Humanidad"; Segunda Parte: "El Gran Acercamiento"; Tercera Parte: "La Llegada de una Nueva Luz".

2ª Edición 2020. ISBN 84-89147-63-8 (Share Ediciones). (Traducción de la 1ª Edición Inglesa)

El Arte de la Cooperación

Trata de los problemas más acuciantes de nuestros tiempos, y sus soluciones, basándose en las Enseñanzas de la Sabiduría Eterna. Encerrados en la vieja competencia, intentamos solucionar los problemas utilizando métodos anticuados, mientras que la respuesta –la cooperación– yace en nuestras manos. El libro muestra el sendero hacia un mundo de justicia, libertad y paz a través de un creciente aprecio por la unidad que subyace toda vida.

Primera Parte: "El Arte de la Cooperación"; Segunda Parte: "El Problema del Espejismo"; Tercera Parte: "Unidad".

2ª Edición 2020. ISBN 84-89147-64-5 (Share Ediciones). (Traducción de la 1ª Edición Inglesa)

Las Enseñanzas de Maitreya: Las Leyes de la Vida

Presenta las Leyes de la Vida, la visión directa, simple, no doctrinaria y profunda de Maitreya. Revelando la Ley del Karma, o Causa y Efecto, estas extraordinarias predicciones de sucesos mundiales fueron dadas por Maitreya entre 1988 y 1993, publicándose por primera vez en la revista *Share International*. Editadas por Benjamin Creme.

Pocas personas podrían leer estas páginas sin experimentar un cambio. Para algunos, los extraordinarios comentarios sobre temas de actualidad les serán de gran interés, mientras que para otros conocer los secretos de la realización del ser, la sencilla descripción de la verdad experimentada, será toda una revelación. Para las personas que busquen comprender las Leyes de la Vida, estas sutiles y profundas revelaciones les conducirán rápidamente hasta el centro de la vida misma, y les ofrecerán un simple sendero que conduce hasta la cumbre de la montaña. La unidad esencial de toda vida se desvela de un modo claro y significativo. Jamás las leyes según las que vivimos se han descrito de una forma tan natural y liberadora.

2ª Edición 2020. ISBN 84-89147-65-2 (Share Ediciones). (Traducción de la 1ª Edición Inglesa)

El Arte de Vivir: Vivir dentro de las Leyes de la Vida

En la Primera Parte, Benjamin Creme describe la experiencia de vivir como una forma de arte, como la pintura o la música. Alcanzar un nivel elevado de expresión requiere tanto el conocimiento como el cumplimiento de ciertos principios fundamentales como la Ley de Causa y Efecto y la Ley del Renacimiento, todo descrito con detalle. La Segunda y Tercera Parte explican cómo podemos emerger de la niebla de la ilusión para convertirnos en un todo y una conciencia despierta de uno mismo.

Primera Parte: "El Arte de Vivir"; Segunda Parte: "Los Pares de Opuestos"; Tercera Parte: "Ilusión".

2ª Edición 2020. ISBN 978-84-89147-66-9 (Share Ediciones), 272 páginas. (Traducción de la 1ª Edición Inglesa)

Maitreya, el Instructor del Mundo para Toda la Humanidad

Presenta una perspectiva general del retorno al mundo cotidiano de Maitreya y Su grupo, los Maestro de Sabiduría; los enormes cambios que la presencia de Maitreya ha suscitado; y Sus recomendaciones para el futuro inmediato. Describe a Maitreya como un gran Avatar espiritual con un amor, sabiduría y poder inconmensurables; y también como un amigo y hermano de la humanidad que está aquí para liderarnos hacia la Nueva Era de Acuario.

2ª Edición 2020, ISBN 978-84-89147-67-6 (Share Ediciones). (Traducción de la 1ª Edición Inglesa)

El Despertar de la Humanidad

Un libro asociado a El Instructor del Mundo para Toda la Humanidad, que resalta la naturaleza de Maitreya como la Personificación del Amor y la Sabiduría. Mientras que El Despertar de la Humanidad se centra en el día en que cual Maitreya se declarará a Sí mismo abiertamente como el Instructor del Mundo para la era de Acuario. Describe el proceso del emerger de Maitreya, los pasos que conducirán al Día de la Declaración, y la respuesta anticipada de la humanidad a este momento trascendental.

2ª Edición 2020, ISBN 978-84-89147-68-3 (Share Ediciones). (Traducción de la 1ª Edición Inglesa)

La Agrupación de las Fuerzas de la Luz: Ovnis y Su Misión Espiritual

La Agrupación de las Fuerzas de la Luz es un libro sobre ovnis, pero con una diferencia. Está escrito por alguien que ha trabajado con ellos y tiene conocimiento desde dentro. Benjamin Creme ve la presencia de ovnis como planeada y de inmenso valor para las personas de la Tierra.

Según Benjamin Creme, los ovnis y las personas dentro de ellos están consagrados a una misión espiritual para aliviar la suerte de la humanidad y salvar a este planeta de una destrucción adicional y veloz. Nuestra propia Jerarquía planetaria, liderada por Maitreya, el Instructor del Mundo, que ahora vive entre nosotros, trabaja incansablemente con sus Hermanos del Espacio en un proyecto fraternal para restablecer la cordura en esta Tierra.

Los temas tratados en este libro incluyen: el trabajo de los Hermanos del Espacio en la Tierra; George Adamski; círculos de las cosechas; la nueva Tecnología de la Luz; el trabajo de Benjamin Creme con los Hermanos del Espacio; los peligros de la radiación nuclear; salvar el planeta; la 'estrella' que anuncia el emerger de Maitreya; la primera entrevista de Maitreya; educación en la Nueva Era; intuición y creatividad; familia y karma.

Primera Parte: "Ovnis y Su Misión Espiritual"; Segunda Parte: "Educación en la Nueva Era"

2ª Edición 2020. ISBN 978-84-89147-70-6 (Share Ediciones). (Traducción de la 1ª Edición Inglesa)

Unidad en la Diversidad: el Camino Adelante para la Humanidad

Necesitamos una visión nueva y esperanzadora para el futuro. Este libro presenta tal visión: un futuro que abarca un mundo en paz, armonía y unidad, mientras que la cualidad y el enfoque de cada individuo son bienvenidos y necesarios. Es visionario, pero expresado con una lógica convincente e irresistible.

Unidad en la Diversidad: El Camino Adelante para la Humanidad incumbe al futuro de cada hombre, mujer y niño. Trata del futuro de la misma Tierra. La humanidad, indica Creme, está en una encrucijada y tiene que tomar una gran decisión: seguir hacia adelante y crear una nueva y brillante civilización en la cual todos son libres y la justicia social reina, o continuar como estamos, divididos y compitiendo, y presenciar el fin de la vida en el planeta Tierra.

Creme escribe para la Jerarquía Espiritual en la Tierra, cuyo Plan para la mejora de toda la humanidad presenta. Él muestra que el sendero hacia adelante para todos nosotros es la realización de nuestra unidad esencial sin el sacrificio de nuestra igualmente diversidad esencial.

2ª Edición 2020. ISBN 978-84-89147-71-3 (Share Ediciones). (Traducción de la 1ª Edición Inglesa)

Los libros de Benjamin Creme han sido traducidos del inglés y publicados en alemán, castellano, francés, holandés y japonés por grupos que han respondido a este mensaje. Algunos de estos libros también han sido traducidos al chino, croata, esloveno, finlandés, griego, hebreo, italiano, portugués, rumano, ruso y sueco. Están proyectadas más traducciones. Estos libros están disponibles en librerías locales como también online.

Revista Share International

Una revista única que publica cada mes: información actualizada sobre la reaparición de Maitreya, el Instructor del Mundo; un artículo de un Maestro de Sabiduría; ampliación de la enseñanza esotérica; respuestas de Benjamin Creme a una variedad de preguntas de actualidad y esotéricas; artículos y entrevistas con personas a la vanguardia del cambio progresista del mundo; noticias de agencias de la ONU e informes de progresos positivos en la transformación de nuestro mundo.

Share International reúne las dos líneas más importantes del pensamiento de la Nueva Era: el político y el espiritual. Muestra la síntesis que sirve de base a los cambios políticos, sociales, económicos y espirituales que están ocurriendo actualmente a escala global, y busca estimular acciones prácticas para reconstruir nuestro mundo con unas bases más justas y compasivas.

Share International cubre noticias, sucesos y comentarios relacionados con las prioridades de Maitreya: un suministro adecuado de alimentos apropiados, vivienda y cobijo adecuados para todos, sanidad como un derecho universal, el mantenimiento de un equilibrio ecológico en el mundo.

Share International se publica en inglés. Existen también versiones en alemán, esloveno, francés, holandés y japonés.

Para más información:

www.share-es.org

Sobre el Autor

Benjamin Creme, pintor y esoterista de origen escocés, ha estado durante casi 40 años preparando al mundo para el acontecimiento más extraordinario de la historia humana – el regreso de nuestros mentores espirituales al mundo cotidiano.

Ha sido entrevistado por cadenas de televisión, radio y películas documentales de todo el mundo, y ofrece conferencias regularmente por toda Europa Oriental y Occidental, los EEUU, Japón, Australia, Nueva Zelanda, Canadá y México.

Entrenado y supervisado durante muchos años por su propio Maestro, comenzó su trabajo público en 1974. Él anunció en 1982 que el Señor Maitreya, el por tanto tiempo esperado Instructor del Mundo, estaba residiendo en Londres, preparado para presentarse abiertamente si era invitado por los medios de comunicación. Este suceso es ahora inminente.

Benjamin Creme continuó llevando a cabo su tarea como mensajero de esta noticia esperanzadora hasta su fallecimiento en octubre de 2016. Sus varios libros, diecisiete, han sido traducidos a numerosos idiomas. Él era también editor jefe de la revista *Share International*, que circula en más de 70 países. Él no aceptaba dinero por ninguno de estos trabajos.

Benjamin Creme vivía en Londres, estaba casado, y tenía tres hijos.

Índice Alfabético

Accidentes, 57-58
Acuario, Era de
  comienzo, 16
  cualidad de síntesis, 17
  brillante civilización, 33
  nuevo alineamiento del sistema solar, 16
Adumbramiento, 19, 21, 44, 51, 72, 73, 216
  de Creme, 72, 210
África, sub-Sahariana, 229
Agni Yoga
  enseñanzas, 73, 203
Aguas curativas, 65
Alergias, 239-40
Alma
  alineamiento, 185, 199, 200
  conexión con el físico denso, 232
  propósito de la encarnación, 201
  reflejo en la personalidad, 23
Almas, gemelas, 234
Amma
  Mata Amritanadamayi, 154
Amor
  como electricidad, 207
  como Fuego Solar, 206
  del Corazón del Sol, 207
Animales
  sacando de encarnación, 224
Anticristo, 102
Apolonio de Tiana, 164
Arca de la Alianza, 217
Armas de destrucción masiva, 139, 168
Ashrams de los Maestros
  exteriorización de, 166
Astral, plano
  foco de la conciencia humana, 213
Atlante, civilización
  ciencia avanzada, 29, 195
Átomos permanentes
  en etérico, 231

  y punto de evolución alcanzado, 232
Avatar de Síntesis, 76, 206, 210
Avatares
  Moisés, 158
  Sai Baba, 158
Bailey, Alice A., 13, 74, 154, 196, 204
Bardo, 213
Bhakti, sendero del, 220
Biblia
  obra simbólica, 65
Blair, Tony, 101
Blavatsky, Helena Petrovna, 73, 128, 195
Bolsas, 30
Bolsas, caída
  cambio de prioridades, 83, 85
  predicha por Maitreya, 30, 83
  primera anunciada, Japón, 30, 87
  protección contra, 86
  y el emerger de Maitreya, 83, 86
Bomba Atómica, 139, 170
Bosnia, 94
Brandt, Comisión, 91
Buddha
  adumbró a Gautama, 19
  en Shamballa, 52
  Instructor del Mundo antes de Maitreya, 44
  personificación de la sabiduría, 52
  relación con Maitreya, 52
  Señor de la Sabiduría, 19
Bush, George W., 98-99
Camino de la Evolución Superior, 124
Canalización, 72
Carlos, Príncipe, 101
Cetro de Iniciación, 190, 201
China, 102-104
Círculos de las cosechas, 116, 117
Clima, 111, 237

Clonación de seres humanos, 226
Codicia, 25, 106
Comercialización
   agente de las fuerzas del mercado, 78, 81
   papel de Norteamérica, 77
   peligro de la, 24, 74, 78-79, 108
   y las bolsas, 79
Compartir, 27, 84, 89-90, 96
Competencia, 22, 77
   en Norteamérica, 80
   produce violencia, 81
   resultado de la codicia, 237
Complacencia
   fuente de todo mal, 68, 75
   y hambre, 25, 90
Conciencia despierta, 38, 81, 197
Condicionamiento, 14
Contaminación, 109, 114, 170, 239-40
Corazón del Sol, 191, 206
Correctas relaciones humanas, 27, 28, 75, 133
Crecimiento, 203
Creencia
   importancia, 160
   y religión, 38
Creme, Benjamin
   entrenado por un Maestro, 71
   portavoz de Maitreya, 70
   trasfondo filosófico, 13-14
   y Maitreya, 71
Cristo
   creación en el planeta Tierra, 188
   esperado por la humanidad, 130
   invocado por la humanidad, 139, 173
   representante de Dios, 140
Crístico, Principio
   cambiará la visión de la humanidad de la vida, 173
   en la humanidad, 28, 129
   nacimiento del, 128, 189
   ser llevados, 102
   y trabajo grupal, 179
Cristianismo
   bautismo, importancia del, 164

Cristos, falsos, 64-65
Croacia, 100
Cruces de luz, *ver* Milagros
Deuda
   mundo en desarrollo, 68
Depresión, 241
Deseo, 213
Desapego, 248
Devas
   rango de evolución, 153
Día de la Declaración
   adumbramiento de la humanidad, 51
   experiencia, 33-34
   mensaje de Maitreya, 33, 49
   necesidad del, 51
   presentación de Maestros, 34
   reconocimiento de Maitreya, 37-38
Diana, Princesa, 55-58
Dinero, como energía, 75
Dios
   experiencia frente a creencia en, 160
   humanidad no separada de, 200, 204
   la Vida Una, 205
Dislexia, 241
Djwhal Khul (Maestro), 74, 199, 214, 221
Económico, colapso mundial, 87
Económico, problema actual
   redistribución de recursos, 84
Electricidad, 198-99
   misterio de la, 196, 205
Encarnación
   atraídos por el imán del grupo, 229
   crecimiento y luz, 189
   en grupos, 229
   y la "montaña del ascenso", 188
Energías
   gobernadas por Maestros, 130
   sensibilidad a, manifestándose ahora, 130
Espada de la División, 105
Especuladores, 32
Espejismo
   disipado por la luz de la mente, 214

resultado de la separación, 205
Espíritu de Paz o Equilibrio, 82, 210
energía que cambia el mundo, 76
Espiritual
base de la vida, 108
crisis, 22, 74, 138, 156
tensión, 211
tríada, 188
Espiritualidad, 74
Estados Unidos
elección presidencial, 98-99
grande y codicioso, 170
temida y no gusta, 169
violencia y armas, 107
Estímulo jerárquico, 201
Etérica, energía, 212
Europea, moneda, 86, 100
Evolución, *ver también* Iniciación
crecimiento en conciencia despierta, 38
expansión de conciencia, 211
punto de, 231-32
Evolutivo, sendero, 19
Experiencia del desierto, 169-70
Falun Gong, 104
Fe, 174
Felicidad, 246
Fuerzas de la materialidad, 101
Fuerzas del Eje, 102
Fuerzas del mercado, 24, 32, 35
Fundamentalistas, 175
Fusión nuclear, 223
G8, naciones, 143
Ginseng, 242
Globalización, 26, 143
Gobierno, papel del, 75
Gorbachov, Mijail, 153
Gran Acercamiento, el, 121
Gran Bretaña
cualidad del alma de, 100
manifestación de la cualidad del alma, 55
rayo de alma de Amor-Sabiduría, 56
reencarnación de los romanos, 101

Guerra
condujo al cambio de dirección de la Humanidad, 21
debe ilegalizarse, 95
duración en el futuro, 170
durante el final de la Atlántida, 195, 196
enfoque de la Jerarquía, 94
Guerra Civil Norteamericana, 137
Guerras
Maestros intentan evitar, 149
Hambre, padecer, 27, 229
Hermanos del Espacio, 114, 117, 118
Hitler, Adolf, 101, 216
Honestidad de mente, 247
Hong Kong, 104
Hormonal, desequilibrio, 244-45
Humanidad
edad de la, 14
cuidado de los reinos inferiores, 149
Humildad, 147
Identidades nacionales, 100
Iglesias
fracaso de las, 22, 156
Ingeniería genética, 33, 223-27
Iniciación
expansiones de conciencia, 19
primera, 190
simbolizada por el nacimiento de Jesús, 128
resultado de tensión espiritual, 211
tomarla se convertirá en meta, 166
Iniciación grupal, 178
Inofensividad, 39
Jerarquía, Espiritual. *Ver también* Maestros
como reino de Dios, 27
estructura de la, 71
exteriorización e iniciación grupal, 179
haciendo saber su regreso, 166
intervención de la, 136
supervisado la evolución humana, 17
y el grito de ayuda de la humanidad, 203

Jesús
  aceptación de, 36
  adumbrado por Maitreya, 19, 157, 161
  como Hijo de Dios, 156
  como iniciado de cuarto grado, 127, 236
  en Nueva Zelanda, 157
  en Roma, 19, 41, 156
  enseñando sobre el amor, 161
  impresiona la mente del Papa, 40
  los cristianos seguirán a, 38
  visitó a los nativos americanos, 164
  y milagros, 162
Jñani
  sendero de, 220
Juan el Bautista, 127
Judío, pueblo, 96-97
Karma, 235-36
Koot Hoomi (Maestro)
  como Juan el Amado, 162
Krishnamurti, 221
Legal, sistema
  corrupción del, 98, 99
  Tribunal Penal Internacional, 97
Leonardo da Vinci, 231
Ley de Causa y Efecto
  puede mitigarse, 235
  proviene de Sirio, 127, 193
Ley del Karma, 109, 127, 193
  y discapacidades, 236
Ley del Renacimiento, 193, 235
Libertad, 27
Libertad y justicia, 23, 140
Libre albedrío, 53, 91, 132, 146, 150
Libre mercado, 89
Lincoln, Abraham, 151
Logos
  Planetario, 19, 160, 193
  Solar, 19, 160, 194
Luz
  astral, 213-14
    reflejo de Buddhi, 214
  como Fuego Eléctrico, 206
  de Acuario, 197
  de Dios, 185
  del conocimiento, 196, 211, 221
  de la intuición, 221
  de la sabiduría, 221
  de Maitreya, 206
  diferentes tipos de, 209
  durante la bendición de Maitreya, 209
  el mundo está preparado para más, 186
  espera la manifestación en cada individuo, 185
  etérica, 209
  muchas formas de, 190
  para entender el Cosmos, 198
  sin forma, 185
  viaje evolutivo y manifestación de, 10, 185, 191
  y viaje evolutivo, 201
  y vida lo mismo, 194
Madre del Mundo, 161
Maestro
  cualidades de un, 147
  en Moscú, 152
  en Tokio, 151, 152
  que fue la Virgen, 164
  y liberación de la Tierra, 192
Maestros. *Ver también* Jerarquía, Espiritual.
  custodios del plan, 19, 137
  demuestran la divinidad, 27
  encuentros con
    beneficios de, 62
    Benjamin Creme, 62
    'familiares', 61, 63
  ejemplos para la humanidad, 29, 218
  en cuerpos femeninos, 63
  evolución de los, 18
  labor respecto al Plan, 135
  métodos de trabajo con la humanidad, 131
  piensan y trabajan en periodos largos, 187
  representan el logro más elevado del hombre, 131
  Su trabajo, 130
  tensión del retorno, 122

trabajaron abiertamente en la Atlántida, 21
traslado después de la invasión china, 150
ubicación actual, 105, 150, 154
Mahoma, 154, 158
Maitreya
  actividades en Londres, 41
  apariciones, 65
  como Avatar, 144-45
  como Instructor del Mundo, 26, 47
    en la tradición judía, 44
  consejo
    referente al cambio, 74
    referente al temor, 142
  cualidades de, 145, 147
  decisión de regresar, 21, 26, 68
  emerger
    como instructor, 35, 37, 39
    proceso del, 32, 144
    papel de discípulos, 144
  encuentros con. *Ver* Maestros, encuentros con.
  energía del amor como Espada de la División, 105
  enseñanzas
    compartir, 27
    problemas de la humanidad, 25
    separación, 68
  en televisión, 46, 51
  equipado para afrontar los problemas actuales, 85
  haciendo conocer Su presencia, 67, 173
    actuando con fe, 174
    la cosa más importante que hacer, 15
    preparando al público, 177
  invocará el alma de EEUU, 176
  mensajes de, dados a través de Creme, 72
  momento del emerger, 29, 45, 146
  nacionalidad de, 42
  otros nombres para, 34
  quinto Buddha, 43-44
  razón de su regreso, 35-36
  reconocimiento de, 49
  rechazo de, 49, 52
  Señor del Amor, 19, 70
  significado del nombre, 42-43
  trae nueva luz, 186
  un Gran Inmortal, 42
  un hombre entre hombres, 45
Mal, fuerzas del, 70
Mantegna, pintor, 193
María, la madre de Jesús, 164
María Magdalena, 154
Marte, tecnología de, 194
Marshall, Plan, 176
Maya, Calendario, 40
Mayavirupa, 63, 64
Medio Ambiente, 109, 111, 237
Medios de comunicación
  BBC, 46, 53
  conocimiento de la historia de la Reaparición, 70
  papel en el Día de la Declaración, 33
  receptores de las predicciones de Maitreya, 83
Meditación, 182, 246
Meditación de Transmisión
  afecta al Nuevo Grupo de Servidores del Mundo, 180
  efecto en los chakras, 211
  trae energía de la Jerarquía, 181
Milagro hindú de la leche. *Ver* Milagros
Milagros
  como señales, 59, 72
  cruces de luz, 60
  hindú de la leche, 60
  Virgen, 51
  en Clearwater, Florida, 60
Muerte
  consciente, 234
  Temor a la, 234
Nacimiento natural, 242
Niños
  respuesta a la comercialización, 108
  violencia, 106
Nuevo Grupo de Servidores del Mundo, 151, 182
Opinión pública, 37, 47, 92, 132

Oración
a los Maestros, 152
Oración para la Nueva Era, 246, 248
Ovnis. *Ver* Hermanos del Espacio
Papa, el, 40-41
Paramahansa Yogananda, 220
Pensamiento, 110
Pisciana, energía, 135
Piscis, Era de
cristianismo, 16
cualidades para la humanidad, 20
inaugurada por Jesús, 16, 20
influencia, 16, 22
Plan de Dios, 148
dirigido por la Jerarquía, 141
para la evolución de la humanidad, 123
Plan de evolución
Maestros controlan todo el proceso, 193
Plan, el
conciencia despierta de la humanidad sobre, 138
encarna el propósito de Dios, 134
impedimentos, 142
implica correctas relaciones humanas, 133
labor de los Maestros en relación, 148
puede comenzar de nuevo, 216
restablecimiento, 203
Planetas
en comunicación, actúan como una unidad, 115
habitados, 114
interaccionan con la vida, 115
Pobreza
esfuerzo global necesario para acabar con la, 91
hechos y cifras, 24, 35
Polarización, 213
Políticos, 92
Predicciones
de la caída de la bolsa, 83
relación con el tiempo, 50
Profecías
de desastres, 69, 112

Próstata, cáncer, 242
Racoczi (Maestro), 155
Ramana Maharshi, 220
Rayo
1º, 210
2º, 221
5º, 221
Rayo, Sendero, 127
Razas, relaciones, 96
Realización de Dios, 191
Realización del Ser, 75
Recursos
almacenados por EEUU, 170
pertenecen a todo el mundo, 141
Reencarnación, 187, 227, 233
Refugiados, 95, 142
Reiki, 244-45
Religión
Maestros trabajando con, 150
nueva religión es el dinero, 32
orígenes de, 17
papel de, 22
y ciencia, 227
Revelación
la nueva, 132-133
Revolución francesa, 136
Revolución rusa, 136
Roerich, Helena, 73, 196
Roswell
sacrificio de los Hermanos del Espacio, 117
Rusia, 103
Sai Baba, 47, 116
Sendero
a Sirio, 126
de Adiestramiento para Logos Planetario, 124
de la Filiación Absoluta, 128
en el que el Logos Mismo está, 127
Señales, 67, 130. *Ver también* Milagros.
Señores de la Materialidad
en Atlántida, 195, 215
Hitler obsesionado por los, 216
Separación, 68
Ser, 30, 247
Ser Inmortal, 246

Serapis (Maestro), 153
Serbia, 84, 100
Servicio, 76, 182, 202, 206
Shamballa, 52, 123, 148
Fuerza de, 210
Sinceridad de espíritu, 247
Síndrome de la Fatiga Crónica, 241
Sirio
    muchos Maestros van directamente a, 193
Sol Central Espiritual
    y Fuego Eléctrico, 191, 207
Sudáfrica, 96
Sudario de Turín, 163
Swami Premananda, 159
Tecnología de la Luz, 191, 198, 223, 225
Telepatía, 29, 122, 230
Temor, 219, 234
Teósofos, 128
Teresa, Madre, 56
Terremotos, 112, 114
Tiempo, 50
Trasplantes de órganos. *Ver* Ingeniería Genética
Trueque, sistema de, 85
Vacunación, 240
Vegetariana, dieta, 238
Virgen, 60. *Ver también* Milagros.
Voluntad
    y el Plan de Dios, 199
Voluntad del pueblo, 37
Vulcano, 119
Wesak, Festival, 52

www.ingramcontent.com/pod-product-compliance
Lightning Source LLC
Chambersburg PA
CBHW061633040426
42446CB00010B/1403